AU JARDIN DE LA FRANCE

LANGEAIS
ET
SON CHATEAU

MONUMENTS ET SOUVENIRS

Par L.-A. BOSSEBŒUF

Potiùs mori quàm fœdari.
(Devise d'Anne de Bretagne).

TOURS
LOUIS BOUSREZ, LIBRAIRE-ÉDITEUR
18, RUE DES HALLES, 18

LANGEAIS

ET

SON CHATEAU

TOURS, IMP. E. SOUDÉE

AU JARDIN DE LA FRANCE

LANGEAIS

ET

SON CHATEAU

MONUMENTS ET SOUVENIRS

Par L.-A. BOSSEBŒUF

Potius mori quam fœdari.
(Devise d'Anne de Bretagne).

TOURS
LOUIS BOUSREZ, LIBRAIRE-ÉDITEUR
18, RUE DES HALLES, 18

PRÉFACE

Ce livre est né sur les falaises bretonnes, où il a été conçu dans le mystérieux murmure de l'Océan, non loin de la Roche-aux-Mouettes et comme à l'ombre de Guérande la féodale. Il est dû, j'allais dire à l'inspiration de la bonne reine Anne de Bretagne, dont le génie tutélaire semble planer toujours sur cette terre privilégiée qui, par ses souvenirs, se rattache d'une façon fort intime aux origines mêmes de notre chère France.

On ne sera pas surpris que le nouveau-né ait été, pour ainsi parler, tenu sur les fonts d'un bourg breton, si l'on se souvient que Langeais dont le nom peut signifier « Séjour des Mouettes » forma jadis comme le trait d'union entre la Bretagne et la France. Quelle figure d'ailleurs plus remplie d'attraits que celle de la duchesse de Bretagne, dont la physionomie, d'une douce gravité, s'enlève avec tant de charmes sur l'austère silhouette du château Langeaisien dans lequel elle donna sa main à Charles VIII et, avec sa main, son important apanage! Cet événement constitue, à juste titre, la souveraine attraction du château-fort dans lequel on cherche instinctivement la trace des pas de la Reine. Le visiteur parfois s'imagine voir l'ombre d'Anne de Bretagne se profiler sur les parois des grandes et belles salles, qui paraissent préparées pour recevoir de nouveau la gracieuse et sympathique princesse.

La destinée de Langeais, dont l'histoire se personnifie en quelque sorte dans le château, semble, en effet, avoir été de préparer l'union d'Anne de Bretagne avec Charles VIII, de consommer cette union et d'en faire épanouir les heureuses conséquences. Dès lors, demander au pays qui a porté le berceau de la prédestinée le secret des événements accomplis, lui emprunter la physionomie sous laquelle il convient de les étudier et de les présenter, n'est-ce pas se conformer aux règles de la logique, qui invite à chercher la raison des faits dans leur source et dans leur milieu ?

L'œuvre s'est présentée à nous dans un de ces rêves que l'on poursuit avec délices, au cours d'une promenade solitaire le long des rives enchanteresses de l'Océan, dont les flots écumants tour à tour déferlent sur la plage ou se brisent contre les rochers. Ç'a été comme une séduisante vision de la bonne Duchesse se révélant à nous, dans le silence du soir, au milieu d'une auréole formée des rayons empourprés du soleil couchant. Dévot serviteur de la gentille Reine, nous n'avons pas hésité à mettre notre modeste plume à ses pieds, pour y écrire ce qu'elle nous inspirerait. Empruntant la langue du grand poète du moyen-âge, nous lui avons dit comme à une autre Béatrix : « O vous, noble dame au regard brillant comme les étoiles et à la voix suave comme celle des anges, venez-nous en aide et guidez nos pas dans la carrière que nous allons parcourir. » (1)

Aussi bien quelle contrée, à l'égal de la Bretagne, pourrait nous apprendre ce que furent les vieux habitants des bords de la Loire ? Ne les retrouve-t-on pas, à quelques changements près, dans les Bretons d'aujourd'hui, les Celtes au franc visage encadré de longs cheveux, aux yeux profonds comme la mer d'azur, aux membres vigoureux et quelque peu trapus, à la démarche assurée sans prétention, au vêtement dont les lignes simples et aisées dessinent nettement la forme du corps ? En plus d'un endroit, leurs cabanes, toujours recouvertes de bruyère ou de chaume, s'élèvent à l'ombre d'un épais bouquet de chênes ou dans l'échappée d'une clairière, dont le touriste fait volontiers le sujet d'une aquarelle ou d'un dessin pour son album de voyage.

(1) Dante, Paradiso, canto XVIII, etc.
Illustrami di te si ch'io rilevi
Lo loro figure com'io l'ho concette.

C'est sous cet aspect, où l'on voit se dessiner peu à peu les premiers linéaments d'une civilisation naissante, que se présente tout d'abord la petite ville dont nous nous occupons. Les origines de Langeais, comme celles de la plupart des localités, sont enveloppées d'un voile qui ne laisse guère transparaître que de rares circonstances d'un caractère général, commun à la formation de tous les centres de population. Ces bourgs en effet n'étaient qu'une agglomération de quelques huttes groupées autour de la demeure d'un chef de tribu, aux mains duquel la valeur ou les qualités physiques ont fait remettre la souveraineté du clan.

Langeais ne commence guère à montrer ses annales qu'à l'époque mérovingienne. Sur le premier feuillet se détache, en relief puissant, la figure apostolique de saint Martin, le grand fondateur de paroisses ou de familles religieuses, dont l'influence rayonna sur la Gaule entière. Cette période de développement, inaugurée par l'illustre moine-évêque, s'étend jusqu'à l'avènement des Foulques, au xe siècle. Avec le puissant comte d'Anjou Foulques Nerra, le redoutable bâtisseur de donjons, s'ouvre l'ère proprement dite du Moyen-Age, qui se prolonge jusqu'à Louis XI. Cette période vit passer comme un pompeux cortège, dont l'éclat fut trop souvent terni par des violences et par des crimes, les ducs et princes de la maison d'Anjou et de

Plantagenet qui firent de leur cour le rendez-vous des arts dans l'Ouest. Puis un long crêpe de deuil assombrit cette aurore pleine de promesses ; le sol tremble sous les pas précipités des Anglais dont l'épée va s'acharner à morceler le beau royaume de France, jusqu'au jour où la Providence, par la main de Jeanne d'Arc, brisa le glaive suspendu depuis cent ans sur notre tête.

Le règne de Louis XI, prince doué des qualités d'un véritable homme d'Etat et promoteur infatigable de l'unité nationale qu'il ne craignit pas de cimenter dans le sang des plus hauts barons, marqua pour Langeais le commencement d'une nouvelle phase, caractérisée par la construction du magnifique château, vrai chef-d'œuvre d'architecture militaire, qui fut, pour ainsi parler, comme le chant du cygne de la Féodalité à la veille d'expirer. Cette phase eut son apogée par le mariage d'Anne de Bretagne avec Charles VIII, dans une des salles du château pour lequel, nous nous plaisons à le redire, cette union demeure le souvenir à la fois le plus poétique et le plus touchant.

Le XVIe siècle, en éloignant la cour des rives de la Loire pour la reporter sur les bords de la Seine, acheva d'éteindre les dernières flammes de la vie féodale au foyer des gentilshommes, dont la suprême ambition fut dès lors de se transformer en favoris du roi. Aux âges suivants, le château passa successivement aux mains de grands dignitaires du royaume ou d'opulents propriétaires qui s'attachèrent simplement à arrondir leurs domaines ; j'ai nommé les de Belfonds, les de la Porte, les d'Effiat et les de Luynes avec lesquels nous touchons au seuil du xixⁱ siècle.

Ce seuil ne devait pas être franchi sans qu'un cataclysme, préparé par les défaillances et par les misères de toute sorte, remuât le pays jusque dans ses fondements et menaçât d'engloutir sous les ruines les Institutions qui appelaient une réforme, mais non une destruction. Par bonheur la nation française, semblable au chêne robuste des forêts, sortit de la tempête comme mieux enracinée dans le sol où l'a plantée la main de la Providence. De son côté, le château de Langeais, qui n'eut à regretter que la perte assurément fâcheuse de son mobilier, tint tête à l'orage et, glorieux survivant de nos luttes politiques, se dresse dans sa mâle et superbe cambrure comme l'antique chevalier armé de pied en cap. L'église Saint-Jean, elle aussi, a traversé la tourmente sans trop souffrir, mais hélas ! elle demeure inconsolable des mutilations qu'elle a subies de la part de prétendus restaurateurs.

J'ai nommé l'église et le château. Ces deux monuments, dont l'histoire suit une marche parallèle, constituent en effet, à des degrés divers, comme les deux pôles autour desquels gravitent les faits que nous aurons à raconter. L'histoire civile et religieuse d'un pays forme la trame sur laquelle se déroulent les événements dont la main de l'homme, sous l'inspiration du génie du Bien ou du Mal, a formé comme un merveilleux tissu figurant une longue suite de scènes parfois difficiles à coordonner, mais toujours dignes d'intérêt (1).

Nous ne saurions trop nous réjouir de ce que ces événements trouvent une réalité ailleurs que dans les pièces historiques qui nous les ont conservés. Plus favorisé que telle autre demeure féodale dont les ruines recouvertes de lierre jonchent le sol, le château de Langeais, tant il vit et respire dans son armure de pierre, semble raconter lui-même au visiteur les vicissitudes de son existence. Cela est plus vrai encore depuis qu'une intelligente restauration, poursuivie jusque dans les plus petits détails, lui a rendu sa physionomie d'autrefois : la figure n'est-elle pas le miroir dans lequel se reflètent les pensées et les sentiments ?

Or, entre tous les souvenirs qui s'offrent d'eux-

(1) Le sujet qui nous occupe est demeuré pour ainsi dire inexploré. En dehors d'articles de dictionnaire publiés ici ou là, il n'existe que deux notices de quelques pages dont la première, surtout historique, a été publiée, en 1854, par les soins de M. Baron alors propriétaire; et dont la seconde s'attachant de préférence au point de vue architectural, a été écrite par MM. Brincourt, architecte, et illustrée de jolis dessins par M. L. Roy, l'intelligent architecte du château.

mêmes à la mémoire, les traits vénérés d'Anne de Bretagne, pour laquelle les châtelains gardent un culte religieux, y resplendissent avec un charme incomparable dont le cadre merveilleusement pittoresque contribue à accroître l'intensité.

Aussi est-ce sur son nom que nous voulons clore cette préface : il a été le premier mot de ce livre ; il en sera, croyons-nous, le dernier.

L.-A. B.

Bourg de Batz, août 1893.

LANGEAIS

SON HISTOIRE ET SES MONUMENTS

I

LES ORIGINES

La Touraine, dont les fertiles vallons arrosés par de limpides cours d'eau sont bordés de coteaux légèrement ondulés où s'étalent les vignes et les arbres à fruits, n'a pas connu à l'origine les brusques mouvements du sol qui ont tourmenté et déformé les régions granitiques et montagneuses. Sa formation se rattache à l'époque secondaire, au cours de laquelle se sont déposées les couches du terrain crétacé qui constitue en grande partie le sol tourangeau. La facilité à creuser des grottes sous les rochers permit aux premiers habitants des rives de la Loire d'y chercher des refuges contre les fauves et les intempéries de l'air; c'est dans les cavernes, qui devaient servir en même temps d'ossuaires, que sans doute se pratiquaient les rites grossiers en usage chez ces hommes d'une civilisation rudimentaire.

Les instruments en silex taillé ou poli propres à la vie domestique ou militaire aussi bien qu'à la chasse, suffisent, du reste, à défaut de mégalithes, à évoquer le souvenir de ces races primitives.

Ces peuplades, qui formaient l'avant-garde des migrations venues d'Orient en Occident, furent refoulées par le flot de nouveaux arrivants et se fixèrent dans le nord-ouest de la Gaule. La Loire servit, pour ainsi dire, de rempart à ces tribus désireuses de fixer leurs pas errants et dont les intérêts et les goûts se plièrent progressivement aux habitudes de la vie sédentaire et colonisatrice. A cet égard, le site où fut plus tard Langeais, ne put manquer d'avoir leur préférence. Baignés par les ondes de la Loire,

> Douce quand il lui plait, quand il lui plait si fière,
> Qu'à peine arrête-t-on son cours impétueux,

ses coteaux se découpent agréablement en riantes gorges, dont la plus fraîche se déroule dans la direction du nord et doit sa désignation de Roumer à la rivière qui l'arrose.

Des deux côtés du cours d'eau, parmi les huttes de bois et de terre, au milieu des grottes souterraines, dont certains habitants continuent de faire leur demeure, les éléments de la civilisation se développèrent au fur et à mesure des besoins : la nécessité, qui rend ingénieux, est la mère de la plupart des industries humaines. Dans la suite, à droite, sur le coteau escarpé dont la pointe s'allonge en forme de promontoire triangulaire, se dessina le camp retranché, puis la forteresse, le donjon militaire; à gauche, dans un hémicycle légèrement incliné vers le fleuve, s'éleva le temple avec les édifices qu'il appelle autour de lui. En raison de l'habitude qui pousse les hommes à s'approprier, en les élargissant, les institutions des ancêtres, cette disposition persévéra durant tout le moyen-âge et jusqu'à nos jours.

Les traces de l'oppidum gaulois ont disparu aussi bien que le souvenir du dieu que cette peuplade avait installé au milieu d'elle pour lui servir de palladium. Quelque Taranos Chevelu, frère de celui dont la présence nous a été révélée par un monument votif découvert à Tours, présidait sans doute aux destinées de ce *vicus* dont l'histoire va se dégager progressivement des obscurités, qui enveloppent les origines de toute agglomération.

Quel a été le nom primitif du clan installé à l'embouchure de la Roumer dans la Loire ? Comme il arrive d'ordinaire, il convient sans doute de le chercher dans le caractère et la topographie des lieux. Langeais — au moyen-âge Langés ou Langez — ne se serait-il pas appelé tout d'abord Langed, c'est-à-dire « la lande du guet » ou « le guet de la lande » de *lan*, lande, et *ged*, attente, guet au point de vue militaire ? (1). Peut-être ; mais il importe avant tout de remarquer que cette hypothèse s'accorde difficilement avec le nom attribué par les Romains à cette localité, et qui devait être calqué, selon leur habitude, sur l'appellation gauloise qu'ils ne faisaient guère que latiniser. *Alingavia*, qui persévéra longtemps et dont Grégoire de Tours atteste l'existence au VI° siècle, n'était sans doute pour le

(1) Comte de Chaban, *Essai sur les origines du nom des communes dans la Touraine*, Paris 1885.

Romains que la traduction littérale de la désignation primitive avec l'A initial. (1) C'est donc commettre un anachronisme que de prétendre y voir le sens de « chemin des Alains », cette race n'ayant paru en Touraine qu'au v° siècle. D'ailleurs plus d'un autre *vicus* s'élevant le long de l'ancienne voie Romaine aurait pu faire valoir des droits égaux.

De nos jours, en quête d'une étymologie nouvelle, on y a cherché une allusion aux blanches mouettes qui remontent la Loire, et paraissent s'attarder de préférence en cette partie de la vallée. La pensée qui fit donner à l'île, située en face l'embouchure de la Loire dans la mer, le nom de « roche aux mouettes », aurait porté les premiers habitants de ces coteaux à désigner ceux-ci par le nom des oiseaux, dont le joli plumage attira certainement leur regards, s'il ne sollicita pas leurs instruments de chasse. L'idée était ingénieuse, et dès lors, dans le blason, la mouette aux blanches ailes planant sur ces rives remplaça avec avantage, au point de vue du décor sinon aux yeux des gastronomes, les trois melons légendaires.

L'explication ne manque pas de charme poétique. Peut-être a-t-elle l'inconvénient de faire trop bon marché de certaines consonnes, et de plus, de se heurter à la fois à Charybde et à Scylla, je veux dire à une ellipse et à un pléonasme: *Ales gavia* « l'oiseau mouette ». A l'instar de leurs voisins des bouches de la Loire, les Langeaisiens auraient dû, semble-t-il, baptiser cet endroit du nom de « plage aux mouettes, de coteau ou roche aux mouettes ».

(1) *Alingavia vicus*, HIST FRANC. X, 31 : *vici Alingaviensis*, DE GLOR. MART. XVI.

Avouons néanmoins que nous sommes porté à montrer quelque indulgence pour cette explication, qui a l'avantage de remonter à environ douze ou treize siècles, ce qui est bien quelque chose en histoire. Alingavia en effet est un nom que nous ne connaissons que par les auteurs de l'ère mérovingienne. Or précisément à cette époque, dans l'atelier monétaire de Langeais, ainsi que nous le verrons plus tard, on frappait des pièces sur le revers desquelles était représentée la mouette, ailes déployées avec le nom de la localité en exergue. Peut-être le graveur n'a-t-il voulu que faire un jeu de mot; tout au moins ce rebus mérite-t-il quelque attention par suite de son antiquité, si l'on ne veut pas y voir l'origine authentique du nom de Langeais.

Dame Grammaire pourrait trouver plus à reprendre à l'explication imaginée par le chroniqueur de l'abbaye de Saint-Florent près Saumur, couvent qui ont des rapports avec le prieuré Saint-Sauveur, de Langeais, ainsi que nous le verrons dans la suite (1). D'après les règles établies pour la filiation des mots, *Alingavia* ou *Lenglacum* ne saurait venir de *Lenna*, nom donné, croit-il, au cour d'eau la Roumer. Le rédacteur de la chronique nous permettra d'ailleurs de lui faire observer, sans vouloir troubler ses mânes ni diminuer son savoir, qu'il sait imparfaitement sa géographie : la *Lenna* n'est pas le Roumer, mais un cours d'eau situé plus à l'ouest.

Quoiqu'il en soit, Alingavia, en se transformant d'après les lois qui ont présidé à l'évolution de la langue, a dans la suite donné naissance à Langès, puis à Langeais. Au xe siècle, la lettre

---

(1) Lenn lacum, quia Lennæ fluvio superjacet vocitatum. CHRON. S. FLORENTII. Livre rouge f. 55.

initiale *a* était tombée en raison de l'aphérèse, qui n'est pas rare dans les noms de lieux commençant par cette voyelle et se produit par la confusion de cette lettre avec la préposition *a* (1). De la sorte, on fit en latin Linguacum (1036,) Langosium castrum (1070), Lingaiae 1078 (2). L'évolution suivant son cour normal, l'*i* latin en position devint *e* en français, et de bonne heure on eut *len*, puis *lan*, ainsi qu'il arrive lorsqu'il y a une nasale, comme dans langue (lingua) et Langres (Lingones) ; le *g* s'est adouci, le *v* de la dernière syllabe est tombé comme on le remarque assez souvent, par exemple dans aïeul qui vient d'*aviolus*. Ainsi en suivant la voie régulière, on aboutit à Lenjaie, Lengeaie. Par une circonstance particulière, la forme plurielle *Lingaiae* (1078) a amené l'introduction de l'*s* final, qui a persévéré dans Langès et Langeais.

Mais n'est-ce pas s'attarder outre mesure aux questions de linguistique, si intéressantes qu'elles soient pour l'étude des origines, lorsque notre attention est sollicitée par le développement du *vicus* dont l'histoire fait l'objet de ce travail ?

La population, désormais accoutumée aux pratiques de la vie sédentaire, coulait des jours heureux sur ce coin de terre. Le Gaulois, à la haute stature, au teint blond et aux yeux bleus, se livrait à la pêche, à la chasse ou aux travaux de culture facile, à l'aide des instruments de bois durci, de pierre ou d'ossement dont nos Musées

---

(1) Ce phénomène paraît dans Abolena, Bolène ; Agoult, Goult (Vaucluse); Aganticum, Ganges (Hérault) ; Agramont, Gramont (Basses-Pyrénées); Aniortum, Niort (Aude), — Voir Longnon *Géographie de la Gaule au* vi[e] *siècle*, 1878, p. 260-261.

(2) *Cartulaire de Noyers* p. 12-13. *Cartulaire de Cormery*, p. 81.

gardent les spécimens ; la femme s'adonnait aux soins du ménage, composé de quelques nattes de jonc, de vases en terre grossière et d'un coffre renfermant le pain, avec des aiguilles en os, des peaux et des engins de pêche. Si ce n'était pas l'*aurea mediocritas* chantée par Horace, c'était du moins le bonheur relatif, qui est indépendant des raffinements de l'existence.

Soudain, comme un coup de tonnerre dans un ciel serein, l'écho des pas des légionnaires de César retentit sur les rives de la Loire. Adieu le calme de la vie solitaire et les douceurs de l'autonomie ! Les aigles romaines apportent avec elles les mœurs et les lois d'une civilisation nouvelle, qui se greffera sur le vieux sauvageon gaulois, mais non sans déchirer jusqu'au cœur la noble race des vaincus. La Gaule conquise fut divisée en trois provinces : la Belgique, au nord-est, l'Aquitaine, au sud, et la Celtique, à l'ouest. La Touraine fit partie de cette dernière province.

Entre les moyens de domination mis en œuvre par les Romains, un des plus puissants et des plus féconds fut la création d'un réseau de voies militaires ou consulaires, dont le développement embrassa la Gaule entière pour la rattacher à Rome et la river, en quelque sorte, à la première borne milliaire, au *milliarium aureum* dressé sur le forum public. Tours devint le centre de cinq voies. L'une de celles-ci se dirigeait vers Angers, — *Juliomagus* ou *Andecavum* — en suivant le coteau de la rive droite de la Loire et passait à Langeais, qui dès lors vit son importance grandir assez rapidement. Il est vraisemblable que ce point stratégique de premier ordre qui commandé la frontière de Touraine et d'Anjou, fut doté d'un des camps fortifiés qui, d'après Lucain, étaient destinés à maintenir en respect les Tourangeaux par trop rebelles au joug (1). Cette réflexion du poète, pour le dire en passant, suffit à détruire la légende qu'une plume satirique a imaginée sur le caractère des *molles Turones*.

De fait, à l'appel national de Vercingétorix contre les oppresseurs, les Turons formaient un des contingents les plus considérables ; et dans le ban de 8.000 hommes recruté dans la province, nous aimons à saluer les enfants d'Alingavia, eux aussi doux dans le calme du foyer, mais intrépides et vaillants au premier son de la trompette guerrière. Avec quelle héroïque résolution, dans le but d'enlever à César les moyens d'entretenir son armée, ils brûlent leurs hameaux dont les maisons étaient pour la plupart en bois ! (52 av. J.-C.) Ce magnanime exemple fut suivi par les populations voisines, les Andes et les Pictes. Mais on ne secoue pas impunément le joug du vainqueur quand celui-ci sait allier la prudence du stratégiste à la bravoure invincible du capitaine. Les deux légions que César fit hiverner sur les bords de la Loire et les succès d'Œlius-Aviola, envoyé contre les Andes, obligèrent les vaillantes populations à une soumission plus apparente que réelle.

A la suite de Tours qui fut capitale, Langeais, comme un satellite autour de la planète principale, fit successivement partie de la seconde Lyonnaise, puis de la troisième, sous les Antonins.

En dehors des monnaies romaines que l'on

---

(1) Instabiles Turones circumsita castra coercent. *Pharsale.*

rencontre çà et là sur son territoire, et qui se rapportent surtout à l'époque des Antonins, Langeais ne nous a révélé jusqu'ici que de rares vestiges de cette période de son histoire. Comme un écho d'outre-tombe, un monument votif de pierre, orné de trois personnages debout taillés dans une sorte de niche, nous parle seul des Gallo-Romains qui habitaient le vicus vers le III° siècle, car la sculpture accuse la période de décadence. C'est une stèle provenant sans doute du cimetière situé, comme d'ordinaire, le long de la voie publique; elle a 60 centim. de hauteur et 30 cent. de largeur. Le personnage du milieu, un homme, porte une tunique tombant jusqu'aux genoux ; à sa gauche, est une femme nue ; à sa droite, un homme vêtu. Peut-être sommes nous en présence d'un tombeau érigé par un époux à sa femme défunte, dont la mort serait symbolisée par l'absence des vêtements ; à moins qu'il ne s'agisse d'Alceste, que Hercule ramène des enfers et rend à son mari. Ce sujet, on le sait, était fréquemment traité sur les tombeaux : on voit notamment, au château de Saint-Aignan, un sarcophage romain sur lequel la scène est représentée dans tous ses détails.

La naïveté du moyen-âge vit dans le bas-relief un sujet religieux, tel que le Baptême du Christ, les trois personnes de la Trinité, et enfin saint Martin, accompagné de son disciple et successeur saint Brice et d'un autre évêque auquel on donna le nom de saint René. A ce titre on le plaça dévotement au sommet du pignon d'une chapelle dédiée à saint Martin dont on remarque les restes derrière l'église actuelle. Lorsque l'oratoire changea de destination, la stèle fut descendue et offerte à la société archéologique de Touraine, qui la conserve dans son musée lapidaire.

Durant la période romaine, parmi les localités situées sur les bords de la Loire — il ne saurait être question de Cæsarodunum qui occupe un rang à part, — les cités les plus renommées par leurs monuments religieux étaient Langeais et Amboise.

Amboise sur la rive gauche et à l'est, Langeais sur la rive droite et à l'ouest, formaient deux centres importants où la superstition païenne florissait avec éclat, entretenue qu'elle était par les soins d'un pouvoir jaloux de sa domination et par le besoin de croire inné dans l'âme humaine. On conçoit dès lors que le vaillant apôtre saint Martin, dont la méthode évangélique consistait à aller droit au cœur du paganisme, ait tout d'abord visé ces foyers de l'idolâtrie.

Aussi bien, sur le sol de la Touraine se préparait une révolution, non plus cette fois frémissante du cliquetis des glaives et des cris de guerre, mais uniquement due à l'emploi d'armes pacifiques et au triomphe des principes de la justice, de l'honneur, de la dignité humaine, de la charité et de la fraternité des peuples.

Encore un peu et, à son tour, l'empire romain qui a vécu, s'effondrera sous les coups des envahisseurs et sous le poids de ses propres fautes. Cette chute retentissante, loin d'être la ruine de la civilisation non plus qu'un recul dans la voie du progrès, sera l'avènement d'un monde nouveau, plein d'espérances fécondes. Tandis que le soleil pâlissant de la puissance romaine se couchera dans les nuages amoncelés à l'Occident, une aurore nouvelle annoncera, à l'Orient la resplendissante apparition de l'astre qui désormais présidera aux destinées de la civilisation dans les deux mondes.

Saint Martin fut l'un des plus vaillants pionniers de cette croisade, inaugurée au nom du Christ et de l'Evangile par l'Eglise Catholique. Le regard au ciel et comptant pour peu les protestations d'un art d'ailleurs décadent, mis en parallèle avec les intérêts supérieurs de l'Evangélisation, il n'hésita pas à renverser les arbres sacrés, les idoles de pierre ou de marbre et les temples (*delubra*), qu'il s'agit d'une *cella* de petite ou de grande dimension, ou bien d'une pile ou tour construite avec une statue au sommet, comme à Amboise (1).

Au cours de ses missions, qui plus d'une fois ameutèrent contre lui des hameaux entiers, saint Martin se rendit à Langeais. Sans craindre les représailles des idolâtres, il détruisit l'édifice consacré au culte païen, et, après avoir annoncé les mystères et les divines promesses de l'Evangile, baptisa nombre d'habitants du pays. Pour répondre aux besoins de la religion nouvelle dont la foule, longtemps encore, entachera les pratiques par le mélange des rites de la superstition si difficile à extirper, saint Martin fit construire une église qu'il dota de reliques de saint Jean-Baptiste (2). Au milieu des transformations qu'elle a subies dans la suite des âges, cette église a conservé jusqu'à nos jours

(1) Sulpice Sévère, *Dialogus* III.
(2) Grégoire de Tours, *Hist. Franc.* X, 31. « In vicis quoque, id est Alingaviensi... destructis delubris baptizatisque gentibus ecclesias ædificavit Martinus. » RECUEIL DES CHRONIQUES DE TOURAINE. *Chronique de Tours*, p. 202-203, A. Salmon. — De *gloria martyrum*. I. c. 16, « Basilica vici Alingaviensis in qua reliquiæ B. Johannis retinentur ».

le vocable de Saint-Jean, sous lequel elle fut dédiée par l'Apôtre de la Touraine. Les murs de l'édifice actuel gardent, en plusieurs endroits, des assises de petites pierres cubiques dont une partie pourrait bien remonter à l'époque mérovingienne. Dans la muraille du nord, et dissimulée dans la sacristie, une fenêtre à claveaux de brique accuse sinon l'époque primitive du moins le niveau et l'emplacement du premier édifice, qui se rapprochait du coteau.

Le souvenir de saint Martin, dont l'âme était si bonne, la parole si consolante et la main si généreuse, demeura profondément gravé dans la mémoire des habitants. Après sa mort, arrivée à Candes en 397 suivant l'opinion communément admise, on continua de recourir à sa protection, comme à un palladium assuré dans les douleurs physiques aussi bien que dans les souffrances morales.

Une femme de Langeais avait eu, paraît-il, le tort de s'attarder, un jour de dimanche, dans la préparation et la cuisson du pain. De notre temps encore dans plus d'une campagne, ce soin, qui est un legs des âges les plus reculés, continue à être compris parmi les soins du ménage et incombe à la femme qui d'ailleurs s'en acquitte avec bonne humeur et sûreté de main. Il est vrai que notre gallo-romaine ne sortit pas indemne de son labeur. Après avoir étendu sa farine d'eau pour en former du pain, elle plaça la pâte dans le foyer ; puis prenant soin d'écarter les charbons, elle recouvrit celle-ci de cendre chaude pour la faire cuire. Mais soudain sa main droite commença d'être dévorée comme par le feu ; elle pousse aussitôt des cris de douleur et court en gémissant à la basilique du bourg, où sont les reliques de saint Jean. Là, elle se répand en prières et promet, en ce jour, de ne plus vaquer à aucune œuvre si ce n'est à l'oraison. La nuit suivante, elle fit un cierge de sa taille et passa le reste de la veille à prier, en tenant elle-même son cierge, en sorte que la brûlure disparut complètement (1).

Nous sommes à l'époque où l'empire romain penchait vers sa ruine, battu en brèche de toutes parts par les ennemis du dehors et du dedans. Pour leur compte, les Turons tentèrent plus d'une fois, au cours du ve siècle, de lever l'étendard de l'émancipation. Vers 425, les Wisigoths étant venus assiéger Tours, le général Flavius-Marcianus, qui fut depuis empereur, contraignit ces derniers à lever le siège de la ville. Les Tourangeaux entrèrent dans la ligue Armoricaine, mais le général Aétius reprit la province et, selon la coutume des vainqueurs, partagea les terres entre les Alains, qui servaient dans l'armée. A leur tour, les Alains furent soumis par Thorimond, roi des Wisigoths.

Au milieu du ve siècle, le porte-étendard le plus redouté de la puissance romaine, sur les bords de la Loire, fut le général Ægidius-Afranius, qui d'ailleurs avait essayé de poser sa candidature contre l'empereur Majorien. Néanmoins il tenta vainement de s'emparer du château de Chinon, détenu par les Wisigoths qui conservèrent, quelque temps encore, la domination sur une grande partie de la Touraine. Plus d'une fois, témoin le martyre de saint Volusien, évêque de Tours, les rois Wisigoths, tels que Euric et son fils Alaric, mêlèrent les horreurs d'exécutions sanglantes à l'éclat somptueux d'une cour qui prétendait rivaliser avec celle de Byzance.

(1) Grégoire de Tours, *de gloria Martyrum*, lib. I, 16.

II

ÉPOQUE MÉROVINGIENNE

Nous ne savons rien de particulier sur la fortune de Langeais durant l'époque mérovingienne, perpétuellement agitée par les clameurs guerrières et par les déprédations des vainqueurs de la veille, devenus les vaincus du lendemain. Les habitants eurent naturellement leur part des angoisses qui étreignirent l'âme et des coups qui déchirèrent la chair de la belle captive des rives de la Loire, je veux dire de la Touraine. Enfin elle sonna définitivement l'heure de la chute de l'empire romain, si longtemps ébranlé sur ses bases séculaires.

Au bruit de cet écroulement, les évêques, — dont le plus célèbre est Perpet de Tours, véritable Mécène des arts auxquels il donna rendez-vous dans la radieuse basilique élevée par lui en l'honneur de saint Martin, — les évêques, dis-je, tournèrent instinctivement leurs regards vers l'Est. En même temps, des bords du Rhin, s'élançait jeune, vaillante, riche de rêves et de promesses, une race conquérante portant au cœur des énergies encore indisciplinées, mais ayant au front le signe de la croix reçu sur le champ de Tolbiac, puis au baptistère de Reims.

Clovis après avoir traité de pair avec le magnifique Alaric dans une île de la Loire, défit son rival à Vouillé (507) ; désormais la Touraine fit partie du royaume de France. Il n'est pas jusqu'à Anastase, empereur de Constantinople, qui ne s'empressa de saluer le vainqueur en envoyant à Clovis les insignes consulaires. Celui-ci les revêtit solennellement dans la basilique de Saint-Martin, non sans joncher sa marche triomphale de monnaies d'or et d'argent, jetées à la foule qui l'acclamait comme un libérateur.

Nous n'avons pas à redire ici les vicissitudes traversées par la Touraine sous les farouches descendants de Clovis, toujours prêts à aiguiser leurs glaives pour de nouvelles luttes fratricides. Heureusement, en retour, les douces et pâles figures de Clotilde, d'Ingeltrude et de Radégonde, pour lesquelles le tombeau de Saint-Martin avait tant d'attrait, se profilent harmonieusement à l'ombre des saints parvis sous lesquels les prières, les travaux et les vertus de ces « femmes fortes » préparent la transformation lente, mais sûre, de la race franque : cette sève exubérante, comme celle des sauvageons, n'attendait que la greffe insérée par une main délicate, pour produire des fruits pleins de saveur, sans toutefois perdre entièrement le goût de terroir : quelle plante ne le conserve quand même malgré la culture la plus attentive ?

A l'instar des autres localités du nord de la Loire, Langeais eut à subir, sans doute, les déprédations de Chilpéric, de Théodebert, ainsi que de Roccolène, qui fut gouverneur du Maine ; par contre, elle dut échapper aux ravages des hordes berrichonnes qui, vers 582, saccagèrent le midi de la Touraine. Au milieu de ces inquiétudes de tous les jours, les habitants — que le Christianisme pénétrait de plus en plus et qui eussent vainement cherché un symbole des vieux rites gaulois, dans les menhirs ou les arbres sacrés disparus, — ne manquaient pas d'accueillir avec allégresse les paroles d'encouragement qui leur étaient apportées par les évêques de Tours. Saint Grégoire (573-595) en particulier, si fidèle à visiter son diocèse pour y entretenir la foi aussi bien que pour y vénérer les lieux sanctifiés par saint Martin, dut leur raconter au cours d'une pieuse homélie, l'une de ces anecdotes touchantes dont il a laissé le souvenir dans ses nombreux ouvrages. Le peuple ne pouvait recevoir avec indifférence le pontife qui mettait tant de zèle à plaider, auprès du souverain, la cause du travailleur gémissant sous le poids des impôts.

Les impôts nous amènent à parler d'une circonstance qui a valu à Langeais de ne pas traverser l'ère mérovingienne sans laisser un souvenir palpable de son histoire, à cette époque voilée de tant d'obscurités.

Par suite des habitudes de centralisation des Romains, la Gaule en était venue à posséder peu d'ateliers monétaires dont les types, d'ailleurs, étaient empruntés aux traditions d'outre-mont. Il n'en fut pas de même sous les Mérovingiens, dont l'avènement inaugura véritablement une ère de décentralisation. Le besoin de réagir contre le joug étranger, dur et insupportable comme un niveau de fer, y contribua largement aussi bien que l'absence d'une main suffisamment ferme, au service d'une tête assez puissante. Le partage des domaines, le morcellement progressif des biens et les guerres fréquentes favorisèrent cette tendance qui donna naissance à la Féodalité : la Féodalité dont la figure, bardée d'acier de pied en cap, brille à travers les brumes du Moyen-Age comme celle du chevalier sur le chemin de ronde de son château-fort, où nuit et jour résonne le cliquetis des armes.

Ce règne décentralisateur apportait avec lui la division des services publics, désormais répartis en plusieurs centres, ou vigueries, dans lesquels le représentant du roi, le suppléant du comte exerçait les pouvoirs administratifs et judiciaires. On voit dès lors un bon nombre de localités en possession d'un atelier monétaire, coutume qui ne fut pas sans favoriser l'altération du numéraire en rompant absolument l'unité de l'étalon. Langeais figure sur la liste des *vici* qui jouissaient du droit de battre monnaie.

A cette époque de dégénérescence, qui d'ailleurs contenait le germe d'une rénovation, on reconnaît dans les œuvres d'architecture et de sculpture l'intention impuissante de reproduire les canons de l'antiquité romaine. Il en est de même pour la frappe des monnaies, qui présentent une copie défectueuse des pièces de la décadence romaine. On frappa d'ordinaire des monnaies de cuivre, et plus rarement des pièces d'or et d'argent dont l'étalon était le sou ou livre d'or *solidus aureus*, dont les divisionnaires étaient le sou d'argent, le tiers du sou ou *triens*, et le denier *denarius* ; le sou d'or valait 40 deniers, et le sou d'argent 12 deniers. Ces monnaies portent au droit la tête du roi ou du comte avec le nom de ceux-ci, et parfois tout simplement celui du monétaire ; au revers, on remarque une croix, entourée du nom de la villa royale, du vicus où la monnaie était frappée.

Le type des monnaies de Langeais présente le caractère qui est commun à la Touraine, avec quelques traits spéciaux qui méritent d'être signalés et se rapprochent du coin propre à la basilique de Saint-Martin. Dans l'un de ces types, à l'avers, le buste de forme trapézoïdale a la tête couronnée d'un diadème presque vertical, à la différence des figures ordinaires, et qui dépasse le sommet de la tête ; la légende qui commence derrière le buste et se termine en avant, est ALINGAVIA : s. Le revers offre, au centre, une croix pattée ayant au dessus une croisette et, au dessous, un triple rang de degrés étroits ; la légende porte FRATERNO. M. ou *Fraterno monetarius*. N'est-il pas du plus vif intérêt de savoir le nom de l'ouvrier qui frappa la monnaie de Langeais, il y a quatorze siècles ?

Un autre monétaire de l'ère mérovingienne, à Langeais, est *Leodomarus* qui fut l'un des ouvriers les plus habiles de son temps, à en juger par l'excellence de ses produits. On a de lui un triens dans lequel son imagination, par une conception tout à fait originale, a substitué à la tête que l'on gravait d'ordinairement, la figure d'un oiseau. Celui-ci a la tête retournée et regarde en arrière, peut-être pour voir ou saisir un objet qui fuit, ou bien, dans la pensée de l'artiste, pour exprimer un sens mystique, déjà familier aux vieux Gaulois ; les ailes sont déployées comme pour le vol. Le graveur, dont l'esprit subtil se plaisait aux rebus, aura voulu faire un jeu de mot sur *Alæ Gaviæ* ou *Ales Gavia*, l'oiseau-mouette, la mouette. La légende qui entoure l'oiseau, en commençant sous les pieds, porte ALINGAVIAS VICO. Au revers la croix, de forme élégante, élevée sur un pied et surmontée d'une croisette, est entourée de la légende LEODOMARE, qui commence à gauche. C'est le nom du monétaire que nous ne saurions trop féliciter de la tentative heureuse, qu'en artiste aussi spirituel qu'habile il a réalisée à cette époque semi-barbare. Nous saluons cet effort comme le premier rayonnement, à Langeais, de ce goût des arts dont nous constaterons le libre épanouissement au cœur du moyen-âge.

Charlemagne, roi de France et empereur d'Occident, dont le programme politique, inspiré par une juste appréciation des événements, tendait à resserrer les liens de l'unité nationale en fortifiant l'autorité royale, supprima les privilèges qui avaient été octroyés à un grand nombre de localités. Par suite de cette mesure, Langeais perdit, à l'instar des autres *vici*, le droit de battre monnaie; il va de soi que cette suppression entraînait la perte de divers autres avantages, l'argent ayant toujours été non seulement le nerf de la guerre, mais aussi, en temps de paix, la source d'une influence plus large et plus efficace.

III

LE MOYEN-AGE

I

La petite cité Langeaisienne, un moment absorbée dans l'immense sphère nationale créée par la puissante main de Charlemagne, après avoir été menacée, comme la plupart des localités riveraines, par les hordes Normandes, se ressaisit au seuil du moyen-âge. Elle mit si bien à profit cette situation nouvelle et grandit dans de si heureuses proportions, qu'elle devint une des places fortes les plus importantes des rives de la Loire.

C'était l'heure où les descendants de Charlemagne, aux épaules trop débiles pour porter le fardeau du vaste empire qu'il leur avait légué, s'endormaient dans une profonde léthargie, signe avant-coureur de la mort. Avec Charles le Simple, Louis d'Outremer, Lothaire et Louis V le Fainéant s'éteignirent les derniers descendants de la race carlovingienne, dans le silence et l'obscurité d'une nuit presque sans étoiles. Mais, à la faveur des ombres épaisses, de fiers suzerains avaient édifié d'imposants donjons, et, quand l'aube blanchit à l'horizon, on vit soudain briller les bannières féodales au sommet des murailles crénelées. Les comtes d'Anjou furent des premiers à porter sur la cime des collines, ces géants de pierre dont le front devait défier tant de fois les menaces de leurs rivaux, notamment des comtes de Blois. Les villes des bords de la Loire, et plus particulièrement Langeais, furent souvent l'enjeu de la redoutable partie que se livrèrent ces adversaires acharnés pour lesquels les hommes ne comptaient pas autrement que les pièces d'un échiquier.

La Touraine, il est vrai, jouissait de l'avantage d'avoir pour ...tes les ancêtres mêmes des Capétiens, dont plus d'un cumula l'autorité comtale avec le titre d'abbé commendataire de Saint-Martin. Ce sont Hugues I, Robert I, Robert-le-Fort, qui battit les Normands, Hugues II, puis Eudes I, qui fut créé roi de France, Robert III, Hugues le Grand et Thibaud le Tricheur, déjà comte de Blois.

A la même époque, Ingelger, comte de Gâtinais, marié à Adèle, nièce d'Adalard, archevêque de Tours, recevait de Louis, fils de Charles le Chauve, la ville d'Amboise, puis de Louis le Bègue, le comté d'Anjou et la prévôté de Touraine qu'il eut à défendre contre les incursions Normandes. Les successeurs d'Ingelger conservèrent toujours une prédilection marquée pour la Touraine; Foulques le Roux, son fils, fut enterré dans la basilique Saint-Martin de Tours, ainsi que l'avait été son père et que le fut son propre fils Foulques le Bon (958). Geoffroy Grisegonelle attacha son nom à la fondation de la collégiale de Loches, mais il était réservé à Foulques Nerra de prendre une possession plus ferme de la Tou-

2.

raine en enserrant la province dans un réseau de donjons, installés aux points stratégiques les plus favorables.

De leur côté les comtes de Blois, dont la souche semble être un certain Thiébolt, entretenaient les meilleurs relations avec les rois de France. Thibault le Tricheur, qui paraît en 943 avec le titre de comte de Blésois et de Touraine, étendit sérieusement la puissance de sa famille, en particulier dans la vallée de la Loire. A la mort de Alain Berbetorte, comte de Nantes, qui avait épousé la sœur de Thibault, celui-ci reçut en garde la veuve qu'il donna en mariage à Foulques le Bon, comte d'Anjou, mais il retint par devers lui les revenus d'une partie du comté, qui lui servirent à bâtir les châteaux de Chartres, de Blois et de Chinon (1). Thibault vécut en assez bons rapports avec son beau-frère, Foulques d'Anjou; en 958, on les voit tenir ensemble les plaids dans le Verron, contrée fertile située entre la Loire et la Vienne, dans laquelle l'on retrouve, paraît-il, des types biens caractéristiques dont il serait intéressant de déterminer les origines, qu'il s'agisse de peuplades primitives ou de Sarrasins, comme on l'a prétendu (2).

Lorsqu'il mourut, avant l'année 978, Thibault, qualifié *comes ditissimus*, non seulement possédait les comtés de Tours, de Chartres et de Blois, mais encore ses domaines s'étendaient fort avant dans l'ouest. Les possessions de Thibault furent recueillies par son fils Eudes, dit *comes famosissimus*. La sœur d'Eudes, Emma, mariée à Guillaume de Poitiers, apparaît aux regards de l'his-

(1) Chron. Nannet. t. VIII, p. 277.
(2) Voir M. Louis Bousrez, *Les monuments mégalithiques de Touraine* Tours, 1894, in-12, p. 78-79.

torien comme un véritable sphinx féminin, jaloux de garder le voile qui recouvre sa vie dans laquelle les drames mystérieux alternent avec les fondations pieuses, telles que celle de l'abbaye de Bourgueil, à quelques lieues à l'ouest de Langeais. Quant à Eudes, il vécut en bons rapports avec les rois Lothaire (954-986) et Hugues Capet (987-996), non sans pressentir qu'il ne tarderait pas à rencontrer sur son chemin le terrible comte d'Anjou.

Geoffroy Grisegonelle venait de mourir au siège de Marson, en Anjou, qu'il conduisait de concert avec Hugues Capet. Foulques Nerra entre dès lors en scène avec la puissante épée d'un vaillant capitaine, d'un ingénieur militaire consommé, d'un fin stratégiste et surtout d'un haut suzerain avide de conquêtes.

Pareils à deux ouragans venus des points opposés de l'horizon, qui s'entrechoquent et volent en terribles éclats dont les ravages se font sentir au loin, les comtes d'Anjou et de Blésois, heurtèrent leurs épées et leurs cuirasses dans des duels redoutables où les lueurs sinistres des armes éclairèrent trop souvent des monceaux de cadavres et de ruines. Les sentiments de jalousie et d'ambition, le voisinage des domaines, le règlement de la succession de Bretagne et du comté de Nantes, échu à Hoël puis, à son frère Guérech, déterminèrent cette lutte qui prit des proportions bien faites pour enflammer l'imagination des historiens en quête de hauts exploits, mais aussi pour faire saigner le cœur des populations désireuses de la paix et des fruits qu'elle produit.

Foulques Nerra était plus entreprenant, et Eudes était plus confiant dans la puissance de ses forces. Foulques, à la stature robuste et élancée, à l'œil de faucon noir, aux colères tonnantes entrecoupées de jurons « âmes de Dieu, » évitant les batailles rangées, cherchait à surprendre son adversaire, à piller et à rançonner. Eudes, aux mœurs moins âpres et à l'allure moins martiale, excellait à grouper ses troupes pour une action générale et décisive De part et d'autres on pillait, on brûlait de façon à ne laisser debout ni clocher ni chaumière — *nec tugurium nec gallum* — selon les expressions d'un chroniqueur dont le termes laconiques résonnent lugubres comme le son d'un glas funèbre (1).

Lorsque Foulques fut débarrassé de Conan, le redoutable chef breton qui tenait ses armes en échec, après la prise de la citadelle de Nantes, il songea à remonter la vallée de la Loire. Le comte d'Anjou se proposait non plus cette fois de fatiguer son adversaire par des luttes partielles, mais d'y prendre définitivement pied en s'installant, au cœur de la Touraine, qui formait comme le rempart inexpugnable des comtes de Blois.

Construire un château fort à Langeais, c'était se rendre maître du « grand chemin de Tours à Angers », c'est-à-dire de l'artère principale qui mettait en communication l'Ouest avec le Centre, et, par là, avec le reste de la France ; c'était commander le passage de la Loire sur la rive principale. En stratégiste habile, Foulques Nerra s'empressa d'occuper cette position, qui peut-être conservait encore des restes d'un poste romain. Il assit sa forteresse à la pointe du coteau triangulaire, baigné au sud par la Loire et, au nord et à l'ouest, par la Roumer. Elle formait

---

(1) Richer, IV, ch. 79, *Gesta consul. Andegav.* — d'Achery, *Spicil.* t. II, p. 452.

une enceinte rectangulaire à l'orient de laquelle il éleva un formidable donjon carré.

A l'heure actuelle, bien qu'il ait été sérieusement entamé et que les murs du midi et de l'ouest soient presque totalement renversés, ce donjon présente encore une masse fort imposante par les deux autres murailles qui se dressent à pic au bord du rocher. Tel qu'il est, avec ses cicatrices profondes, qu'il s'efforce vainement de dissimuler sous un bandeau de lierre courant de la base au sommet, il continue d'offrir le plus vif intérêt, ne fût-ce que comme le plus ancien donjon de la Touraine, d'ailleurs si riche en constructions féodales.

Foulques Nerra le bâtit en 984 (1), d'après le système d'appareil alors en usage, c'est-à-dire en petites pierres cubiques, ainsi qu'avaient fait les chanoines de Saint-Martin, au commencement du siècle pour leur rempart de Châteauneuf, dont on remarque encore des restes bien caractéristiques près de la rue Néricault-Destouches Le noyau du mur est en blocage de pierre, noyée dans un excellent mortier avec un revêtement de pierres cubiques. Le donjon était divisé en deux étages. L'étage supérieur était éclairé, du côté de l'est, par quatre fenêtres dont deux plus petites et deux plus grandes, celles-ci au milieu. Dans la muraille du nord, il y avait également deux fenêtres, dont une a été murée par suite de restauration ; du côté méridional,

(1) 984 anno. Landegavis castrum a Fulcone comite construitur ; *Brevis histor S. Juliani Turon.* dans le RECUEIL DES CHRONIQUES DE TOURAINE, p. 228. — Fulco in Turonico pago ædificavit Lingaim castellum *Fragm. Hist. Andegar. auct. Fulcone Rechin* dans les CHRONIQUES D'ANJOU. — Circa hoc tempus (989) Landegavis castrum a Fulcone comite construitur — SPICILEGIUM t. II, p. 303.

on distingue les restes d'une fenêtre. Il n'y avait d'ouverture au rez-de-chaussée que la porte, percée sans doute dans la muraille du midi, parce que ce côté, protégé par la Loire, était plus facile à surveiller. Par un ressouvenir des procédés romains, les fenêtres du donjon montrent des briques à leurs claveaux à plein cintre. Mais, tout en employant l'appareil alors usité, Foulques Nerra sut, dans l'ordonnance et la structure, imprimer à cet ouvrage le cachet de son génie militaire. Le donjon a 10 m. 70 de longueur, 7 m. 10 de largeur et 12 mètres de hauteur. Les murs ont été érasés à la partie supérieure dont il reste quelques pierres, destinées à porter un toit avec des engins de défense.

Foulques avait dès lors sur la rive droite du fleuve un poste stratégique de premier ordre qui pouvait lui servir de quartier-général. Loin de s'endormir dans les délices de la Capoue des bords de la Loire, il résolut de marcher de victoires en victoires. Adalbert, comte de Périgord, qui avait enlevé Tours à Eudes, céda cette ville à Foulques. Mais les habitants avaient, semble-t-il, une préférence pour le comte de Blois ; aussi celui-ci s'empressa-t-il de disputer à Foulques la possession de la Touraine, mais mal lui en prit. Après avoir taillé en pièces les troupes d'Eudes, près de Chateaudun, Foulques, pour affermir sa conquête, éleva plusieurs donjons destinés à bloquer Tours qu'il voulait reprendre au comte Eudes. La résistance fut longue, opiniâtre, mais Foulques finit par s'en emparer non sans que le faubourg de Chateauneuf avec la basilique de Saint-Martin et vingt-deux églises devinssent la proie des flammes.

Le comte de Blois ne se tint pas pour battu. Il

se ménagea des alliances dont la plus considérable fut celle de Gölduin, *le diable de Saumur*, qui jouissait d'une grande influence. Après avoir réuni ses troupes, accrues de réserves toutes fraîches, il descendit la rive droite de la Loire et vint mettre le siège devant le quartier-général de son adversaire.

Par sa situation au sommet du coteau triangulaire, baigné par la Loire et la Roumer, le château de Foulques Nerra permettait une résistance difficile à vaincre. Il ne fallait pas songer à l'emporter en tentant l'escalade par les côtés opposés du triangle ; le seul endroit vulnérable était le point occidental, que le comte d'Anjou avait eu soin de munir de fossés. C'est de ce côté qu'Eudes concentra ses forces, qu'il engagea dans le vallon de la Roumer et disposa sur les coteaux qui, au nord, font face au château. Les caves creusées dans le roc pouvant servir de redoutes, il ne dut manquer de les utiliser.

Etudier le terrain, sonder les endroits faibles à la faveur des ténèbres de la nuit, essayer des diversions, aguerrir les soldats par des escarmouches et des tentatives d'escalade simulée, creuser des retranchements pour mettre ses troupes à l'abri, tels furent les premiers soins du comte de Blois. De son côté Foulques, qui de son donjon élevé, découvrait tout le pays d'alentour et pouvait surveiller les travaux des assiégeants, ne négligeait rien pour mettre la place en parfait état de défense et stimuler le courage de ses hommes par l'appât de la récompense.

Le siège traîna en longueur. De part et d'autre, on fit preuve d'habileté et de courage ; les assaillants attaquaient avec fougue, les assiégés se défendaient avec acharnement.

Le nombre des morts dut être assez considérable, surtout du côté de l'assiégeant. Eudes inhuma les siens dans la vallée et sur le penchant du coteau de Morvouzet, où l'on a découvert, au milieu des champs, des cercueils moyen-âge de pierre en forme d'auge. Une circonstance nous apprend que tout en poussant le siège. Eudes ne négligeait pas l'exercice de ses droits de haut suzerain. Le 12 février 994 (a. s), il signa une charte en faveur de l'abbaye cistercienne de Baugerais, en Touraine (1).

Quelle fut l'issue de la lutte ? On a prétendu que Foulques, sur le point de capituler, fut secouru par le roi de France et que, prenant l'offensive, il mit l'ennemi en fuite. Pourtant, il semble bien que le comte de Blois, avec le concours de seigneurs qui fournirent de nouvelles troupes, ait fini par emporter le château ; à quelque temps de là, nous voyons, en effet, le château dans les mains des comtes de Blois. Quoiqu'il en soit, Eudes ne devait guère survivre à ce siège mémorable. Il fut enterré à Marmoutier et sa veuve, Berthe de Bourgogne, épousa Robert, depuis roi de France. On sait comment cette union, Berthe ayant été la commère de Robert, attira sur le roi l'interdit prononcé par le pape Grégoire V, si bien qu'après avoir répudié Berthe, le prince épousa Constance d'Auvergne, la plus belle et la plus méchante femme de son temps, s'il faut en croire certain chroniqueur dont nous n'avons point de raison de soupçonner la véracité.

(1) Data est hæc autoritas ad obsidionem castelli Langlacensis anno Dni DCCCC XCIV, ab Odone primo comite Blesensis. » *Cartulaire de Beaugerais*, ch. 3. — Maan a tort de prétendre que la charte est datée « prid. id. Feb. 996. » *Sanct. et metrop. eccl. Turonensis*, p. 72.

Cependant Foulques Nerra ne tarda pas à reprendre l'offensive pour reconquérir le terrain perdu. Pouvait-il bien laisser au pouvoir de l'ennemi l'imposante place qu'il avait lui-même fortifiée? Désormais en possession de plusieurs châteaux, au nord aussi bien qu'au sud de la Loire, le comte d'Anjou pouvait commander en maître aux plus hauts barons (1).

Nous n'avons pas à raconter ici les victoires de Foulques contre le comte Eudes II, (celui qui bâtit le premier pont de Tours, en face Saint-Symphorien), ni contre son propre fils, Geoffroy Martel, qui, après avoir levé l'étendard de la révolte, fit sa soumission « en portant une selle sur le dos ». A son retour d'un pèlerinage à Jérusalem, Foulques Nerra mourut à Metz, et son corps, rapporté dans l'église abbatiale de Beaulieu, qu'il avait fondée, y reçut la sépulture dans un tombeau qui se voyait encore à l'époque de la révolution.

Geoffroy Martel, auquel le roi de France Henri 1er donna la Touraine, battit à Nouy, à quelques lieues à l'est de Tours, Thibault qui portait le titre de comte de Touraine, et obligea les seigneurs à lui rendre hommage. Thibault III, fils d'Eudes, fut fait prisonnier et céda à Geoffroy Martel, pour sa rançon, ce qu'il possédait encore en Touraine, notamment Langeais, à la réserve formelle de Marmoutier. (2) Geoffroy mourut sans enfant, et fut enterré à l'abbaye Saint-Nicolas d'Angers qu'il avait achevée et dotée richement.

Ses neveux, Geoffroy le Barbu et Foulques Réchin, héritèrent des domaines féodaux non sans

(1) Maan, *Sancta et metropol. eccles. Turon.* p. 80.
(2) *Chronic. Magn. Turonense.*

que des luttes sanglantes les missent plus d'une fois aux prises. L'avantage resta à Foulques Réchin qui tint Geoffroy vingt-huit ans prisonnier dans la forteresse de Chinon, d'où le malheureux captif — *o tempora! o mores!* — sortit à la demande du pape Urbain II, alors en France pour y prêcher la Croisade.

A la mort de Geoffroy le Barbu (1067), le titre de comte de Touraine passa successivement à Foulques Réchin et à Foulques le Jeune, fils de Foulques Réchin et de Bertrade de Montfort. Foulques le Jeune jouit assez paisiblement du comté de Touraine, dont le chef-lieu était la Tour dite Feu Hugon, ou du fief Hugon, située à l'extrémité nord-est de l'enceinte gallo-romaine. Il reçut en grande pompe les ambassadeurs de Baudouin, roi de Jérusalem, qui lui offrait la main de sa fille Melisente, avec la succession à la couronne de Palestine, diadème constellé de pierres précieuses bien différent de la couronne d'épines de Jésus-Christ.

II

Notre désir de présenter dans un tableau d'ensemble la série des comtes d'Anjou et de Touraine, dont l'histoire est si intimement liée à celle de Langeais, nous a entraîné au-delà des limites du XI° siècle. Nous avons hâte d'y revenir pour saluer un de ces caractères fortement trempés qui, placés de loin en loin sur la route de l'humanité, reposent et consolent des tristesses dont cette voie douloureuse est trop souvent jonchée.

Déjà dans la première moitié du siècle, Langeais avait vu naître Geoffroy, issu d'une famille aisée, qui embrassa la carrière ecclésiastique. Ses talents et ses mérites lui valurent des dignités enviées : il fut chantre de l'insigne basilique de Saint-Martin et doyen du chapitre métropolitain de Tours, en 1059. La dernière charge avait, surtout alors, une importance considérable tant en raison du nombre des chanoines que de l'étendue des domaines de la collégiale. Le doyen marchait le premier après l'archevêque, quand il ne tentait pas, bien entendu dans le but de défendre les privilèges du chapitre, de tenir tête au prélat et de lui barrer le chemin (1).

Au XI siècle, Langeais a donné à la Touraine, j'allais dire à la France un homme qui fait le plus grand honneur à l'humanité par l'élévation de ses vues, par la pénétration de son jugement et par l'énergie de sa volonté.

L'Europe, livrée trop souvent aux insolences des hommes de fer, subissait alors une crise redoutable. L'anarchie morale, comme une lèpre hideuse, gagnait de proche en proche ; l'élément barbare menaçait d'étouffer, dans une étreinte repoussante, l'idée du bien, le sens de l'idéal, la loi divine, la discipline chrétienne ; çà et là, des rois faisaient des avantages religieux la récompense des services de leurs créatures ; assez souvent les seigneurs foulaient aux pieds les lois de l'honneur et de la justice, et plus d'un couvent dégénéré semblait avoir pour premier souci d'arrondir ses dîmes ou d'exhausser ses clôtures afin d'abriter ses privilèges, voire même à l'encontre de la puissance ecclésiastique. Pour réprimer ces désordres

---

(1) Maan, *sancta et Metrop. eccles. Turon.* 1667, p. 257

la Providence suscita l'intègre et courageux pontife saint Grégoire VII, qui dût payer de l'exil le dévouement infatigable qu'il apporta à la répression des abus de toutes sortes.

La Touraine, elle aussi, eut son Grégoire VII, et Langeais a été le berceau de ce vaillant. Foulcroi — *Fulcredus* — était son père; lui se nommait Raoul, *Radulphus*. On lui savait une énergie de volonté peu commune au service d'un amour désintéressé de l'Église, avec peu de sympathie pour les privilèges peu ou point justifiés. Aussi l'élection de Raoul faite par le clergé séculier, en 1070, trouva-t-elle une opposition, sourde d'abord, ouverte ensuite, parmi les évêques de la province et dans les rangs des réguliers. La haine au cœur enfiellé est la mère de la délation à la langue venimeuse. Accusé près du pape Alexandre II de simonie pour avoir acheté, disait-on, les suffrages, et d'inceste à l'égard de sa sœur, Raoul dédaigna de se défendre; il attendit du temps et de la vérité la réhabilitation qu'il était en droit d'obtenir.

Son âme droite avait compté sans l'injustice persévérante et les basses intrigues des hommes. Des seigneurs, tels que celui de Sainte-Maure, ne voulurent pas payer leurs redevances; des abbés, comme Foulques de Beaulieu, lui refusèrent l'obéissance; enfin les maisons religieuses, qui par leur situation et le nombre de leurs sujets avaient le plus d'influence sur l'opinion publique, comme la collégiale de Saint-Martin et l'abbaye de Marmoutier, dissimulèrent mal leur opposition vis-à-vis de celui qu'un de leurs chroniqueurs s'oublie jusqu'à qualifier charitablement de l'épithète d' « ours ».

Grégoire VII venait de prendre la direction

de l'Église. A la fin de 1073, l'archevêque Raoul s'en alla porter dans le cœur du père les douleurs de son âme ulcérée par la malice des hommes (1). Le pape lui rendit justice, rappela les révoltés à l'obéissance, le rétablit dans ses droits, et, pour mieux marquer sa bienveillance, le chargea de la délicate mission de ramener la paix entre le couvent de Déols, en Berry, et l'abbé de Saint-Sulpice, de concert avec Richard, évêque de Bourges.

Rentré à Tours au milieu des acclamations du peuple qui l'aimait et des sympathies du clergé qui lui restait dévoué, Raoul reprit les différentes fonctions de sa charge. Ses ennemis inclinèrent quelque temps la tête, mais ce fut pour la relever plus audacieuse et plus provocante. On reprit auprès du légat d'Aquitaine les accusations déjà lancées. Les chanoines de Saint-Martin, ne gardant plus de retenue vis-à-vis de l'archevêque, en vinrent à lui jeter l'outrage à la face après qu'il eut approuvé, au concile d'Issoudun, les plaintes du légat contre les Martiniens qui — toujours en vertu de leurs exemptions — avaient refusé de le recevoir avec les honneurs dus au représentant du pape. Toujours habiles à identifier leur cause avec celle de l'Église, ils imaginèrent, à l'adresse de Raoul, le surnom d'« Ennemi de Dieu », qui passa de leur Pancarte noire dans le vocabulaire de certains auteurs trop peu en garde contre les petites passions, attisées par la jalousie, le pire ennemi de la vérité.

Les moines de Marmoutier firent écho à ces violences. Raoul ne leur avait jamais donné que des preuves de sa bienveillance ; il s'était em-

---

(1) Grégoire VII, *Epistolæ* 19, 20, 21, 22, lib. 2.

pressé notamment de confirmer l'élection de Bernard, leur dernier abbé. Ainsi que c'était l'usage à l'occasion des fêtes de Pâques, l'archevêque se rendit en procession, avec le clergé et les fidèles, aux lieux sanctifiés par le séjour de saint Martin. Mais, quel ne fut pas son étonnement de trouver porte close ! En vain il frappe à plusieurs reprises; il n'entend pour toute réponse que les murmures des moines et le bruit des armes dont l'écho retentit derrière la clôture. Pour se couvrir d'un prétexte, on prétendit que l'entrée de la foule troublait la solitude pieuse du monastère, qui d'ailleurs avait la faculté de se retrancher derrière ses immunités. Raoul, toujours plein de sang-froid, retourna vers la ville sans songer à infliger aux religieux d'autre punition que la peine spirituelle dont le droit canonique armait l'autorité épiscopale.

Ce n'est pas tout. L'évêque de Dol, à son insu peut-être, servit la cause des adversaires de Raoul. Depuis quelque temps déjà Yvon, évêque de cette petite ville, cherchait à se soustraire à l'autorité de l'archidiocèse de Tours et à faire ériger son siège en métropole de toute la Bretagne. Cette prétention venait trop bien à point et favorisait trop manifestement les rancunes de quelques suffragants bretons, en particulier d'Eusèbe, évêque d'Angers, pour qu'ils n'en fissent pas un nouvel engin de guerre. En fin de compte, cette arme eut le sort des autres et se brisa entre leurs mains. Le concile de Saintes trancha le différend en déclarant que les évêques de l'Armorique continueraient de considérer Tours comme leur métropole (1). Ce fut l'occa-

---

(1) *Bulla Innocentii III.*

sion de nouvelles et plus vives récriminations.

Pareil au sage antique — *justum ac tenacem propositi* — Raoul remplissait sa mission de paix, de justice et de bienfaisance sans se soucier des révoltes des uns et des intrigues des autres. Pourtant il n'avait pas atteint le sommet de son calvaire : inébranlable dans sa fermeté, il devait connaître les outrages de la puissance civile, offensée elle aussi par son indéfectible amour du droit et de l'équité.

Foulques Réchin, comte de Touraine et d'Anjou, avait reçu de la nature les dons les plus heureux qu'il mit trop souvent au service de ses passions. Non content de tenir son frère captif dans la prison de Chinon, durant de longues années, il répudia son épouse Ermengarde pour s'unir à la frivole Bertrade de Montfort. Disciple fidèle des Ambroise, des Basile, des Chrysostome, des Grégoire de Tours et des Grégoire VII, Raoul fit entendre à l'oreille du comte les sages remontrances que lui dictait sa conscience d'évêque (1). Il ne réussit qu'à indisposer contre lui le tout puissant seigneur, dont l'audace trouvait un semblant de justification dans l'attitude des chanoines de Saint-Martin ou de certains évêques bretons ; eux aussi ne s'étaient-ils pas montrés trop enclins à blâmer le zèle de l'archevêque de Tours, sinon du Pontife romain ?

Cependant il restait encore à perdre Raoul dans l'esprit du roi Philippe Ier; l'occasion favorable ne tarda pas à se présenter. En 1077, le concile de Langres, présidé par les légats du pape, dénonça nettement les abus dont les

(1) Grégoire VII, *Epist.* 22, l. 9.

princes et les seigneurs se rendaient coupables en donnant à leurs créatures les évêchés, abbayes et autres bénéfices ecclésiastiques, institués pour procurer la bonne direction de l'Église et non pour satisfaire des appétits plus ou moins blâmables. Or, Raoul assistait au concile et signa les décrets ; il n'en fallut pas davantage. Sur-le-champ le roi envoya au comte Foulques, qui n'attendait qu'un signe, l'ordre de chasser de son siège l'insolent prélat qui osait placer les lois supérieures du bien et du juste au-dessus des caprices d'un monarque. Raoul fut expulsé de son diocèse avec menace de mort s'il y rentrait. C'était en l'année 1081.

Les coups répétés de la persécution purent bien agiter le grand évêque, mais ils ne réussirent pas à l'ébranler. Raoul trouva dans le témoignage de sa conscience et dans la certitude du devoir rempli, l'énergie nécessaire pour ne pas défaillir. Le peuple et le clergé paroissial, habitués à vivre en dehors de la sphère des intrigues, le soutinrent par leur dévouement qui ne se démentit jamais, contre les vexations des puissants conjurés à sa perte.

Raoul rencontra d'ailleurs, dans l'amitié des personnages les plus vénérables, l'appui que la Providence ménage toujours au cœur magnanime. Godefroy, abbé de Vendôme, l'un des moines les plus respectables du XIe siècle, qui se permit un jour de donner des avis fraternels à Robert d'Arbrissel, le pieux fondateur de Fontevrault, n'eut pas de termes assez énergiques — il emploie jusqu'à celui de Judas — pour flétrir les traitres dissimulés même et surtout dans les rangs monastiques (1). De son côté l'illustre

(1) *Epist. ad Gaufridum, episc. Carnot.* epist. 26, l. 2.

évêque du Mans, Hoël, puisa dans la générosité de son âme de quoi consoler et encourager Raoul et, durant l'absence de l'archevêque, prit soin de l'église de Tours. Quant à Aimé, légat du pape, il le défendit avec énergie en rendant hommage à la grandeur d'âme que Raoul avait montrée dans la défense de la justice (1).

Son plus ferme appui, Raoul le trouva dans Grégoire VII, le protecteur de tous les opprimés et le vengeur de toutes les injustices. Ainsi que nous l'avons vu, le pape le soutint avec fermeté contre la conspiration organisée par une lâche animosité, si bien que le pontife eut la joie de constater et de proclamer que « les accusateurs s'étaient soudainement évanouis avec leurs accusations mensongères » (2). Aussi, non content de garder son estime au persécuté et de le soutenir dans ses droits, le pape gratifia l'archevêque de plusieurs faveurs particulières. Ce que nous savons du caractère et de la force d'âme de Raoul, nous persuade qu'il fut demeuré invincible, même sans le secours de ses défenseurs. Le Christ a dit, au sommet d'une montagne de Judée : « Heureux ceux qui souffrent pour la justice ! » Raoul a été du nombre de ces heureux persécutés.

Exilé de son diocèse par la rancune des princes, il n'en continua pas moins de s'occuper des soins de sa charge. Ainsi, en 1086, les chanoines de Loches lui ayant demandé l'autorisation de transporter, avec solennité, dans leur collégiale les restes de l'évêque saint Baud, mort à Verneuil cinq siècles auparavant, le prélat s'empressa

(1) Lettre pour la convocation du concile de Bordeaux, *Sanct. et metrop.* p. 90.
(2) Epist. 17, l. 5.

d'accorder de grand cœur la permission demandée.

On ne sait pas exactement la date de la mort de Raoul; il semble qu'elle soit arrivée peu après l'année 1086. Pourquoi faut-il que nous ignorions l'endroit où son corps a été inhumé ? Avec quelle pieuse joie et quelle vive gratitude nous irions rendre à sa dépouille mortelle les hommages qu'elle mérite ! Avec quel doux transport, quelle vive émotion nous poserions nos lèvres sur son tombeau, comme nous l'avons fait naguère sur le mausolée de Grégoire VII, dans la belle cathédrale de Salerne, où les restes du Pontife magnanime reposent sur la terre d'exil incessamment battue par les flots azurés de la Méditerranée. Certes, lui aussi a bien mérité de la Justice, de la Patrie et de la Religion, ce vaillant Raoul dont le bras, sans défaillir jamais, tint haut et ferme le drapeau du Vrai et du Bien. Pour Langeais du moins, ce sera un éternel honneur de lui avoir donné le jour en ces temps troublés, où les chevaliers seuls paraissaient jouir de quelque crédit et exercer quelque influence sur les hommes et sur les événements.

III

Après avoir parlé des comtes d'Anjou et de Touraine, dont l'histoire se confondit longtemps avec celle de Langeais, nous arrivons aux seigneurs qui ont joui plus immédiatement des droits de fief attachés à la châtellenie de Langeais, qu'il importe de distinguer du château féodal, bâti par Foulques Nerra.

La châtellenie de Langeais était rattachée à une tour distincte de la forteresse ; d'après une charte de 1270, «cette tour est assise à Langès meismo, où le chastel souloit estre. » Quel était le siège de cette châtellenie et l'emplacement de cette tour ? A l'ouest du donjon de Foulques, se voit une sorte de douve assez profonde qui, à l'origine, faisait partie des ouvrages de défense du château, et sert actuellement de passage pour faire communiquer les deux vallées de la Loire et de la Roumer. Au moyen-âge, ce chemin creux portait le nom de Puy-Allègre ou Puy-Saint-Sauveur. On sait que ce terme de Puy, qu'on retrouve dans un grand nombre de noms de lieux, comme Puy-de-Dôme, signifie une montée rapide ; quant à la seconde partie de la désignation, elle venait d'une chapelle voisine, dont nous parlerons plus loin. Or, un peu au-delà du fossé, sur la pente nord du coteau s'élèvent les ruines d'une tour quadrangulaire, construite en cailloux rougeâtres liés par un ciment très résistant avec de robustes contreforts en pierre de taille.

Peut-être cet édifice, qui n'a pas encore été signalé, formait-il le siège de la châtellenie de Langeais, dite aussi du Puy-Alègre ou de Crassay, ainsi qu'il paraît dans les titres notariés jusqu'à la Révolution. Cette tour, aujourd'hui tapissée de ronces, de lierre et de vigne sauvage, était en ruine dès les premières années du xvii° siècle. Une déclaration de 1606 parle « du prieuré Saint-Sauveur, alias du Puy-Halègre, joignant aux ruines du vieil chasteau de Crassay, autrement appelé le chasteau Gannes, le dit prieuré relevant du chasteau de Crassay » (1). On lui avait annexé la châtellenie des Ecluses, dont le nom

(1) *Archives d'Indre-et-Loire.*

sans doute était emprunté à l'écluse de la Roumer, située au pied du château.

Le premier seigneur connu de la châtellenie est Hubert, mentionné dans une charte de 990. Il eut trois enfants : Hubert, Robert, cité dans une pièce de 1008, et Foulcroy. Hubert II se montra libéral envers l'abbaye de Marmoutier à laquelle il concéda, en 1022, l'exemption du péage sur tous ses domaines, faveur qu'il renouvela environ dix ans plus tard. Hubert II eut quatre fils : Hamelin, Geoffroy, Hugues et Gaultier. Ce dernier vivait encore en 1066. Hugues figure dans une charte, relative à une transaction consentie avec le couvent de Marmoutier (1065), et dans une autre concernant l'abbaye de Cormery (1078). Geoffroy, mentionné dans un acte se rapportant au monastère de Bourgueil, qui faisait alors partie de l'Anjou, fut doyen de la collégiale Saint-Martin à Tours.

Entre les années 1022 et 1055, un seigneur de Langeais, nommé Archambaud, dont la femme s'appelait Amable et le fils Girard, fit don à l'abbaye Saint-Florent-les-Saumur, alors dirigée par l'abbé Frédéric, de deux colliberts ou serfs pour en jouir en pleine propriété. On voit à la même époque, vers 1035, un Gilbert le Roux de Langeais assister à deux donations faites à l'abbaye bénédictine de Noyers, sur les bords de la Vienne ; par la première, Archambaud, seigneur de l'Ile-Bouchard, concédait le juniorat et les autres droits sur l'église de Saint-Patrice, un peu à l'ouest de Langeais ; par la seconde, l'abbaye recevait un moulin sur la Manse. Vers 1060, la châtellenie de Langeais était possédée par Hamelin, dont le sénéchal se nommait Foucher. Le châtelain fit un accord avec les religieux de Marmoutier, au sujet de l'écluse de Pontcher; puis, après avoir élevé certaines prétentions sur des terrains que ce couvent avait acquis au Sentier, il y renonça et reçut quatre livres en retour. Le 10 mai 1070, Hamelin vendit à l'abbaye Saint-Vincent du Mans un endroit dit le Tuffeau-Sainte-Marie, sur la rive gauche de la Loire, au dessous de Saumur (1).

Hamelin entretenait d'excellents rapports avec les comtes de Vendôme, aussi bien que son fils Wauthier ou Gauthier, et leur nom apparaît fréquemment dans les chartes vendômoises du XI° siècle. Un événement funeste attira à Gauthier la sévérité du comte d'Anjou, Geoffroy Martel. Étant au château de Langeais, Gauthier eut le malheur de tuer un cousin germain de celui-ci; la victime était Geoffroy, fils du comte Maurice, ce dernier frère de Foulques Nerra. Cité à comparaître devant la cour du comte, environné de ses barons, Gauthier fut condamné à abandonner son moulin de Pont-Perrin, à Vendôme, au comte qui ensuite le céda à l'abbaye de la Trinité pour le repos de son âme et de celle du défunt (2).

Hamelin, fils de Gautier, avait pour frères Hugues et Gautier; les uns et les autres firent preuve de dévouement à l'égard des comtes d'Anjou, à la fortune desquels ils semblent avoir attaché leur sort. De sa première femme, Hamelin eut Wauthier et une fille nommée Hersende. Il épousa en secondes noces Adierna ou Héloïsa,

(1) *Cartulaire de Noyers* édité par Mgr Chevalier, ch. 8. 9. — D. Housseau, XII, n° 10328. XII, 6119; *Livre noir de Saint-Florent* f. 130. — Marchegay, *Archives de l'Anjou*, p. 286. — D. Martène, *Amplissim. collect.* t. I, p. 482.

(2) Cartulaire de la Trinité de Vendôme.

fille d'Odon de Montdoubleau et de Placentia; comme seigneur de Montoire, il fonda le prieuré Saint-Georges-du-Bois, et, après avoir contesté un instant les droits de Marmoutier sur le juniorat de l'église de Naveil, dans le Vendômois, il renonça à toute prétention vers 1064. De son côté, d'accord avec sa femme Hersende et ses frères Thomas et Foulcroy, Gautier, fils d'Hamelin, céda à Marmoutier l'église de Naveil, moyennant sept livres en s'engageant à prêter appui aux religieux s'il leur survenait quelque difficulté par rapport à cette église. L'accord se fit en présence de Foulques, dit l'Oison, comte de Vendôme (1050-1066) (1).

Outre ces seigneurs, Langeais comptait au xi° siècle, quelques notables, parmi lesquels Gilbert le Roux, dont il a été question tout à l'heure. Gilbert avait deux fils, Mathieu et Philippe, dont le premier, quelque trente ans plus tard concéda au couvent de Noyers, entre autres droits à Saint-Patrice, le patronat de l'église, le cimetière, les coutumes et cens divers, la moitié des droits sur le pain, le vin et les animaux. A son tour, Philippe donna à l'abbaye au même endroit, l'étendue de terre que deux bœufs pouvaient labourer aux deux saisons (2).

Ces domaines des religieux de Noyers nous amènent à parler d'un sénéchal de Langeais, dont les mésaventures donnent une idée plus exacte des mœurs du temps que ne le sauraient faire les considérations les plus étudiées.

Dans la seconde moitié du xi° siècle, vivait à Langeais un personnage du nom de Mainard. Il était sénéchal — *senescalcus de Langaicis* — et,

(1) *Cartulaire Vendômois de Marmoutier*, p. 6-9.
(2) *Cartulaire de Noyers*, ch. 93, 94, 95.

au dire du chroniqueur, remplissait les fonctions d'écuyer tranchant (*dapifer*) sans doute près du seigneur de Langeais. Sa vie, traversée d'angoisses, reflète bien les habitudes sociales et religieuses de cette époque durant laquelle la puissance féodale et monastique enfonçait si profondément ses racines dans le sol de la nation par le droit de propriété.

Un moine de Noyers, nommé Andrault, acheta une vigne à Saint-Patrice, avec l'agrément d'Archambaud Borel et d'Amable, femme de ce seigneur. Après le décès de ce gentilhomme, son fils Peloquin ayant hérité de tous les droits paternels, Mainard céda à la tentation de demander à Peloquin la vigne des religieux, non sans offrir en retour quelque présent. Au rapport des chroniques, il fit don d'une épée longue — *spata* — et d'une pelisse ou manteau. Le seigneur de l'Ile-Bouchard se prêta volontiers à l'opération, sous le prétexte que les bénédictins n'entretenaient pas de « moine prêtre » pour le service de Saint-Patrice. L'abbé Etienne, placé en 1080, à la tête du couvent de Noyers, usa de son influence pour amener Mainard à rendre le bien qu'il détenait. Pris de repentir, le sénéchal qui n'avait fait que céder à un sentiment de convoitise passagère, peut-être même au besoin, profita d'une visite de l'abbé à Saint-Patrice pour se rendre auprès de lui et lui proposer un arrangement qui fut accepté. Mainard remit au couvent la moitié de la vigne et obtint de garder l'autre moitié sa vie durant, après quoi le domaine ferait retour à l'abbaye. L'accord fut conclu en présence du prêtre Ulger et de Mainard, fils du sénéchal.

Cependant la gêne, causée sans doute par les

vicissitudes du temps et les caprices des hommes, vint s'asseoir au foyer domestique. Le chef de famille ayant à peine de quoi nourrir ses enfants, résolut de vendre ce qui lui restait du domaine ; mais aussitôt réclamations réitérées des moines qui lui contestèrent ce droit, attendu que d'après son propre consentement cette portion devait leur revenir après sa mort. — « Mais alors, répliqua Mainard, dont le cœur de père était déchiré par une poignante douleur, il me faudra vendre mes enfants si nous ne voulons pas mourir de faim. »

Ce trait laconique, consigné dans un prosaïque terrier du moyen-âge par un scribe de couvent, nous remet en mémoire le tragique épisode du comte Ugolin dans le tour de la Faim, raconté d'une façon si émouvante par Dante dans le 33ᵉ chant de l'*Inferno*, sublime partie de l'épopée grandiose de la DIVINA COMEDIA.

Ugolin, qui a connu des jours heureux, est réduit au plus absolu dénûment ; il n'a plus un morceau de pain à donner à ses enfants. Et dans le silence de la nuit, il entend les pleurs des petits qui ont faim et demandent à manger,

> Pianger senti fra' l sonno i miei figliuoli.
> Ch' eran con meco, e dimandar del pane.

Et son cœur se fond de tristesse, à la pensée qu'il n'a rien, et il ne pleure pas, tant son âme est broyée par la douleur. Il écoute, écoute encore ; aucun pas, personne ne vient. Et son regard morne reste des heures entières fixement attaché sur les enfants dont le visage amaigri révèle la souffrance, et l'un d'eux s'approche et lui dit : « Père, qu'as-tu ? pourquoi nous regarder de la sorte sans parler ? »

DÉNUEMENT ET SECOURS

> Tu guardi si, padre, che hai?

Et il ne répondit pas ; et le désespoir pareil au flux de la mer houleuse, montait du cœur au cerveau, et le père portant les mains à sa bouche les mordit convulsivement. « O père, dirent les enfants en le voyant faire, comme tu souffres ! tiens tu souffriras moins, mange de cette chair que nous te devons. »

> Padre, assai ci fia men doglia
> Se tu mangi di noi ; tu ne vestisti
> Questo misere carni, e tu le spoglia.

Et ce disant, ils lui offraient leurs petits bras décharnés ; et l'angoisse grandissante montait, montait toujours, et la faim de ses dents sauvages déchirait les entrailles des victimes. C'en est fait, ils vont mourir dans les convulsions horribles de l'inanition ; car personne, personne ne vient à leur secours.

Je me trompe : nous ne sommes pas sur les bords de l'Arno, à Pise, mais bien sur les rives de la Loire, à Langeais ; quelqu'un se présenta, et, à la différence du comte Ugolin, le sénéchal Mainard trouva quelque pitié au cœur de ceux qui l'entouraient. Les moines, touchés par sa réponse si émouvante, éloquente comme le cri d'un père désespéré, achetèrent la moitié de la vigne, un jardin et une saulaie, le tout au chevet de l'église, pour le prix de quarante sols. L'abbé concéda en outre à la femme du sénéchal « le bénéfice du lieu » et Mathieu Gilbert, dont dépendait ce petit domaine, reçut cinq sols. La vente se fit un dimanche, avec le plein consentement de l'épouse de Mainard, ainsi que de leurs trois fils Mathieu, Barthélemy et Bigot, et aussi de leur fille. Parmi les témoins figuraient Mathieu de Brémont, le prêtre Giraud et Robert de Blo, seigneur de Champigny - sur- Veude, que les chartes qualifient de « très puissant », et d'autres qui « burent le vin de la vente, » selon la coutume.

Cette modeste somme ne pouvait soutenir longtemps Mainard et sa famille ; il tomba de nouveau dans une misère extrême, accrue encore par la maladie. Telle était sa détresse que personne ne consentit à le recevoir chez soi. Plus infortuné que Ugolin, le sénéchal connut deux fois les horreurs du dénûment et de l'abandon le plus absolu. N'y pouvant plus tenir, il se rendit près des moines, qui demeuraient à Saint-Patrice, et les supplia de le recevoir parmi les nécessiteux auxquels ils faisaient l'aumône : c'était à l'époque des solennités de Pâques de l'année 1085. Les religieux l'accueillirent volontiers et lui fournirent les choses nécessaires ; il en fut ainsi jusqu'à sa mort, qui arriva à la fête de saint Denis, c'est-à-dire le 9 octobre, cinq mois après son entrée. Après qu'il eut rendu le dernier soupir, les moines l'ensevelirent avec leurs draps et l'enterrèrent dans leur cimetière. Au bord de sa fosse, une enfant, dont les joues avaient pâli sous la morsure de la souffrance, versa des pleurs amers : c'était la fille du sénéchal, à laquelle le moine Durand, cédant à un mouvement de pitié, fit don de douze deniers (1).

IV

La fin du XI° siècle vit l'Europe, soulevée par le puissant levier de la foi, se tourner vers

(1) *Cartulaire de Noyers*, ch. 131, 132, 133, 134.

l'Orient et rêver de la conquête du tombeau du Christ, tombé au pouvoir des Infidèles. La séduction de l'inconnu, s'ajoutant à l'attrait des croyances religieuses entraîna longtemps les masses populaires. La civilisation trouva son compte à ces lointaines expéditions qui enrichirent l'Occident d'une foule de ressources, inconnues jusque-là. Langeais ne resta pas sans doute en dehors de cette poussée profonde, et n'eut pas à s'en repentir. Les Croisés, qui sous le ciel brûlant de Palestine avaient su apprécier la chair rafraîchissante des melons, rapportèrent de ces fruits savoureux en France. Une tradition, que nous n'avons pas de raison de repousser, affirme que Langeais eut la bonne fortune de recevoir les premières graines et de porter les premiers fruits qui durent faire les délices des Langeaisiens et exciter la jalousie de leurs voisins. Ainsi s'explique la présence de trois melons, de la plus belle espèce, dans les armoiries de la ville.

Au nombre des personnages alors les plus en vue, on remarque Hugues de Langeais, qui assista comme témoin à une donation de terre faite à l'abbaye de Noyers, sur les paroisses de Pussigny et de Nancré (1098). Le même couvent fut gratifié par Hardouin de Saint-Mars d'un domaine sis sur les bords de la Vienne, dont l'acte fut passé dans la châtellenie de Langeais, « en face l'église Saint-Jean, dans le verger *viridario* de Renaud, prêtre de Saint-Mars, le dimanche, veille de Saint-Denis » (1091).

Dans la seconde moitié du xi° siècle, on rencontre encore, parmi les seigneurs de Langeais, Soran (1070), fils d'Hamelin, dont il a été parlé plus haut. Lui aussi réclama des religieux de Marmoutier l'exécution de divers droits féodaux ; puis mû par un sentiment plus pacifique et sous l'inspiration des idées religieuses, il fit avec l'abbaye un accord d'après lequel il renonça à ses prétentions seigneuriales, sous la condition que les moines lui abandonneraient deux arpents de vigne, dont il jouirait jusqu'à sa mort et qui feraient ensuite retour au couvent.

La châtellenie de Langeais appartint ensuite au chevalier Ingelger, dont l'épouse se nommait Ermesende. De ce mariage naquirent deux enfants : Geoffroy et Richilde. Ingelger et les siens continuèrent les traditions de libéralité vis-à-vis de l'abbaye de Marmoutier. On ne sera pas tenté de se plaindre de ses largesses, si l'on se rappelle que le monastère formait, avec la collégiale Martinienne, la grande école d'où les lettres et les sciences, les arts plastiques et industriels rayonnèrent sur l'ouest et sur le centre de la France, pour ne pas dire sur le pays tout entier. Dans les dernières années du xie siècle, ou vers les débuts du xiie, Ingelger, du consentement de sa femme et de son fils Geoffroy, concéda à Marmoutier le droit de tonlieu qu'il levait devant son château de Langeais. Quelques années après, Richilde, fille d'Ingelger et femme de Makel, voulut élever des réclamations contre la donation de son père aux religieux, mais bientôt elle renonça à ses prétentions et, d'accord avec son mari, elle ratifia la donation faite par son père (1).

Par son mariage avec Richilde, Makel devint seigneur de la châtellenie de Langeais, qui fut ensuite possédée par Léonus (1115). Celui-ci

---

(1) Housseau, t. III, n, 1060, t. IV, n° 1101, 1066 bis

nourrissait une profonde vénération pour Robert d'Arbissel, qui venait de fonder, sur la frontière du Poitou et de la Touraine, la célèbre abbaye de femmes de Fontevrault, dont il subsiste la plus grande partie, transformée en maison pénitentiaire. Pour favoriser l'installation de ce couvent, qui fut et reste encore un des monuments les plus remarquables de France, Léonus fit don au pieux fondateur du domaine de Chaufournais, vers l'an 1115.

Ici se place un événement considérable dans les annales de la vie religieuse de Langeais. Foulques V, (dit le Jeune, comte d'Anjou et de Touraine, fit partie de la Croisade en Terre-Sainte et épousa Melisente, fille de Baudouin II, roi de Jérusalem, auquel il devait succéder. De son voyage, Foulques rapporta une notable relique du Saint-Sépulcre, aussi bien que de la crèche du Sauveur. A son retour, « il construisit dans la forteresse de Langeais une basilique dans laquelle il plaça ces reliques » (1). On y voyait trois autels : celui de gauche, consacré à la Sainte-Trinité, à la Vierge et à Saint-Jean-Baptiste ; celui du chevêt, dédié au Saint-Sépulcre ; et celui de droite, érigé en l'honneur du Sauveur. Il institua quatre clercs séculiers, chargés de prier pour le repos de son âme et pour les âmes de ses prédécesseurs ; et, à cet effet, il dota la chapelle de plusieurs avantages.

Le comte Foulques donna à l'oratoire trois colliberts ou serfs, Guibert, Raoul et Manfred, avec leurs femmes et leurs enfants nés ou à naître, venus de la villa de Fossés-sur-Loire,

---

(1) *Ædificavit in castro quod dicitur Langiais quamdam basilicam.*

ainsi que l'eau et les coutumes dont ils étaient en possession ; il y ajouta, en le distrayant de l'église de Baiscy, un bourg nommé Amans (Saint-Amand), et les prés de Maleville qui y touchent ; puis, en un autre endroit, six arpents de terre dans la propriété des chanoines; de plus un autre bourg appelé Chion (Chouzé), avec le droit de juridiction sur ces terres pour ce qui regardait les crimes d'homicide, d'incendie et de rapt. Enfin il leur concéda, à Amans, quatre arpents et demi de vigne et, de de l'autre côté de la voie qui passe en cette localité, sept arpents. Du vivant du comte et tant qu'il plaira à Dieu, ce biens devaient être la propriété des clercs avec l'autre bénéfice ; après sa mort, ils seront à perpétuité à l'église susdite.

Ce n'est pas tout. Foulques désireux de constituer une fondation « fort honneste » donna, en Anjou, deux arpents et demi de terre; à Langeais, huit arpents, la dime du moulin et du vivier ainsi que son droit sur la pêche, qui comprenait le tiers du poisson pris dans la pêcherie, dite Reus (Roumer); le droit de fainage *phatnagium* ou de faire paitre les porcs, et de prendre le bois mort pour leurs divers usages. Enfin, pour l'avenir, le comte leur octroyait, d'une façon générale, tout ce qu'ils pourraient acquérir en prés, terres, vignes, maisons et cens, soit en ville, soit hors la ville.

Emerveillé de tant de largesses, un contemporain de Foulques ne trouve pas d'expression pour célébrer « sa charité envers les pauvres, son empressement à secourir les opprimés, non moins qu'à abaisser les superbes; gardant, dit-il, la mesure en tout, il a surpassé Caton par son esprit de justice, et Job par l'abnégation et la patience ». De toutes parts, continue le même chroniqueur, « on sentait sa main large ». L'église de Tous-les-Saints, à Angers, qui avait été plus d'une fois l'objet de ses faveurs, connut de nouveau sa libéralité en cette circonstance. La chapelle qu'il avait fondée en l'honneur du Sauveur, dans la forteresse de Langeais (1), en la libérant de toute coutume ou charge séculière, devait après le décès des quatre clercs qui en faisaient le service, devenir la propriété de l'église de Tous-les-Saints avec toutes les possessions qui en dépendaient ; il y avait peine d'excommunication contre celui qui toucherait à ces biens, à moins que le coupable consentît à payer une amende de cent sols.

Parmi les témoins de cette donation, revêtue du consentement de la comtesse Herenburg et du jeune comte Geoffroy, on remarque Jean de Blazon et son fils Thibault, le procureur Michel, Etienne Bonchamp, Guillaume Dumoulin, Gaudin de Gralo, Gervais de Troie, Simon Ensam, G. de Ramefort, Adam Nourrit, Renault de Salmoncel, Gorin Gosselin, Robin de Durstal, Mathieu de Laval, Oger de Chemillé et Papin de Tours. C'étaient sans doute les gentilshommes qui formaient la cour ordinaire du comte, sans parler du concierge Hermitel (2). Cette donation est de 1118, année durant laquelle le comte Foulques battit l'armée de Henri 1er roi d'Angleterre, qui se vit contraint de rechercher l'alliance du comte et demanda la fille de celui-ci en mariage, pour son fils aîné Guillaume. Foulques V consentit et donna à sa fille en dot le comté du

---

(1) *Suam capellam constructam in honorem sancti Salvatoris in castro quod dicitur Lingiacum.*

(2) Collection de Housseau, t. IV. n° 1378-1379.

Maine. L'archevêque de Tours était alors Gilbert qui, après avoir vu la noblesse lui opposer Gautier, chantre de Saint-Martin, fut accepté grâce à l'appui du roi et du pape. Cette même année 1118, il ratifia l'importante donation faite par le comte Foulques à la chapelle qu'il avait « jadis fondée » et à l'abbaye d'Angers.

Certains auteurs ont vu dans la pièce que nous venons de mentionner, l'acte de fondation de l'église paroissiale de Saint-Jean de Langeais (1). Mais il importe de remarquer que, d'après les termes de la charte, la donation se rapporte à une chapelle récemment bâtie dans la forteresse par le comte Foulques, sous le titre de Saint-Sauveur. L'église paroissiale n'était plus à créer, fondée qu'elle avait été par saint Martin, sous le vocable de Saint-Jean-Baptiste qu'elle a toujours conservé, selon les habitudes liturgiques de l'Église catholique en cette matière. De fait les fondations de cette chapelle, jadis recouvertes de lierre et d'arbustes formant un bocage, ont été mises au jour, grâce aux fouilles faites avec soin par M. J. Siegfried, propriétaire du château. Les joints, d'environ quatre centimètres d'épaisseur, ressemblent aux joints, dits Martiniens, de la tour Charlemagne. L'édifice présentait la forme d'une croix latine de 20 mètres de long sur 5 mètres 40 de large. Le chevet, où paraît encore le massif du maître-autel et dont les murs ont un mètre d'épaisseur, est terminé ainsi que les bras de la croix par une abside ronde offrant cette particularité que le dehors est de forme

---

(1) *Fondation de l'église de Langeais*, plaquette de 4 p. — *Mémoires de la société archéologique de Touraine*, t. VIII, p. 119.

rectangulaire (1). La confusion provient sans doute de ce qu'en réalité l'église paroissiale de Saint-Jean-Baptiste présente trois absidioles avec trois autels et que la reconstruction du chevet se rattache au commencement du xii⁰ siècle.

C'est ici le lieu de parler de cet important édifice qui a été endommagé par la main des hommes bien plus que par le temps. Ce monument à trois nefs, terminées par une triple abside à l'est, et, à l'ouest, par un clocher avec flèche du xv⁰ siècle, présente trois époques bien distinctes, sans parler des modernes modifications qui l'ont si étrangement défiguré. Il serait difficile de rien découvrir de l'église primitive, bâtie par saint Martin, qui paraît avoir subsisté jusqu'au x⁰ siècle. Vers l'époque où Foulques Nerra construisit sa forteresse, on éleva, sur l'emplacement de la première basilique et d'après le même procédé de construction, une église en petit appareil dont on voyait encore, il y a quelque trente ans, les murailles latérales. Il n'en subsiste que quelques portions au nord et au midi, la plus grande partie ayant été démolie pour construire la nef récente. On peut rattacher à cette construction les pilastres avec tailloir et frise d'un faible relief offrant deux lions affrontés, qui se voient dans le collatéral sud.

Ces sujets ont l'avantage d'offrir un des types caractéristiques de la sculpture en méplat pratiquée, à cette époque de tâtonnement, sur les bords de la Loire. On sait que le même type se

(1) On nous permettra de faire remarquer que le premier nous avons identifié cette chapelle dans une communication faite à la société archéologique, au cours de la séance du 30 mai 1888.

retrouve à Saint-Mexme de Chinon, à Saint-Germain-sur-Vienne, à Azay-le-Rideau et sur quelques autres monuments de Touraine. Cette église à trois nefs se terminait à l'est, à l'endroit où paraît encore un pignon élevé. Outre son entrée principale, elle avait, au sud, un portail latéral au-dessus duquel pouvait s'élever un clocher en forme de bretèche, dont on croit reconnaître la place. A l'extrémité ouest, une partie du mur extérieur méridional se voit encore, à l'intérieur du clocher actuel avec lequel il fait corps. C'est probablement à cette époque qu'il convient de rapporter une pierre tombale dont un fragment a été utilisé dans un pilastre du XI° siècle. L'inscription brisée ne porte plus que les mots : BERNARDVS.... EJUS ANIMA REQUIESCIT. Peut-être ce Bernard est-il un prêtre d'alors.

Le XI° siècle, durant lequel souffla sur la France comme une brise embaumée et fortifiante de renaissance artistique, dota la Touraine d'œuvres de premier ordre, en tête desquelles se place la basilique de Saint-Martin, rebâtie par le trésorier Hervé. Les Foulques, précurseurs des Plantagenets, grands bâtisseurs les uns et les autres, furent les principaux promoteurs de ce mouvement sur les rives de la Loire. Après Foulques Nerra qui dut élever la seconde église Saint-Jean, l'édifice, peut-être à la suite d'un de ces incendies si fréquents au moyen-âge où les voûtes étaient en bois, subit une importante restauration au cours du XI° siècle. Les pierres de moyen appareil avec gros joints Martiniens, qui caractérisent cette époque, se montrent dans la muraille méridionale, tant à la base du clocher que du côté de l'abside, à droite et à gauche de la petite porte latérale, ainsi que dans les pilastres et la clôture du chœur ; parfois on a inséré dans les joints de grandes tuiles assez semblables à celles du type romain. Du clocher qui terminait l'église à l'occident, la trace paraît également en plusieurs endroits.

Mais la restauration la plus considérable se rattache au xii° siècle, probablement à l'époque de Foulques le Jeune qui ne pouvait mettre moins de zèle à embellir l'église paroissiale qu'il n'en avait apporté à bâtir la chapelle Saint-Sauveur de son château. Ainsi qu'on le pratiquait d'ordinaire, on commença par reconstruire le chevet de l'église Saint-Jean. Aux trois nefs anciennes on ajouta trois absidioles voûtées en cul de four et éclairées par des fenêtres à plein cintre, autour desquelles règne un cordon en damier. Selon l'usage, l'entablement repose sur des modillons ou corbeaux, de figure bizarre. On voûta en berceau les nefs, en refaisant les piliers ; on reprit la partie supérieure des murs latéraux pour y ouvrir des fenêtres de plus grande dimension. Enfin, on construisit, à l'ouest, une tour de belles proportions de 28 m. de hauteur sur 10 m. de largeur, qui subsiste à peu près toute entière avec ses remarquables fenêtres romanes, et qui fut couronnée, au xv° siècle, par une élégante flèche de 30 m. de hauteur. L'église présentait ainsi un développement de 41 m. de long et de 20 m. de large. Du côté sud, à titre de portique, on installa, sur toute la longueur de l'édifice une galerie reposant sur de robustes piliers carrés en pierre ; malheureusement cette galerie, qui présentait un type rare, a été entièrement démolie ainsi que tant d'autres parties curieuses, lors de la réfection moderne.

Si nous devions faire marcher de front tout ce qui intéresse l'histoire de l'architecture religieuse à Langeais, nous aurions à parler ici de l'église de Saint-Laurent, située dans le vallon de la Roumer, et dont la reconstruction date également du xii⁰ siècle ; mais nous préférons renvoyer à un autre endroit ce qui concerne cette seconde paroisse et revenir au château, dans lequel nous allons assister à une cérémonie bien faite pour captiver notre attention.

IV

LA CHEVALERIE

I

Une institution qui domine le moyen-âge dont elle forme un des éléments les plus louables et les plus féconds, est la Chevalerie. Au sens le plus large, la Chevalerie naquit un peu partout à la fois, le jour où les vieilles tribus guerrières trouvèrent à propos de faire la remise des armes avec une certaine solennité. On peut en trouver les racines chez les Arabes, dans la vie grecque et romaine, et surtout chez les Germains où « dans l'assemblée de la tribu, le chef, à son défaut, le père ou un proche, revêtait le jeune homme du bouclier et de la framée, la robe virile de ces fortes races. » (1)

Au cours du moyen-âge, l'Église qui, sans approuver les guerres injustes, s'efforçait de moraliser les institutions publiques, entoura l'éducation et la réception du chevalier de cérémonies touchantes ; ces cérémonies ne sont pas sans offrir quelques rapports avec les rites par lesquels elle initiait les catéchumènes à la vie

---

(1) Tacite, *De moribus Germanorum*, XII.

chrétienne dans les galeries des catacombes, sous les portiques des basiliques ou dans les rotondes des baptistères.

Au milieu du désarroi et du trouble causés par l'effondrement de l'ancienne société et par l'entrée en scène des hordes barbares, dont « le cœur est de fer comme l'armure » et pour lesquelles la guerre et le pillage sont des exercices quotidiens, c'était certes une grande pensée que l'idée de faire sortir du droit de la force, la force du droit. Rien de plus louable que de s'emparer de cet instinct belliqueux et de le transformer, dans la mesure du possible, en solidarité et en charité au moyen d'une vaste confrérie militaire dont le sentiment de l'honneur, ignoré de l'antiquité, formera la base et la clef, de voûte selon cette maxime :

Miex vauroie morir que à honte estre en vie.

Le premier devoir du chevalier sera de protéger les faibles et de ne toucher à mal « les veves fames ne li petit enfant ». Son rôle a été bien défini dans ce beau vers de V. Hugo :

Il écoute partout si l'on crie au secours.

La Chevalerie, après avoir fleuri avec éclat et trouvé sa formule la plus vraie dans les *Chansons de Gestes*, eut le sort de toutes les institutions humaines. Sa décadence fut hâtée par le double courant du gai savoir et des fins lazzis des chevaliers de la Table ronde, et par les audaces des gentilshommes qui, au XIVe et au XVe siècle, excellaient à s'envoyer de hautains et inutiles défis. Jeanne d'Arc, qui seule était en mesure de sauver la Chevalerie, si elle eût pu être sauvée, fit briller au front de cette institution expirante un dernier et superbe reflet. Du moins en disparaissant, la Chevalerie emporta dans les plis de son linceuil la gloire d'avoir communiqué au vieux sang gaulois un indéfectible amour de l'honneur, du juste et de tous les nobles sentiments que l'on continue de qualifier du beau nom de chevaleresques.

Au moyen-âge, les seigneurs de Langeais occupèrent un rang assez considérable parmi la noblesse du royaume et une place de distinction dans la Chevalerie. Nous sommes au xiie siècle. Une fête se prépare à l'ombre du vieux château qui va comme tressaillir de joie, en voyant entrer dans l'Ordre militaire le fils d'un puissant seigneur de Langeais.

L'enfant a grandi sous le regard de sa mère, qui lui a appris à être doux, sensible et bon, sans négliger d'ajouter que « li oisel qui ce haste ains qui puisse voler, chiet à terre ». Il a écouté les leçons de son père, qui lui a vanté la bravoure et la loyauté, car « fins cuers ne peut mentir. » Il a ouï « les morales » du chapelain qui lui a souvent parlé de Dieu, le seigneur des seigneurs, car « se vos n'aves avoir, Dieu a assés ». Tandis que son père a couru les champs de bataille à la suite des comtes d'Anjou et que ses aïeux, vétérans des guerres devenus impuissants, ont joué aux échecs dans la grande salle du château, lui, il s'est adonné à « l'escrémie » avec l'épée, la lance et l'épieu. La chasse au travers des épais taillis a fait ses délices et « pour prendre deux pluviers il chassait toute la journée », car il aime passionnément « le vol d'esmerillon »; mais surtout il s'est exercé à monter à cheval, afin de porter dans cet exercice une correction parfaite.

L'enfant, devenu jeune homme, est mis à la cour du roi ou d'un haut baron, pour se préparer à être chevalier, si ne veut son père lui faire faire son apprentissage sous le toit domestique. Le damoiseau commence par être écuyer, — *armiger*, *scutifer* — pendant environ cinq ans sans pouvoir tenir l'épée, l'arme sainte du chevalier ; il est soumis à de rudes exercices qui ont donné naissance au proverbe *li esculer se painent de servir*, et sur son destrier porte, suspendu par « les gaiges » en étoffes brillantes, l'écu du chevalier avec ses armes.

La guerre a ses heures de relâche. Aux jours assez rares où fleurit la paix, le damoiseau veille sur la tenue du chevalier à la maison, à la chasse, au tournoi. On le voit tour à tour porter un message, faire l'office de clerc, chanter un lai joyeux, courir l'épervier au poing ou caracoler sur un cheval fougueux. Ses membres déliés, son visage blanc et rosé, ses yeux à la douce et fière « regardeure » (1), en un mot, un heureux mélange de vigueur et d'élégance fixe déjà les regards et fait présager ce qu'il sera un jour. Les récits des aïeux, la lecture des romans, les chants des jongleurs, la vue des scènes représentées dans les tapisseries ou les peintures qui ornent les parois de l'habitation, nourrissent et développent sa vocation. Lorsqu'il entend l'appel de l'olifant d'ivoire, le cliquetis des armes, le piaffement des chevaux et le bruissement du départ il s'impatiente de n'être pas encore adoubé chevalier et voudrait partir, lui aussi.

Enfin l'épreuve du jouvenceau est terminée ;

---

(1) Par espaules lès — graisles par la ceinture — des cheveux blons plus que ors.

il touche à la vingtaine et ses vœux vont être exaucés. Pour la cérémonie, on choisissait d'ordinaire une des principales fêtes religieuses. La solennité de Pâques, qui sourit derrière les voiles du printemps aux tièdes zéphyrs et aux tendres verdures, avait souvent la préférence, à moins que ce ne fût la Pentecôte. L'honneur souverain consistait à être armé chevalier sur le champ de bataille, au soir d'une journée illustrée de quelque exploit. C'était là l'exception, et d'ordinaire l'adoubement se faisait dans l'enceinte du château seigneurial. Tout chevalier avait le droit de créer chevalier; mais cet honneur revenait au père ou bien au seigneur qu'il désignait, en même temps que les parrains.

Tout d'abord l'adoubement se fit, à la façon germanique, par la simple remise de l'épée, que l'on ceignait au côté de l'élu. Puis la Féodalité qui disait « sois preux » y ajouta son appareil militaire, et l'Église qui disait « sois pieux, sois le champion du Christ », y joignit les rites religieux ; de la sorte le cérémonial de la réception fût créé tel qu'on le voit au XIIe siècle, où l'antique coutume s'est transformée, par la « bénédiction du nouveau chevalier, » en un chapitre du Rituel. La solennité de l'adoubement se faisait parfois dans l'église du Moustier le plus voisin, ou bien dans la chapelle du château.

Jusqu'ici le fils bien aimé du seigneur de Langeais a vu, non sans envie, plus d'un damoiseau franchir le seuil de la Chevalerie ; son tour est enfin arrivé. L'aubépine s'est parée de ses blanches touffes; le printemps a mis des fleurs roses aux églantiers des haies et aux pommiers des champs. Tout chante et rit dans la nature : le petit oiseau au bois, le nourrisson dans son berceau, la joie au cœur du damoiseau. C'est la vigile de la Pentecôte, la fête des forts. Au château, règne une animation inaccoutumée. Dans sa chambre, sur un meuble de chêne, la mère du nouvel élu a disposé, de ses mains, la chemise blanche, les éperons neufs et la robe candide qu'il doit revêtir demain. Tandis que le frère puîné porte l'épée sur l'autel où elle passera la nuit, la sœur distribue des largesses aux pauvres pour que le ciel bénisse le futur chevalier. Un bain, que l'on parfumait quelquefois, a été préparé dans une « cuve » ou le damoiseau se plonge pour se « nestoïr, » guidé par une pensée symbolique autant que par le souci de l'hygiène. Ne serait-ce pas une cuve de ce genre qui, au moyen âge, était posée sur deux supports à tête de lion, à l'entrée de la basilique de Saint-Martin ? Au sortir du bain, un page jette sur les épaules du damoiseau une chemise de cendal et un bliaut de satin qui fait mieux ressortir encore la finesse de sa peau sur laquelle « les roses et les lis » se marient harmonieusement.

Cependant les ombres de la nuit commencent à descendre sur le vieux castel. Le néophyte va droit à la chambre de sa mère, l'embrasse avec effusion, puis s'échappant de ses bras, se rend à la chapelle Saint-Sauveur, entouré de ses compagnons d'enfance, qui eux aussi se préparent à entrer dans la Chevalerie. En montant le coteau dans le silence du soir, il entend dans la ramure des chênes les oiseaux qui chantent, dans les haies les insectes qui bourdonnent, tandis que le ver luisant allume sa petite lampe crépusculaire sous quelque brin d'herbe où pend la gouttelette de rosée, déposée par le serein qui tombe. La chapelle est silencieuse ; les trois autels dorment dans leur absidioles mystérieuses où pénètre seul un rayon échappé de la lampe en cuivre ciselé du sanctuaire.

Alors commence la veillée des armes, touchante coutume à laquelle l'antiquité n'offre rien de comparable. Dans le calme profond de cette nuit solennelle, le damoiseau abandonne son âme tour à tour à l'envolée de la prière vers Dieu, à la première touche des émotions du lendemain et au mirage des rêves dorés tout pleins d'exploits chevaleresques. Puis quand sa pensée a parcouru une à une les sphères célestes et terrestres, il se retrouve comme au sortir d'un songe, à genoux sur la dalle du sanctuaire ; avec une foi transfigurée par la réflexion et les clartés d'en haut il demande au Christ, ami des Francs et des chevaliers « qu'il li otroit honor et son père donist vie ; » et dans cette attitude d'une méditation profonde, « la nuit veilla dèsi à l'ajourneir »

Le jour, le voilà qui blanchit derrière la pâle aurore aux doigts de roses dont les reflets pénètrent, timidement encore, à travers les vitres de la chapelle. On entend des pas ; la porte roule sur ses gonds ; le chapelain vient célébrer la messe. Le damoiseau entend la messe avec recueillement et communie après avoir purifié sa conscience. L'émotion, une émotion à la fois douce et vive, lui gagne le cœur, quand le prêtre prend l'épée sur l'autel, la bénit au nom du ciel, lui applique trois coups du plat sur la nuque et dit en lui donnant l'accolade : « au nom de Dieu, de saint Michel et de saint Georges, je te fais chevalier. » Après la bénédiction religieuse, le damoiseau, accosté de ses amis, redescend le coteau et va prendre sur la table de la grande

(1) Godefroy de Bouillon, V.1574.— Gibert de Metz f. 346

salle « et pain et char et vin, » dont la veille prolongée lui fait sentir le besoin, tout rompu qu'il soit aux fatigues et aux privations.

Une dernière cérémonie, entourée de tout l'éclat du plein air et de la solennité d'une nombreuse et brillante assistance, va ouvrir toutes grandes au jeune seigneur les portes de la noble confrérie. Il prend dans sa chambre le costume que lui a préparé sa mère, sur le visage de laquelle rayonne une joie doucement contenue. Il se revêt de la chemise, des braies et des chausses « qui plus estoient blanches que flors aparissans », non sans toutefois que la main de la sœur, si ne l'ose la fiancée qui le dévore des yeux et rougit doucement, ne l'aide à disposer agréablement les plis du bliaut et du manteau. N'est-ce pas elles qui l'ont tissé de leurs doigts délicats durant les longues soirées d'hiver, tandis que la bise soufflait dans la tour et que le châtelain guerroyait sur les pas des belliqueux comtes d'Anjou ?

Lorsqu'après avoir traversé la salle d'armes, le nouveau bachelier apparaît sur le seuil du perron, un frémissement d'admiration et de joie court parmi les rangs des seigneurs aux brillants harnais, des dames aux séduisants atours, des pages blonds et roses, des clercs et des moines, des amis et des serviteurs, ainsi que dans le peuple, aux habits plus austères, avide lui aussi de voir et d'entendre. Des acclamations enthousiastes éclatent mêlées aux sonneries des trompettes et aux sérénades vibrantes des jongleurs, qui accordent en chœur « harpeors, giges et chifonie. » Sur un signe, le calme se rétablit. Au milieu d'un silence religieux, les parrains du damoiseau, preux renommés sur maints champs de bataille, s'approchent de l'élu qui se tient dans la grande cour, ornée de tentures ; ils lui mettent les éperons, le haubert à doubles mailles qui descend jusqu'aux genoux, et le heaume, calotte de fer qui se rattache au bord supérieur du haubert et protège la tête, sans toutefois voiler, du moins pour cette journée, l'éclat de ces beaux yeux et les roses de ce visage, paré des grâces de la jeunesse.

Jusqu'ici ce n'est guère que le prologue. Le moment solennel est arrivé. Le châtelain, dont les traits respirent la noble fierté du chevalier qui laisse à peine transparaître un rayon de l'allégresse de l'âme du père, s'approche à son tour, tenant en main une épée avec le baudrier ; le baudrier a été brodé par une main amie, l'épée a été trempée dans la lutte guerrière. Il la met au côté de son fils qui en baise avec respect le pommeau, dans lequel une noble dame a pris soin de placer quelque relique pour l'heure du danger. Le cœur de la mère, qui eut préféré l'adoubement sans « paumée », bat vivement et ses paupières se baissent un instant, lorsque de la paume droite le seigneur applique sur la nuque un coup ferme ; bien vite elle relève les yeux, qu'elle fixe émue sur son fils, quand elle entend le récipiendaire dire de sa voix, vibrante comme le clairon : « sois brave et bon ; souviens-toi que tu es d'un lignage qui ne doit pas fausser ; honore les chevaliers, donne aux pauvres, aime Dieu et que le Seigneur, mis en croix, te défende contre tous tes ennemis. Va ! »

Soudain l'animation reprend, le signal ayant été donné par le hennissement du coursier que l'on amène au nouveau chevalier. L'animal, paré d'une belle housse, manifeste par l'impatience de ses mouvements qu'il fera honneur à son cavalier. Monté en selle sans toucher l'étrier, le chevalier pique des deux, s'élance et caracole superbement dans la cour sur le cheval tout frémissant, dont les lèvres se frangent d'écume. Tout le temps que dure « les lais », il tient à ravir l'écu cambré de grande dimension et la lance au gonfanon de couleur, et chevauche « aussi droit que faucon empenné. »

Pour clore la journée en donnant à la foule la distraction dont elle fut toujours avide et qui servira à montrer l'adresse du chevalier, on ne négligea pas, sans doute, de courir la quintaine dans « la prée ». On aimait tant alors à piquer, au galop du cheval, un coup de lance dans le mannequin disposé à cet effet : jeu qui a donné naissance aux carrousels des siècles derniers et de nos jours. Le seigneur de Langeais, qui connait les chansons de Gestes, n'a pas oublié qu'à la suite d'un maitre coup de lance Charlemagne dit, un jour, à un chevalier : « Tu seras le sénéchal de mon empire. »

Cependant la nuit descend sur le coteau et enveloppe les épaisses murailles du château. Autour d'une table frugale, le seigneur s'assied entouré de ses vassaux et ayant à ses côtés le nouveau chevalier avec les damoiseaux, ses compagnons d'hier et ses rivaux de demain. Le vin pétille dans les coupes d'argent ; on pousse des vivats enthousiastes, les jongleurs jouent une dernière sérénade, non pas la moins sonore ; la mère dépose à la dérobée un baiser sur le front de ce fils qu'elle sent désormais moins à elle. Puis, le jeune chevalier va se reposer sur son lit, modeste et sans apparat ; et, tandis que les ombres voilent la terre, il rêve du glaive qu'il va porter désormais de pair avec les preux chevaliers, des hauts faits qu'il ajoutera au livre d'or, écrit par l'épée de ses ancêtres, et aussi sans doute au « chief blond comme l'or des blés » de la fiancée que son cœur s'est choisie, pour être le compagne de sa vie.

II

Nous venons de parler des seigneurs de Langeais, de leurs aspirations, de leurs œuvres et de leur existence au milieu des camps ou dans l'enceinte de leur castel. Cela nous conduit tout naturellement aux puissants suzerains dont relevait la châtellenie Langeaisienne.

Les Foulques d'Anjou furent longtemps suzerains de Langeais; c'était maintenant le tour des Plantagenets, dynastie héritière de la première et à laquelle la Touraine est redevable de précieux avantages. Les droits de ces derniers ont pour fondement le mariage de Geoffroy le Bel, fils de Foulques le Jeune, avec Mathilde, fille de Henri Ier d'Angleterre. Parmi les gentilshommes qui accompagnèrent Geoffroy à Rouen, où l'attendait sa fiancée, on remarquait Hardouin, seigneur de Saint-Mars, châtellenie voisine dont l'histoire se confondra dans la suite avec celle de Langeais. De ce mariage naquirent Geoffroy, dit Plantagenet, qui doit ce surnom à sa coutume de porter une branche de genêt en guise d'aigrette, et Henri, depuis Henri II, dit le Roux, roi d'Angleterre. Henri II fit de Chinon son quartier-général dans l'Ouest et, de sa cour, le rendez-vous des gentilshommes et des artistes. On lui doit, en particulier, la construction du pont de

Chinon et des levées continues de la Loire. Langeais profita de cette mesure de sécurité contre les envahissements du fleuve, pour étendre au midi le rayon des habitations jusque là très resserrées le long du coteau. A sa mort arrivée à Chinon, en 1101, Henri II fut inhumé, suivant sa volonté, dans l'abbatiale de Fontevrault où son corps, revêtu des habits royaux, une couronne d'or sur la tête, l'anneau et le sceptre à la main, l'épée à la ceinture, fut conduit par l'archevêque de Bourges. La belle statue tombale, qui se voit encore dans une des chapelles de l'église abbatiale de Fontevrault, le représente avec cette attitude, à laquelle répondait bien la fastueuse inscription

Sufficit huic tumulus cui non suffecerat orbis.

Henri II avait pour fils Richard-Cœur-de-Lion, qui hérita des droits sur Langeais, en même temps que de la couronne d'Angleterre. Le moyen-âge offre peu de personnages d'un romantisme plus achevé que la figure Richard-Cœur-de-Lion, à laquelle la légende et l'histoire ont créé une auréole qui reste encore séduisante sous les taches de sang, dont elle est maculée. Bouillant et brave comme le roi du désert, qui lui a prêté son nom, Richard, faute d'un rival plus digne, s'en prit à son père, puis à Raymond, comte de Toulouse, qui fut secouru par Philippe-Auguste.

Cependant Richard-Cœur-de-Lion, devenu comte de Touraine et roi d'Angleterre, fit avec Philippe-Auguste le traité de Colombiers (aujourd'hui Villandry), près Langeais, et se disposa à partir pour la Croisade. Au moment où l'archevêque de Tours, Barthélemy de Vendôme, lui remit à la cathédrale le bâton et l'écharpe de pèlerin, le bourdon sur lequel Richard s'appuyait, vint à se briser : ce qui fut considéré comme de mauvais augure pour le voyage. Ses exploits en Terre-Sainte eurent pour épilogue la captivité en Allemagne.

Au milieu des brumes du pays d'Outre-Rhin, l'imagination aime à saluer cette tour dans laquelle le prisonnier fut découvert par son fidèle troubadour, Blondel, dont la voix monta par l'étroite fenêtre de la prison jusqu'aux oreilles du roi dans les fers. Fut-il jamais drame d'une poésie plus romantique, d'un sentiment plus pénétrant et d'un caractère mieux fait pour tenter le pinceau d'un artiste ?

De retour en France, Richard-Cœur-de-Lion continua de s'abandonner à son humeur aventureuse. Il avait près de lui son neveu, Arthur de Bretagne, âgé de dix ans. Constance de Bretagne, mère du jeune prince, ayant fait enlever celui-ci par son féal Robert de Vitré, Richard résolut de se venger en donnant l'ordre de renfermer Constance au château de Bouvron, en Normandie. Richard assiégeait Chalus en Limousin, où il aurait était attiré, dit-on, par la présence d'un trésor caché, lorsqu'une flèche mortelle termina son existence pleine d'aventures qui fait penser aux plus fameux condottieri de la péninsule italique.

Contrairement à l'opinion généralement admise, il semble bien qu'il fut ramené encore vivant à Chinon, où il reçut les derniers soins des religieux de Turpenay. Son corps fut enseveli, près des restes de son père, dans l'abbaye de Fontevrault, où sa statue le figure couché, vêtu de son armure, les mains jointes et l'épée au côté.

L'existence tourmentée de Richard trouve un pendant dans la vie de sa mère, la belle Éléonore ou Alienor de Guienne, dont le prince avait hérité l'ardeur entreprenante, les saillies originales et ce mélange de foi ardente et de mondanisme effréné qui formait la nature de la trop célèbre princesse. Après la mort de son mari, Alienor avait cherché dans la solitude du couvent de Fontevrault le calme dont son cœur, paraît-il, commençait d'éprouver le besoin. Elle eut le chagrin d'y recevoir la dépouille mortelle de son fils qu'elle aimait comme un autre elle-même. Profondément touchée par cette perte, elle se fit dès lors la gardienne de ce tombeau sur lequel on la surprenait souvent inclinée dans l'attitude de la douleur et de la prière.

Richard-Cœur-de-Lion ne comptait certes pas, au nombre de ses titres les plus éclatants celui de suzerain de Langeais. Néanmoins l'importance militaire du château, les charmes de la petite ville et les souvenirs de ses ancêtres ne pouvaient le laisser indifférent. Au cours de ses luttes sur les frontières de l'Anjou et de la Touraine, ou bien au cœur même de cette dernière province, il eut plus d'une fois l'occasion d'y faire quelque séjour, ne fut-ce qu'afin de prendre haleine pour de nouvelles chevauchées.

A la mort de Richard, au printemps de 1199, Eléonore, reine d'Angleterre et duchesse de Normandie, hérita des domaines situés à Langeais, en même temps que son second fils, Jean-Sans-Terre. Eléonore se montra pleine de reconnaissance pour ceux qui avaient donné au prince défunt des témoignages de sympathie. Parmi eux, ainsi que nous l'avons dit, figurent en première ligne les bénédictins de l'abbaye de Turpenay, non loin de Chinon. Le 21 avril 1199, Éléonore, alors à Fontevrault, adressa aux habitants de Langeais des lettres dans lesquelles elle déclare qu'elle et son fils Jean ont donné à l'abbaye de Turpenay l'étang de Langeais et ce que le feu roi Richard son fils possédait dans les deux moulins du dit étang. Cette donation, est-il dit, fut faite auxdits religieux pour le repos de l'âme de Richard et aussi parce que l'abbé de Turpenay avait assisté avec elle à la maladie et à la mort du roi Richard, et que de tous les religieux il s'était donné le plus de peine pour la pompe funèbre de ce prince (1).

Le château de Langeais, aussi bien que le titre de comte de Touraine, passa ensuite à Arthur de Bretagne, neveu de Richard et fils posthume de Geoffroy, qui fut proclamé dans la basilique de Saint-Martin, à Tours. Pour reconnaître les services que lui avait rendus Robert de Vitré, « chantre de Paris », Arthur de Bretagne fit don à celui-ci du château de Langeais. Ainsi que le constate une chronique de cette époque, Langeais comptait alors parmi les villes « très fortifiées et populeuses, qui formaient à la Touraine comme une ceinture de puissants remparts » (2).

Encore un peu et le jeune comte de Touraine, âgé seulement de seize ans, sera victime de l'horrible attentat qui doit trancher ses jours. Le soir du jeudi-saint 1203, sous les murs du château de Rouen dans lequel il était prisonnier, une barque

(1) *Datum apud Fontem Ebraudi vigesimo primo die aprilis, anno ab Incarnatione Domini Millesimo centesimo decimo nono, undecimo calendarum Maii.* Archives de Marmoutiers. — D. Houssean, tome V, 2100, 2115, 2116.
(2) *De Commendatione provinciæ Turonicæ.*

conduisait mystérieusement deux hommes, un enfant et un adulte; soudain un fer brille, le sang jaillit, un cadavre tombe à l'eau et disparaît : l'oncle avait assassiné le neveu; Jean-sans-Terre venait de se défaire d'Arthur de Bretagne. A la suite de cette tragique aventure, un voile de deuil enveloppa le château de Langeais et une poignante douleur étreignit l'âme du fidèle serviteur, auquel le jeune prince avait remis ce domaine. Pendant longtemps, il sembla qu'un crêpe épais voilait de ses plis funèbres les couleurs éclatantes de la bannière féodale. Dans le silence de la nuit, on dut entendre la plainte mélancolique des mânes de la malheureuse victime, dont le souvenir est l'un des plus attachants qui se rapporte à l'histoire du château-fort de Langeais.

Cité devant la cour des pairs, où il ne comparut pas, Jean-sans-Terre, accusé de parricide, vit confisquer par le roi de France les terres qui mouvaient de la Touraine, notamment celle de Langeais. Philippe-Auguste les prit, non sans coup férir. En 1206, pour avoir Langeais, le roi offrit en échange à André de Vitré et à Robert, « chantre de Paris », son frère, « la seigneurie de Saint-Sever, près le château de Vire, qui devait être tenue par eux et leurs hoirs en fief et hommage lige du roi », avec 200 livres de rente sur la terre de Garlande, en Brie. Dès lors, Philippe-Auguste posséda « Langès de laquelle ledit Robert avait une charte d'Artur » (1), et cette ville fit partie du domaine royal, non sans être cédée parfois à titre d'engagement.

Philippe-Auguste engagea cette terre à Guillaume des Roches, seigneur de Rochecorbon et sénéchal de Touraine, d'Anjou et du Maine, à la

(1) *Cartulaire de Philippe-Auguste.*

condition que celui-ci la garderait à sa charge, tant que le château ne serait pas assiégé par le roi d'Angleterre en personne. Guillaume des Roches ne tarda pas à remettre cette place au souverain, en réservant toutefois les droits de sénéchaussée. La juridiction de la châtellenie s'étendait sur les paroisses des environs, qui venaient parfois y chercher la solution de leurs différends; ainsi arriva-t-il en 1210 pour un désaccord, survenu entre le prieur et les paroissiens de Saint-Romain d'Ingrandes.

Le château passa, en 1218, à Hugues X de Lusignan, comte de la Marche et d'Angoulême, qui avait épousé Isabeau, veuve de Jean-sans-Terre, et qui fut créé chevalier banneret par Philippe-Auguste. Ce seigneur garda les bonnes grâces de Louis VIII qui lui donna la ville de Langeais pour le dédommager du domaine qu'Isabeau avait eu en Angleterre. Sur le désir manifesté par Louis IX, Hugues de Lusignan, moyennant 10,000 livres par an, durant dix années, vendit cette châtellenie au roi qui la rendit ensuite au comte de la Marche avec quelques autres places, comme garantie du mariage de son fils Hugues avec Isabeau de France.

Un événement imprévu devait faire rentrer cette terre dans le domaine de la couronne. Plusieurs puissants barons, dont les principaux étaient Didier, duc de Bretagne, Thibault, comte de Champagne, et Hugues de Lusignan, seigneur de Langeais, formèrent une ligue contre le roi. En cette grave circonstance, Louis IX et sa mère, Blanche de Castille, se rendirent à Tours, à Chinon et à Loudun; dans cette dernière ville, le roi tint un parlement de vingt jours, auquel les seigneurs inculpés refusèrent de comparaître.

La terre de Langeais fut confisquée au profit du domaine royal, et bientôt les rebelles firent leur soumission, au parlement de Vendôme. A cette époque, les droits de la châtellenie de Langeais appartenaient à Isabeau, reine d'Angleterre qui, en vertu d'un traité fait à Vendôme et par lettre de l'année 1230 « quitte au roy Louis IX Issoldun et Langèz, » conformément aux conditions mentionnées dans le contrat (1). Isabeau, dame de Langeais, reçut la sépulture dans l'abbaye de Fontevrault au caveau du chœur, qui portait le nom de *Cimetière des Rois* parce qu'il fut la royale nécropole des Plantagenets. On y admire encore sa remarquable statue en bois peint, couchée dans l'attitude de la mort, la couronne en tête, les mains jointes, et portant des vêtements qui méritent d'être étudiés pour l'histoire du costume au XIII° siècle (2).

Sous le roi bon justicier, qui se plaisait à donner audience au pied du chêne de Vincennes, Langeais dût jouir d'une tranquillité parfaite. Les institutions religieuses, aussi bien que l'ordre civil, profitèrent de ce calme malheureusement trop rare au moyen-âge. Peut-être est-ce au temps du roi Louis IX qu'il faut rattacher une fondation, se rapportant à la terre de Langeais. Il s'agit d'une rente de six livres à prendre sur le château, établie pour une procession qui se faisait le jour de Saint-Louis, de l'église paroissiale de Saint-Jean à la chapelle Saint-Nicolas, avec un *Domine salvum fac regem* chanté quotidiennement à la messe canoniale, après l'Elévation. Dans un titre du XVII° siècle, cette

(1) Archives Nationales, J, 628, n° II
(2) Nous prenons la liberté de renvoyer à cet égard à notre ouvrage *Fontevrault, son histoire et ses monuments*, Tours, Louis Bouzrez, éditeur.

rente indiquée comme ancienne est dite « donnée par les rois de France » (1). Louis IX céda Langeais en apanage à son frère, Alphonse de France, comte de Poitiers et de Toulouse qui, par lettres d'août 1242, fut mis en possession du domaine du comte de la Marche.

Au commencement du xiii° siècle, en 1214, la tour de la châtellenie était aux mains du chevalier Olivier, qui entretenait des relations avec Aimeri de Blé, seigneur de Champigny, et avec le chevalier Alès de Brisai (2). Olivier, au moment de partir pour la Terre Sainte, donna aux bénédictins de Turpenay les cens que le couvent lui devait pour certains terrains à Bréhémont. Cette tour fut possédée ensuite par Guy de Palluau (1231-37), par Pierre de Brion (1260), puis par Alix de l'Ile qui, moyennant huit livres, la céda à Barthelomy de l'Ile-Bouchard, son beau-frère. Celui-ci la vendit en 1272, à Pierre de la Brosse, dont nous parlerons plus loin et qui la réunit au château.

Durant le moyen-âge le seigneur considérait volontiers la guerre comme sa principale occupation. Alors, comme dit une chanson d'amour,

> Belle Doette, assise à sa fenêtre
> Lit en un livre, des yeux, mais non du cœur,
> De son ami Doon lui ressouvient,
> Qui est allé tournoier en autre terre,
> « Or en ai le deuil. »

Dans les intervalles de la guerre, sa distraction choisie était la chasse, qui est encore une manière de guerroyer; et alors la châtelaine, elle aussi

---

(1) Archives d'Indre-et-Loire, G. 292.
(2) D. Housseau, t. 21, p. 23.

entrait en campagne montée sur sa haquenée. Aussi les plus anciennes tapisseries représentent-elles d'ordinaire, sinon des scènes de bataille, du moins des parties de chasse. On chassait avec les armes en usage à cette époque, et surtout avec l'arc. Quelques-uns aimaient mieux la vénérie, ou chasse avec les chiens, mais la chasse préférée était celle qui se faisait avec le faucon ou l'épervier. Parmi les oiseaux de poing, comme on disait, il y avait le gerfaut, gris blanc, le plus grand de tous; le sacre, à la tête plus ronde et aux doigts plus courts ; le pèlerin et le faucon gentil, qui est une variété du premier et se prenait de juin à septembre ; pris au nid, il s'appelait faucon *nials* ; pris à l'état sauvage, il était dit faucon *ramage*.

Le prendre, l'élever en le sauvant du danger de la mue, lui reboucher ou rogner les ongles, puis l'apprivoiser ou l'*adebonairir* dans sa demeure, sur son perchoir, constituait la première partie de la tâche du fauconnier. La seconde consistait à le dresser, à l'aide du leurre ou simulacre d'oiseau en drap rouge, et à lui apprendre ainsi à se jeter sur la proie.

La tâche du fauconnier était assez ingrate et parfois il lui arrivait quelque malheur, comme il advint au page qui a laissé, sur les murs du château, l'écho de son chagrin dans cette inscription : « le XXVI° jour de mars j'ay déarachez la cue à mon épervier. » Mais aussi quel doux contentement c'était pour lui, quand par une fraîche matinée d'automne, dames et gentilshommes, pages et demoiseaux tenant sur le poing ganté de cuir les faucons et éperviers, munis de la longe et de la campanelle ou grelot à chaque pied, partent à travers les halliers qui retentissent de cris joyeux ! Quelle vive allégresse quand le faucon fait sa pointe, fond sur la bête, dans le corps de laquelle il enfonce ses ongles, et s'assied dessus en attendant le chasseur qui saisit la proie, puis rappelle le faucon sur son poing ! Cette scène piquante a été dépeinte dans *Hervis de Metz*, de la manière la plus pittoresque.

> A premier tor la maillart abasti
> Trestoz ces ongles el' broont li feri,
> De sur sa proie li boins faucons s'asist,
> Cela parvint li damoisiaus Hervis,
> Isnellement sa proie li retint
> L'oisel réclame, li faucons li revint.

Le château était en liesse, lorsqu'avait lieu l'adoubement d'un chevalier; il l'était aussi quand un tournoi ou une grande partie de chasse réunissait les gentilshommes des environs. Surtout il prenait un air de fête le jour où le noble seigneur célébrait le mariage d'un de ses enfants : car la famille n'allait point alors sans la présence de ces êtres chéris, non plus que le parterre sans fleurs, l'âtre sans feu et la volière sans oiseaux.

Dans un château voisin, sous les yeux de sa mère, a grandi une jeune fille, douce et aimante. Après avoir joué à la raquette et tressé des couronnes de fleurs avec ses compagnes, elle a appris à lire et à écrire, à enluminer et à broder, et près de l'aïeule, souvent

> Elle ouvroit de fln or un paile chier.

Son corps s'est développé sans contrainte et sa taille un peu allongée est pleine de grâce ; sa figure est « fraîche comme la rose en mai, quand le soleil en abat la rosée ».

Le fils du seigneur, damoiseau « touset de barbe prime » qui caracole habilement sur son cheval et manie dextrement l'épieu et la lance, l'a rencontrée dans une promenade un jour que la campagne était remplie du parfum des lilas et du gazouillement des oiseaux. Il a demandé sa main et l'on a célébré les fiançailles. « L'affiée » a reçu et mis à son doigt l'anneau d'or que lui a donné son fiancé. De son côté, la jeune fiancée n'a pas manqué de remettre à l'élu de son cœur le cordon brodé avec quelque inscription comme celle-ci : *ne me donnez mie*, ainsi que les manches de dame qu'il attachera à son épaule et portera en manière de gonfanon, suivant l'usage alors reçu.

Les jours ont coulé rapides, pas assez rapides au gré du damoiseau et de son amie. Enfin, luit dans une teinte rose, pleine de promesses, l'aube de la journée, que le vieux poëte a si bien chantée dans son naïf langage : « Quant la bele fut levée — Et quand elle fut lavée — Jà la messe fut chantée. » Les servantes sont encore occupées à l' « atorner » et achèvent de lui mettre la robe « éclatante comme la rose d'églantier », son plus joli bliaut de riche étoffe « à bestes et à flors » et le manteau galonné d'orfroi, quand le son argentin de la clochette de la chapelle seigneuriale annonce la cérémonie du mariage.

L'Église, qui considère comme sa mission de conduire l'homme à travers la vie, du berceau à la tombe, n'a pas manqué de marquer de son empreinte l'acte auguste du mariage. A cette époque, qui présente à nos yeux trop de douleur pour qu'on la vante sans réserve et trop de scènes d'une beauté chevaleresque pour qu'on ne s'y arrête pas avec complaisance, l'Église n'a rien négligé pour sauvegarder et purifier l'union conjugale. De par le droit de la force, cette union pouvait n'être qu'une possession plus ou moins brutale de la femme faible par l'homme de fer. L'Eglise a entouré cet acte, à la fois civil et religieux, d'une série de conditions d'âge, de parenté, de libre consentement et de maintes garanties dont le résultat a été que la femme devint non la vassale, mais la compagne de son époux. C'est bien la femme entrevue par le poëte d'alors, quand il chante : « Nule esmeraude, nule gemme — N'est tant nete come nete fame — Tant esmerée, ne tant pure » ; et il s'empresse d'ajouter : « Si devons, nous, jor et nuit, fame — Amer, servir et honorer. »

La toilette du jeune seigneur a été de plus courte durée ; ses chausses, son pélisson, son manteau et son chapel de fine étoffe de soie ou de velours brodé sont plus faciles à mettre, et n'en font pas moins le plus gracieux effet. Le damoiseau trouve sa fiancée belle à ravir : elle ne l'admire pas moins dans ce costume dont ses doigts blancs et effilés ont brodé la plus élégante partie.

Le cortège se forme et se rend à la chapelle, précédé du groupe des jongleurs dont les flûtes, les gigues et les vielles remplissent l'air de sons joyeux. Le sanctuaire est orné comme aux plus beaux jours de fêtes : les fleurs brillent sur l'autel, les tentures sourient le long des murailles et les pierres précieuses étincellent sur les ornements sacrés, les châsses précieuses et les vases pour la célébration de la messe. D'une voix grave, le chapelain rappelle aux fiancés les devoirs de l'état qu'ils vont embrasser et demande le consentement sacramentel, qu'ils donnent d'une voix émue ; puis il bénit l'« anel ».qui est mis au doigt de la nouvelle mariée, car dès maintenant ils sont l'un à l'autre. La messe se continue au milieu des chants d'allégresse du clergé et des vœux de l'assistance pour la félicité des jeunes époux.

Au sortir de la chapelle, ce n'est que vivats et cris de joie, souhaits de bonheur et doux embrassements. La châtelaine, qui porte l'aumônière à sa ceinture, n'oublie pas les pauvres et leur fait large distribution de sols. Elle redescend dans la cour du château, au milieu d'une double haie de vassaux dont les traits reflètent l'allégresse, en suivant l'allée jonchée de fleurs odorantes et précédée des ménestrels dont la fanfare jette aux échos les notes les plus retentissantes.

Autour d'une table copieusement servie et chargée de coupes et de hanaps d'argent, les convives s'asseyent et festoient gaiement, tandis que « harpes y sonnent et vièlent — qui font les mélodies belles ». La journée est couronnée par des jeux, en particulier par la danse durant laquelle tous les yeux ravis regardent la fiancée « embracher lui par les flancs doucement ». Quand le crépuscule descend sur le château, on conduit les époux dans la chambre « peinte à flor » dont le lit, orné de courtines à devises telles que *Potiüs mori quam fœdari*, a été béni la veille par le chapelain. Puis « a-t-on fait la chambre vuidier por reposer ».

Du château, nous passons à l'église par un sentier qui va naturellement de l'un à l'autre, comme dans le vieux temps. Jusqu'ici, nous n'avons guère parlé que de l'église paroissiale Saint-Jean-Baptiste et de la chapelle Saint-Sauvour du château. Langeais possédait une autre église, moins importante, il est vrai, mais d'un vif intérêt, qui formait également le noyau d'une paroisse.

Lorsque l'on quitte la ville de Langeais, pour remonter le joli vallon de la Roumer, occupé par de plantureux jardins et bordé par des coteaux pittoresques percés comme une redoute d'ouvertures de caves, dont plusieurs comme à l'époque des troglodytes servent d'habitation, on parvient en quelques minutes au hameau de Saint-Laurent. Il doit son nom à l'église, située sur le bord de la route et qui, pour avoir perdu sa destination primitive et servir aux usages agricoles, n'en mérite pas moins toute notre attention. Elle présente la forme d'une croix latine d'environ 40 mètres de longueur sur 8 mètres de largeur. La nef est précédée par un narthex d'assez grande dimension qui ressemble au vestibule réservé aux anciens catéchumènes.

Au premier aspect, on s'aperçoit que pour cette église, comme pour celle de Saint-Jean, il a dû exister un premier édifice de dimension plus restreinte, élevé au xe siècle ; c'est à cette époque qu'il faut rattacher toutes les parties en pierres de petit appareil, conservées dans les murs actuels. Dans la suite, on éprouva le besoin d'agrandir le monument tout en gardant une portion des murailles de l'édifice primitif. L'élévation des murs, avec leurs fenêtres à claveaux réguliers, le système des contreforts, le caractère de l'entablement, le transept et le chevet avec les trois absidioles, bâtis à gros joints martiniens passés à la pointe, accusent le xie siècle. Des absidioles, celle du centre, qui est la plus grande, continue la nef, tandis que les deux absidioles latérales, aussi voûtées en cul de four, s'appuient au transept. Sous ce rapport, l'église Saint-Laurent mérite de fixer le regard de l'archéologue vigilant. La charpente qui tenait lieu de voûte a malheureusement été détruite par un incendie, à la suite duquel on a arasé la partie supérieure des murs. Dans le pignon oriental se voit une croix ancrée, sculptée sur une pierre de grain plus blanc, d'apparence fort ancienne et qui pourrait bien être le vestige d'un premier édifice, bâti dès l'époque carlovingienne. Au commencement du siècle suivant, on fit le portail visiblement inséré après coup dans la façade et dont les ornements de palmes et les chapiteaux sont fort endommagés; quelques autres parties furent aussi reconstruites à la même époque et doivent être rapprochées des détails de Saint-Jean.

De bonne heure, l'église Saint-Laurent fut érigée en prieuré, relevant de l'abbaye de Beaulieu, près Loches. Au milieu du XII° siècle, le prieur de Saint-Laurent adressa au pape Alexandre III, célèbre par ses démêlés avec l'empereur Frédéric Barberousse, une supplique pour lui demander de le confirmer dans les droits qu'il avait sur les sépultures, les processions et les autres cérémonies du culte. Le pape répondit par une bulle qui confirmait dans leurs droits le prieur et les prêtres de Saint-Laurent, ainsi d'ailleurs que ceux de Saint-Pierre-de-Balesmes (1).

Au moyen-âge, le temple chrétien était l'asile du pauvre et de l'opprimé, le foyer de l'instruction nécessaire et l'école féconde où l'art chré-

---

(1) Archives de Beaulieu, titre sans date. — D. Housseau, t. V ° 1817 bis.

tien entretenait et répandait dans les foules le goût des choses élevées. Aussi, ne s'étonnera-t-on pas de voir le clergé user des ressources mises à sa disposition par la piété des fidèles pour faire concourir tous les arts à l'embellissement de l'église. Les murailles de la nef de Saint-Laurent furent ornées des scènes de la Passion de grande dimension et qui ont été détruites par un incendie. Outre le grand drame biblique, on peignit sur l'abside de droite l'Adoration des Mages, dont il ne paraît plus que des vestiges.

A l'époque de la Renaissance se rattache, du même côté, une niche avec dais, piliers et corniches relevés de délicates sculptures, de jolis enroulements et de figures symboliques. Plus tard, le xvii° siècle, fidèle à ses habitudes, substituera à l'antique autel du chevet un rétable avec colonnes, chapiteaux et entablement ornés de festons, de guirlandes de feuillage, de fleurs et de fruits, encore bien conservés. Ce travail remonte probablement à l'année 1660, date inscrite au-dessus de la fenêtre d'une salle qui servait de sacristie.

Mais n'anticipons pas sur les événements. Nous sommes encore au xiii° siècle. Après avoir remonté la vallée de la Roumer, pour visiter Saint-Laurent, nous redescendons le vallon pour nous rendre à Saint-Jean, qui a été doté d'une institution propre à en rehausser l'éclat. A cette époque, en effet, l'église Saint-Jean possédait un chapitre ou chœur de chanoines, destinés à célébrer chaque jour l'office public.

Les origines de ce chapitre sont enveloppées de quelque obscurité. S'il faut en croire l'historien Chalmel, il ne remonterait pas au delà de 1662, date à laquelle le duc d'Albert aurait transféré à Langeais le chapitre fondé, en 1486, à Maillé ou

Luynes par Hardouin de Maillé (1). Mais c'est là une erreur absolue : la collégiale Saint-Jean existait dès le cœur du moyen-âge ainsi que l'établissent des documents irrécusables. Ce chapitre ne se rattacherait-il pas au commencement du XIIe siècle, aux quatre clercs séculiers installés « pour le service divin », dans la chapelle Saint-Sauveur du château, par Foulques le jeune ? Une transformation postérieure aura amené le transfert de ce modeste collège ou bien la création d'un chapitre proprement dit, dans l'église paroissiale de Saint-Jean ; peut-être ce changement eut-il lieu à la suite du don que le comte fit du prieuré aux bénédictins de Tous-Saints d'Angers.

Quoiqu'il en soit, ce chapitre, composé tout d'abord de quatre personnes, trois chanoines et un prêtre sacristain, existait au XIIIe siècle. En 1237 l'un d'eux, nommé Hugues, tenait du chevalier Guillaume de Fougères un fief, situé dans la paroisse Saint-Jean, à trois sols de service annuel et consistant en une maison avec le roche et la vigne au-dessus, ayant appartenu jadis à feu Renaud *Mulloris*. Au mois de mai de cette année, Guillaume de Fougères fit don à l'abbaye de la Boissière de ce fief, ainsi que de douze deniers de cens annuel dûs pour le pré de la Boire Godard. L'acte, daté de l'octave de la Pentecôte, fut passé à la châtellenie des Ecluses *apud Exclusas* dont relevait, semble-t-il, la portion de Langeais placée sur la rive gauche de la Roumer (2). Faisons remarquer en passant que, en cette même année 1237, on rencontre Guy, seigneur de Langeais, fils de Geoffroy de Palluau,

---

(1) *Histoire de Touraine*, t. III, p. 485.
(2) *Archives de la Boissière*, D. Housseau t. VI n. 2.831.

chevalier, seigneur de Montrésor. Un peu plus tard (1241) un autre chanoine de Langeais, Philippe Babou, de concert avec son frère Nicolas, vicaire de Saint-Martin, à Tours, donnait à l'abbaye bénédictine de Saint-Julien, de cette même ville, cent livres tournois et des prés dans la prévôté de Varennes, pour la fondation d'un anniversaire (1).

L'harmonie régna assez longtemps dans le chapitre. Un jour la Discorde, au hideux visage, s'indigne de voir cette église qui

<blockquote>Garde une assiette tranquille.</blockquote>

Par suite d'une certaine mésintelligence, les chanoines en vinrent à négliger les soins du ministère paroissial, sous prétexte que c'était l'affaire du prêtre sacristain ; celui-ci s'en défendit de son côté sans que l'on parvint à tomber d'accord. En 1304, on fit appel au jugement de Renaud de Montbazon, archevêque de Tours, en lui demandant de créer un vicaire perpétuel qui serait spécialement chargé du service paroissial avec la jouissance des avantages que comporterait cette charge. Afin d'augmenter ces revenus, dans un temps où les ressources du chapitre tendaient à diminuer, on proposa l'union des fonctions de vicaire perpétuel et de sacristain.

Le mardi d'après la saint Martin d'hiver 1304, l'archevêque, du consentement des chanoines, créa cette charge qu'il unit à celle de sacristain. Le vicaire perpétuel devait avoir les revenus de la sacristainerie, les droits mortuaires, les oblations diverses en nature ou en argent, faites à

---

(1) Biblioth. de Tours, Ms. 1222.

l'occasion des offices funèbres, des messes, des relevailles ou autres fonctions, à la réserve de ce qui, d'après la coutume, revenait à la fabrique de l'église. Il percevait en outre les prémices ou la dîme des agneaux, pourceaux, veaux et autres animaux de la paroisse, sans préjudice de ce qu'avaient les chanoines. En retour, il lui incombait le devoir de fournir le luminaire, le jour et la nuit, en recueillant ce que les paroissiens avaient coutume d'offrir à cet effet.

De plus, afin que le service divin ne fût pas diminué, mais bien plutôt accru, on arrêta que les chanoines continueraient d'avoir chacun un serviteur pour les remplacer à l'église. De son côté le vicaire perpétuel devait entretenir à ses frais un chapelain, obligé d'assister à la célébration des matines et des autres heures, avec les chanoines ou leur suppléant. Le vicaire ou son chapelain avait à célébrer la messe du matin; les chanoines ou leur suppléant, la grand'messe, comme cela se pratiquait d'ordinaire.

Le vicaire perpétuel s'engageait formellement à accomplir par lui-même ou par son chapelain, tout ce qui regarde le soin des âmes et peut contribuer à l'honneur de Dieu, de la Vierge, de saint Jean-Baptiste et de tous les saints, suivant les termes du concordat.

Sur la présentation de Simon Plaisant, de messire de Lostolentrue et de Thomas de Saint-Aubin, chanoines de Saint-Jean, Hervé, prêtre sacristain de l'église, fut nommé par l'archevêque vicaire perpétuel « en considération de sa piété. » (1)

---

(1) *Archives d'Indre-et-Loire.* — Archives de la fabrique de l'église de Langeais.

III

De l'église au château la transition est toute naturelle, surtout quand le domaine seigneurial est détenu par la famille d'un pieux roi, comme Louis IX. Nous avons vu plus haut, en effet, que saint Louis donna la terre de Langeais à son frère, Alphonse de France. A cette époque le château allait devenir la propriété d'un personnage qui a conquis dans l'histoire une notoriété assez considérable : j'ai nommé Pierre de la Brosse.

Sans doute sous le prétexte que le territoire de Langeais renferme un village du nom de la Brosse, d'ailleurs si commun en Touraine, on a prétendu que le berceau des de la Brosse devait être placé sur cette paroisse (1) : il n'en est rien. La souche de cette famille a ses racines dans la portion de la paroisse de Courçay, qui a été annexée il y a un demi-siècle à la commune de Tauxigny, en Touraine. Son origine se rattache au village de la Brosse, — Brocia ou Brochia (1212) — qui compte à cette heure une cinquantaine d'habitants.

Le premier propriétaire connu de ce fief est Pierre Ier qui, selon la coutume, prit le nom de sa terre, bien qu'il possédât en outre des dîmes dans les communes environnantes, par exemple sur celle de Brais ou Bray (depuis le Fau et présentement Reignac). En avril 1213, le seigneur de la Brosse donnait « à l'église de Brais pour le repos de l'âme de ses parents », les dîmes qu'il percevait en cette paroisse. Le chas-

---

(1) Chalmel, *Hist. de Touraine*, II, 121.

tel de la Brosse avait une chapelle fort ancienne, qui tombait en ruines au xviii⁰ siècle. Pierre de la Brosse était fort considéré par Dreux de Mello, seigneur de Loches, qui lui donna en 1219 une rente pour reconnaître ses bons et loyaux services. Sa femme se nommait Florence ; devenue veuve, elle plaida, en 1224, au sujet de quelques domaines acquis par son mari.

Les seigneurs de la Brosse donnèrent le jour à Pierre et à Jean. Celui-ci devint chanoine et chantre de Saint-Pierre-du-Mans ; quant à l'aîné, il hérita du logis paternel et fut sergent à masse du roi saint Louis. Pierre de la Brosse II obtint de Dreux de Mello, en 1239, un droit de chauffage dans la forêt de Bosroger, et laissa une rente à l'église de Nouâtre pour y avoir un anniversaire. Sa femme, Perronnelle Pinet, mit au monde Pierre III, Guillaume et Jeanne, sans parler d'autres filles, qui se firent religieuses. Son premier mari étant mort avant 1252, Perronnelle épousa le chevalier Geoffroy de Varettes. Guillaume fut panetier de Philippe, fils aîné de Louis IX, et suivit le roi en Afrique où il trouva, paraît-il, une mort glorieuse digne d'un croisé. De sa femme Jeanne Faulque, Guillaume eut Perronnelle que son oncle, le seigneur de Langeais dont il sera question tout à l'heure, maria au mois d'octobre 1276 à Robert de la Ferté. Quant à Jeanne, elle s'unit à Barthélemy, maire de la Couture, au Mans (1).

A Pierre de la Brosse III, fils de Pierre de la Brosse II, sergent du roi saint Louis, et de Perronnelle Pinet, il était réservé de tirer de

(1) P. Anselme, *Hist. généal. de la Maison de France*, t. VIII, p. 440, etc.

l'obscurité le nom de ses ancêtres en gagnant la confiance du souverain et en développant sa fortune — ce qui ordinairement va de pair avec les faveurs royales, — par l'acquisition de beaux domaines. Il commença par acheter diverses rentes, telles que celles sur le péage de Roye (1266), sur le Roi (1269) et sur le péage de Lucheu (1270).

Louis IX, qui appréciait beaucoup les services de Pierre de la Brosse lui donna, au mois d'avril 1271, « les villes et châtellenie et prévosté de Langès en Touraine, avec tout ce qu'il avait ès fiefs et domaines qui en dépendaient. » Pierre de la Brosse reçut également « de Maurice, seigneur de Craon et de Sablé, seneschal d'Anjou, de Touraine et du Maine, la cession d'un marc d'argent qu'il avait droit de prendre sur chaque 50 livres deues au seigneur de Langès, avec plusieurs autres droits et redevances. » Les seigneurs de Parthenay, de Craon et de l'Ile-Bouchard et la dame de Beauçay avaient dans cette localité quelques terres dont Pierre fit l'acquisition. En 1272, Barthélemy de l'Ile-Bouchard porta sa sœur Alix à céder à Pierre de la Brosse « une tour qu'elle avait en la seigneurie de Langès, assise au lieu où le chastel souloit estre. »

En 1273, le roi Charles de Sicile leur fit don « du fief que souloit tenir de luy feu Jean comte de Vendosme, tant en la ville et chastellenie de Langès que dehors icelle ». Le chastel n'allait pas sans un oratoire; le chatelain demanda au pape Grégoire X (1271-1273), qui s'empressa de la lui concéder, l'autorisation d'avoir une chapelle « en son propre fonds du chasteau de Langès ». Nous ignorons si le seigneur profita de cette permission; nous avons vainement cherché les traces d'une église du XIII° siècle. Peut-être s'est-il borné à approprier à cet usage une partie de l'ancien château. Mais continuons à esquisser la vie de Pierre, en nous réservant de revenir ensuite au châtelain de Langeais.

Pierre de la Brosse était dès lors un personnage de marque, et son influence grandissante le porta à étendre ses propriétés. Au mois de novembre 1272, époque à laquelle il fait l'hommage au roi de Sicile, Pierre détenait en Anjou les terres de Moliherne et de Loupelande. Les seigneurs de Surgères et de Rochefort lui cédèrent des rentes sur la châtellenie de la Rochelle. Il possédait également des domaines dans le Nivernais par le don que le comte de Nevers, Robert de Flandres, lui fit de la terre de Chemery aussi bien que de la jouissance des étangs. Enfin, parmi ses autres seigneuries, nous signalerons la terre de Fains, en Berry, et celle de Corneilles, en Normandie.

Le châtelain de Langeais avait trop à cœur le lieu qui avait été le berceau de sa famille et dont il tirait son nom, désormais environné de notoriété, pour ne pas songer à accroître l'importance du fief de la Brosse. Le roi Philippe le Hardi, qui déjà l'avait honoré du titre de grand chambellan de France et de la gestion des affaires les plus importantes du royaume, lui donna en augmentation de ce fief l'hommage du seigneur de Bray. En outre, le souverain lui octroya la châtellenie de Châtillon-sur-Indre, alors en Touraine et actuellement en Berry, avec l'hommage du seigneur de Palluau, ainsi que toute juridiction sur la terre de Damvile et un droit sur les bois qui en dépendent.

Jusqu'ici nous n'avons pas franchi le seuil du

foyer domestique de Pierre de la Brosse. Il est temps de faire connaissance avec ceux qui furent les confidents de ses pensées et l'objet de son affection.

Pierre épousa d'abord N. de Benais, sœur de Pierre de Benais, évêque de Bayeux, dont il n'eut pas d'enfants. Devenu veuf il s'unit, en 1255, à Philippe, fille de Mathieu, seigneur de Saint-Venant. C'était une femme dont les qualités de l'esprit et du cœur faisaient la digne compagne de Pierre de la Brosse. Aussi vit-elle son foyer paré d'une jolie couronne d'enfants, de trois garçons et trois filles. Les filles, qui étaient les plus jeunes, se nommaient Perronnelle, Amélie et Isabeau ; les garçons étaient Pierre, Jean et Guillaume.

C'était plus qu'il n'en fallait pour donner de l'animation au castel de Langeais. Si les jeunes gens se livraient avec la pétulance, naturelle à leur âge, aux exercices du corps si prisés en ce temps, les jeunes filles faisaient la joie de leur mère par leurs jeux moins bruyants mais non moins assaisonnés de gaieté douce et expansive, relevée par les petits cris familiers à leur sexe. Le chambellan de Philippe le Hardi devait aimer ce site enchanteur d'où le regard plonge à l'orient et à l'occident dans des lointains charmants, dorés le matin par les premiers rayons de l'aurore, et empourprés le soir par les derniers feux du soleil couchant.

Le château de Foulques Nerra ne répondait plus aux goûts de confortable qui commençaient à se répandre au XIII° siècle. Pierre ne put manquer de doter le château d'embellissements en rapport avec les besoins nouveaux et avec les habitudes de luxe importées d'Orient.

Sous l'empire de cette idée l'on a écrit que « c'est par lui que le château fut rebâti dans son état actuel. » (1) Il est à peine utile de faire remarquer que cette assertion est absolument détruite par le plus simple coup d'œil jeté sur le château actuel, qui fut construit à l'époque de Louis XI. Nous avons vainement cherché dans cet édifice des traces d'une construction antérieure. On ne saurait admettre que Pierre de la Brosse ait bâti, dans les robustes proportions alors en usage, un castel qui aurait été ensuite absolument rasé pour faire place au château-fort élevé par ordre de Louis XI. Nous inclinons plus volontiers à croire que Pierre de la Brosse, qui avait plusieurs domaines importants, ne résidait pas continuellement au même endroit et que pour le temps où il habitait à Langeais, il se borna à aménager le château bâti par Foulques.

Dans l'état de délabrement où se trouve celui-ci, il est difficile d'indiquer les changements qui auront été apportés par Pierre de la Brosse. Pourtant outre les réparations exécutées au donjon, endommagé par les sièges qui eurent lieu sous les Foulques ou leurs successeurs, et dont l'existence est attestée par le mélange de pierres de plus grand appareil avec les petites pierres cubiques, il est clair qu'on y a fait des travaux aux XIIe et

---

(1) Notice historique et archéologique sur le château de Langeais, Paris 1854, p. 7, 12.
Tablettes chronologiques de l'histoire de Touraine, Tours.
Annuaire d'Indre-et-Loire, 1832, p. 316.
A Noël, *Souvenirs pittoresques de la Touraine*, Paris, 1824.
Touchard la Fosse, *La Loire historique*, t. IV, p. 310-312.
Bellanger, *la Touraine*, Paris, 1845, p. 526.
Congrès scientifique de France (1847), t. II, p. 429.

XIIIᵉ siècles. Les contreforts, la partie supérieure des murs érasés, les traces d'ouvertures et des modifications, apportées dans la muraille du nord qu'on a rétablie en partie après un accident qui l'avait entamée, accusent des remaniements qui paraissent se rattacher à cette époque, par le caractère de la maçonnerie et des joints.

Pierre de la Brosse rechercha pour ses filles des alliances qui fussent en rapport avec sa situation. Perronnelle donna sa main, en 1266, au chevalier Étienne de Jaunay et lui porta en augmentation de dot la terre de Moliherne, que son mari s'engageait à rendre s'il n'avait d'enfants jusqu'au troisième dégré. Amicié, qui reçut la terre de Chemery, épousa en premières noces Simon, seigneur de Beaugency. Les seigneurs de Beaugency occupaient un rang assez considérable dans la noblesse française. Jean II, qui avait été créé chevalier banneret par Philippe-Auguste, eut de sa femme, Mahaud, dame de Mehun-sur-Yèvre, Simon II qui, après la mort de son père, fut sous la tutelle de Robert de Courtenay. Celui-ci épousa Mahaud en secondes noces et accompagna Louis IX à la croisade, en 1248 : à cette occasion les religieux de l'abbaye de Beaugency lui firent présent d'un « charriot attelé pour mener ses bagages. » Lors de la confiscation des biens de Pierre de la Brosse, Simon II, mari de Amicié, obtint de Philippe le Hardi, en 1278, pour ses enfants 200 livres de rente sur la prévôté d'Orléans. Amicié survécut à son mari ; elle était remariée en 1292, à Philippe de Vizaines, chevalier, qui échangea tout ce qu'il avait reçu à Beaugency. Quant à Isabeau, à laquelle son père avait donné, en 1273, la terre de Moliherne, elle fut promise en mariage, en 1274, pour l'épouser lorsqu'elle serait nubile, à Mathieu de Villebeon, écuyer et valet du roi, dit *le Chambellan* (1).

Les trois garçons, Pierre, Jean et Guillaume, eurent une situation qui leur permit de figurer honorablement dans les rangs de la noblesse de province. A la suite du partage opéré en 1273, Guillaume de la Brosse devint héritier de la terre de Loupelande, et Jean, qui porte la qualité de clerc, reçut deux maisons et une rente à Chartres.

Pour ce qui est de Pierre, il nous intéresse plus particulièrement, parce que son nom se rattache de plus près à l'histoire de Langeais. Le droit d'aînesse en attribuant une partie importante de la succession à l'aîné des enfants, avait l'avantage de conserver dans la même famille le foyer domestique que notre législation, assurément préférable par d'autres côtés, a le tort de mettre, à chaque décès, à la merci du dernier enchérisseur étranger venu on ne sait d'où. Par suite de cette qualité privilégiée, Pierre de la Brosse donna à son fils aîné, par un premier testament de 1268, la terre de la Brosse ainsi que la rente sur le péage de Roye. L'année suivante il le promit en mariage à Annette, fille de Briand de Senlis, de Tours : mais ce projet n'eut pas de suite et, en janvier 1273, le jeune Pierre fut fiancé à Jeanne de Parthenay, sœur de Guillaume l'Archevêque, d'une des familles les plus considérables de l'époque ; mais ces fiançailles ne furent pas non plus couronnées par un mariage.

Quoiqu'il en soit, lors du partage des biens patrimoniaux en septembre 1273, Pierre de la Brosse IV reçut la châtellenie de Langeais. En 1274, « le lundi avant les Brandons », Pierre de la

(1) P. Anselme, *Hist. généal. de la maison de France*, t. VI, p. 627.

Brosse, chambellan du roi et seigneur de Langeais, acheta de Robert de Courtenay, évêque d'Orléans et propriétaire de plusieurs domaines, la terre du seigneur de Damville, qui avait accompagné le roi saint Louis en Afrique. Cet acquêt fut confirmé par Robert, comte d'Artois, et par Philippe le Hardi.

Pierre de la Brosse étendit ses faveurs à ses neveux et nièces. Au mois d'octobre 1276, il maria à Robert de la Ferté sa nièce Perronnelle de la Brosse, fille de Jeanne Faulque, de Tours, et de son frère Guillaume, panetier de Philippe de France. On sait que ce fils aîné de saint Louis est décédé, en 1270, sur la terre d'Afrique où il avait suivi son père. Il semble que Guillaume de la Brosse soit mort également sur la terre africaine, au cours de cette même expédition, car il dicta son testament « en un lieu près de Carthage, la veille de saint Barthelemy 1270. »

Les anciens ont représenté la Fortune sur une roue qui indique bien la mobilité de cette capricieuse reine du monde. Après avoir souri à Pierre de la Brosse et aux siens, elle lui réservait des jours amers et tissus d'angoisses. L'heure approchait où le vent de la disgrâce allait enlever à Pierre de la Brosse et à sa famille la terre de Langeais avec ses autres biens. La faveur extraordinaire dont il jouissait auprès du roi, la jalousie des gentilshommes, en particulier du duc de Bretagne et de Brabant ainsi que de Robert d'Artois, l'antipathie de la reine Marie de Brabant, contre laquelle il aurait osé élever des soupçons à l'occasion « de la mort du fils aîné du roi, né d'un premier mariage avec Isabelle d'Aragon, furent autant de circonstances qui préparèrent la perte de Pierre de la Brosse. Il fallait un prétexte :

on le trouva en l'accusant d'avoir livré les secrets d'État à l'Espagne. L'infortuné, condamné à être pendu, fut exécuté le 30 juin 1278 (1). Un contemporain, le chroniqueur de Saint-Magloire, paraît s'être fait l'écho de l'opinion publique quand il dit :

« L'an mil deux cent septante et huit
« S'accordèrent li barons tuit
« A Pierre de la Brosse pendre.
« Pendu fut sans réançon prendre.
« Contre la volonté le roy
« Fu-il pendu, si com je croy
« Mien escient qu'il fut desfest
« Plus par envie que par fet (2).

De son côté le chroniqueur G. de Nangis a écrit : « 1278, Pierre de la Brosse grand chambellan du roi de France, homme excessivement en honneur auprès de son seigneur et des grands de son royaume, fut pendu à Paris sur le gibet des voleurs. Cette exécution dont la cause fut inconnue au peuple, fut un grand sujet d'étonnement et de murmures » (3).

Les biens du supplicié furent confisqués et la châtellenie de Langeais fut de nouveau réunie à la Couronne. Son fils, Pierre de la Brosse, qui avait été fiancé avec Isabelle de Parthenay, eut la douleur de voir cette condamnation empêcher le mariage qui formait l'objet de ses vœux.

IV

Le désir de mettre en scène Pierre de la Brosse

(1) *Chronique abrégée de Tours.*
(2) *Les Fabliaux de Barbazan,* t. 2, p. 228.
(3) *Chronique de Guillaume de Nangis,* coll. Guizot, t. 13, p. 195.

et sa famille, qui a joué un rôle important au milieu du xiii° siècle, et dont l'histoire se relie assez intimement à celle du château, nous a fait remettre un événement considérable. Langeais eut, à cette époque, l'honneur assurément fort rare d'être le siège d'un concile ecclésiastique.

C'était en 1270. La châtellenie de Langeais appartenait à Alphonse, comte de Poitiers et de Toulouse. Le siège archiépiscopal de Tours, vacant par la mort de Vincent de Pirmil, fut confié à Jean de Montsoreau, prélat plein d'activité, auquel son zèle pour la défense des droits religieux fit encourir la disgrâce de Philippe le Hardi, qui le dépouilla de son archevêché. Afin de porter remède aux divers abus que de précédentes décisions avaient été impuissantes à détruire, Jean de Montsoreau convoqua un concile provincial, à Langeais, pour l'année 1270.

A son appel, on vit arriver les évêques suffragants Freslon du Mans, Gellent d'Angers, de la Verue de Nantes, de Trésiguidy de Rennes, Cabellic de Quimper, Pierre de Vannes, Yves de Saint-Pol-de-Léon, Simon de Clisson de Saint-Malo, de Leshardrieu de Tréguier, Simon de Saint-Brieuc et Mahé de Dol. Les prélats qui n'avaient pu se rendre à l'assemblée, s'étaient fait représenter par un délégué. Il en était de même des supérieurs d'abbaye, pour la plupart bénédictins, tels que les abbés de Marmoutier, de Cormery, de Noyers, de Bois-Aubry, de Turpenay, de Seuilly, et plusieurs autres, ainsi que des abbés cisterciens de la Clarté-Dieu, de Beaugerais et de Fontaines-les-Blanches. La cité, d'une physionomie ordinairement tranquille, prit un air d'animation inaccoutumée. C'était fête au pays, trop habitué à voir seulement des hommes de guerre, que de contempler un défilé de personnages dont les seules armes étaient le rameau d'olivier de la paix. Et puis l'œil pouvait observer à loisir les prélats superbes sur des coursiers bien caparaçonnés, suivis des abbés, au froc plus austère et à la monture plus modeste.

La réunion conciliaire se tint sans doute dans la grande salle de l'ancien château. Elle s'ouvrit par la célébration solennelle de l'office divin, présidé par l'archevêque de Tours, revêtu de riches ornements pontificaux ; la mitre d'or brillait sur sa tête et la croix d'or sur sa poitrine ; il tenait à la main sa crosse étincelante d'émaux et pierreries. Après avoir invoqué les lumières de l'Esprit-Saint, « pour l'honneur et la gloire de Dieu », les membres de l'assemblée rédigèrent quatorze décrets ou canons, qui d'ailleurs ne font guère que confirmer les prescriptions déjà portées précédemment. Ces décrets formulent avec netteté les devoirs des prélats et des autres dignitaires ecclésiastiques, des prêtres et aussi des époux ; ils rappellent les obligations des exécuteurs testamentaires, ainsi que des gens frappés d'excommunication ; enfin il est question de la profession religieuse, des fonctions d'avocats et de juges.

Ces décisions ont l'avantage de nous faire pénétrer dans le détail des mœurs du moyen âge, en nous révélant les efforts tentés par l'Église pour la réforme des abus, l'amendement des classes dirigeantes ou populaires, en un mot pour l'amélioration de l'état social, à ses divers points de vue. Dans la visite de leur diocèse, les évêques ne doivent pas, comme le font quelques-uns, exiger les procurations ou taxes de tournées en argent, mais bien en nature et suivant une sage mesure. Pour couper court aux inconvénients qui résultent des mariages clandestins, ou célébrés d'une façon privée, ceux qui voudront se marier feront bénir leur union par le prêtre devant la porte de l'église. Les clercs veilleront à garder la continence et, s'il leur arrivait quelque défaillance, ils auront soin de ne pas détourner en dons et legs à cet usage ce qui est le bien de l'Église, autrement cette mesure serait frappée de nullité.

Ceux qui ont la charge d'exécuteurs testamentaires se garderont de rien retenir, ni même acheter, par soi ou par autrui, de ce qui est remis à leurs bons soins. Les excommuniés, qui méprisent l'autorité de l'Église et laissent écouler une année sans se soumettre, deviennent incapables de tester et ne peuvent être absous que solennellement et en public, car cette pénalité présente un caractère curatif ou d'amendement. Pour ce qui est de la paroisse, le recteur doit être un vrai pasteur, et non pas un mercenaire qui, dans les dignités ecclésiastiques, considère principalement les avantages temporels ; en conséquence les églises paroissiales, qui requièrent la présence quotidienne du recteur, ne seront pas données *ad firmam* sans le consentement exprès de l'évêque diocésain, qui déterminera la *firma* lui-même, et non pas le recteur.

Le concile de Langeais s'attacha d'une façon toute spéciale à ce qui regarde les ordres religieux, dont le rôle était alors d'autant plus important qu'ils formaient comme la pépinière du clergé paroissial.

Le vieillard, disent les membres du Concile, garde la voie où l'a conduit la jeunesse. Aussi, pour procéder avec la sagesse et la maturité re-

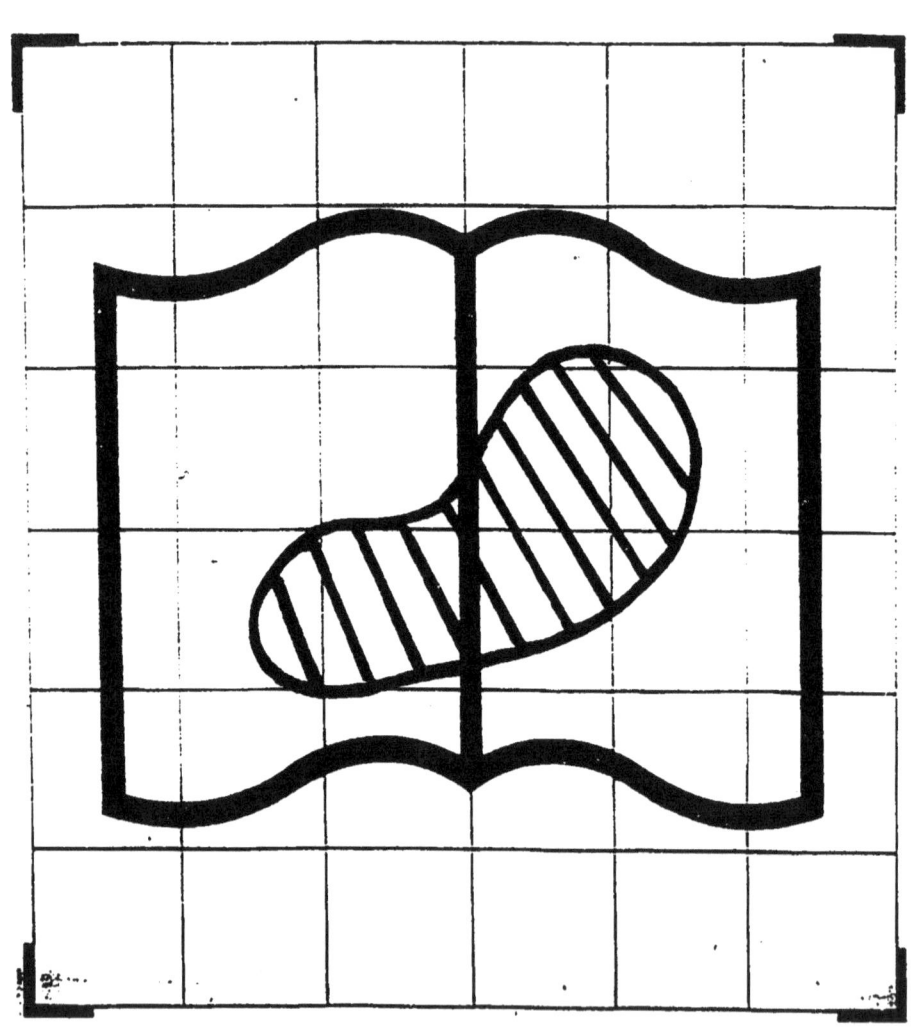

quises, on ne recevra pas dans les prieurés de jeunes moines avant l'âge de dix-huit ans, à moins que l'évêque diocésain n'ait jugé à propos de faire quelque exception. Jusque-là, les novices demeureront dans le cloître pour y être formés par des maîtres expérimentés dans la profession et la discipline propres aux réguliers. A l'exemple du Sauveur, qui a pratiqué la plus généreuse distribution des offrandes entre tous ses disciples, le Concile défend aux abbés et abbesses, prieurs et prieures, de recevoir dans leurs maisons plus de sujets que les moyens du couvent ne permettent d'en nourrir comme il convient. D'un autre côté, les évêques, en raison des dangers de la solitude, veilleront avec diligence à ce que les religieux ne demeurent pas isolés dans les prieurés, qui étaient souvent perdus au fond des forêts, assez loin des voies de communication. La cupidité étant la racine de tous les maux, quand les prieurés vaqueront par la démission, la mort ou le changement des titulaires, les abbés feront en sorte de ne pas dépouiller la maison des objets mobiliers pour les transporter ailleurs dans un autre prieuré, déjà établi ou qu'ils se proposent de fonder.

Les avocats remplissent une charge d'un grand poids pour la société. Avant d'être admis à plaider, ils jureront de ne pas soutenir sciemment des causes injustes et de prêter à leurs clients un concours loyal, dans la mesure de leur pouvoir. Comme il arrive que certaines causes tombent par l'inexpérience des avocats, on ne sera admis à plaider au tribunal ecclésiastique qu'après avoir étudié au moins trois années le droit canonique et civil. Quant aux juges, qu'ils aient sans cesse à l'esprit la maxime de Salomon : « Les dons aveuglent les yeux. » A leur installation, ils feront le serment de ne pas recevoir de présents dans l'exercice de leur charge, d'écouter les causes de bonne foi et de rendre la sentence en ne suivant que le verdict de leur conscience (1).

Le concile de Langeais, dans son labeur accompli sans éclat, venait de rendre un service signalé à la civilisation. Quelque opinion que l'on professe sur les questions religieuses, on ne peut s'empêcher de reconnaitre que ces assises pacifiques des hommes les plus éclairés et, il faut bien l'avouer, les meilleurs de leur temps, constituaient la digue la plus solide opposée aux débordements des mœurs, le phare le plus éclatant au milieu des obscurités de toutes sortes et la direction la plus salutaire donnée aux esprits, aux cœurs et aux consciences. Protecteur de la cité, du *vicus*, l'évêque, le prêtre était comme le veilleur qui, selon les expressions d'un grand poète,

> Pensif et rêveur, ne se mêle aux hommes
> Que pour les désarmer et leur verser son cœur (2).

La châtellenie de Langeais, désormais attachée à la couronne, possédait les divers officiers nécessaires à l'administration ; elle avait notamment un sénéchal, chargé de rendre la justice, et un gouverneur, auquel la garde et la défense du château étaient confiées. Le procureur du roi recevait, au nom du souverain, les déclarations et les aveux des vassaux ; ainsi, l'on voit Geoffroy V, baron de Preuilly et seigneur de la

(1) Maan, *Sanc. et metropol. eccles. turon.*, Appendix p. 67-69.
(2) Victor Hugo, *Année terrible*.

Rochepozay, dont le testament porte la date de 1285, rendre hommage au seigneur de Langeais pour certaines terres situées dans la châtellenie de Châtillon-sur-Indre.

Le XIII° siècle avait porté la France à l'apogée de la gloire dont notre patrie jouit durant le moyen-âge. Dans l'ordre civil, le grand mouvement des communes en développant les libertés municipales formait un précieux contrepoids à l'influence parfois trop prépondérante de la noblesse et du clergé. La religion, désormais assise sur des bases inébranlables, répandait partout les saines et fortifiantes leçons de la morale évangélique.

Le respect des personnes et des propriétés grandissait à mesure que les notions de justice sociale et les germes de charité fraternelle se développaient dans le peuple. Les lettres, les sciences et les arts, unis dans une superbe synthèse, formaient à la France, dont la vitalité comme nation s'affirmait de plus en plus, une éclatante auréole de tout ce que le génie humain peut produire de plus sublime et de plus fécond, dans un de ces élans merveilleux qui constituent les grands siècles historiques. Les diverses provinces groupées autour du drapeau royal étaient bien près de se donner la main dans une sorte de fédéralisme, qui contenait en germe l'idée de patrie, jusque-là faiblement entrevue et imparfaitement comprise.

Le XIV° siècle allait rompre ce magnifique faisceau en déchirant le corps et l'âme de la patrie sous le fer des Anglais dont le poète grec eut dit, dans sa langue imagée, qu'il était « avide de sang français ». En vertu de l'anti que loi salique qui excluait les femmes de la succession au trône, Philippe de Valois, souverain amoureux du faste et des fêtes, succéda à son cousin Charles IV, en 1328. Edouard III, roi d'Angleterre, fils d'Edouard II et d'Isabelle, ellemême fille de Philippe-le-Bel, ne l'entendit pas ainsi et revendiqua, à mains armées, ce qu'il considérait comme son héritage. Ainsi s'ouvrit la guerre de Cent ans, drame lugubre au cours duquel flamboient des dates sinistres telles que Crécy (1346), Poitiers (1356) et Azincourt (1415); mais aussi où resplendissent d'un éclat incomparable des noms comme ceux de Duguesclin et surtout de Jeanne d'Arc, le Chevalier sans peur et la Libératrice sans reproche.

Vainqueur à Poitiers, le prince de Galles (du nom de son apanage), ou prince Noir (de la couleur de son armure), marchait vers le centre et se préparait à franchir la Loire. Dans l'intervalle compris entre cette lamentable défaite et le non moins désastreux traité de Brétigny, la Touraine fut l'objectif continuel des Anglais, ainsi qu'en font foi les registres des Délibérations et des Comptes de l'Hôtel de Ville de Tours. Or, tandis que l'on poussait activement les travaux de défense des remparts de la capitale de la Province, Langeais, grâce à son port et à son château, se disposait à jouer un rôle prépondérant dans cette redoutable partie.

En 1358, la garde du port de Langeais était confiée à Jean du Pont, chevalier, fils d'Aimery du Pont, dont l'épouse était Jeanne de la Grésille. Au mois d'octobre de cette même année, sire Jacques Frémault, d'une ancienne famille de Touraine, et qui, dès 1356, avait le titre de « capitaine et gouverneur des ouvrages faits et à faire au chastel neuf » de Tours, conduisit à Langeais « un chalan », chargé de munitions et d'hommes. A cette occasion, un certain Raoulet Binet fournit quatre cens de clous pour « hourder le chalan » et toucha un tiers d'écu ; et un autre, dit Jean Birom, recevait deux écus « pour la restitution d'une sentine qu'il perdit, qui avait amené pain aux gens d'armes qui étaient avecques messire Johan du Pont »; enfin Martin Houdri recevait pour fourniture de pain, 13 sols 4 deniers. Le directeur des fortifications, Jean de Saint-Donan, fut également envoyé à Langeais avec des gens d'armes dont les dépenses montent à 6 écus 19 s. 10 d. ; ces frais furent payés par Nicolas de Chevreuse, d'une importante famille de Touraine, mêlée à l'administration municipale et alliée aux maisons d'Amboise et de Betz.

Le 8 décembre 1358, Nicolas de Chevreuse signait une quittance de 10 écus 16 sols pour « 3 pippes de vin qu'il a achetées, lesquelles furent envoyées pour la despense des gens d'armes qui étaient de par la ville garder le port de Langès que les ennemis ne passâssent ». En février 1359, on paya 2 écus 4 sols 8 deniers pour la dépense « des notonniers qui alèrent à Langès savoir se ils pourraient recouvrer les chalans des Anglois; » une autre fois on donna un écu et quart à des « notonniers qui alèrent savoir si ils penssent ardoir les chalans que messire Jehan du Pont lessa par les glaz » ; au mois d'avril, Philippon de Saint-Père recevait un *demi écu de Philippe* « pour une livre et demie de poudre canon pour porter devant Langès. » Dans une autre circonstance, on député à cheval, à Langeais et Saint-Mars, les édiles Jean de Brion et Jean Brète.

Cependant les Anglais finirent par forcer le passage et continuèrent d'avancer. Au milieu des désastres répétés, le vaillant Duguesclin, qui était alors à Saumur, parut à nos aïeux le seul capitaine en mesure d'arrêter la marche des envahisseurs. On lui envoya une délégation de la part de l'archevêque, du chapitre et de la ville pour réclamer instamment son appui. Les députés étaient André Gobin et Nicolas Ferri qui, par quittance du 28 mars, touchèrent deux écus pour être allés « à Saumur traiter à messire Bertran du Guesclin, comme il venoist à effort des gens d'armes en Touraine pour délivrer les lieux de Cormeri, de Langès et d'ailleurs » (1).

Selon l'usage alors pratiqué sur les rivières, Langeais jouissait d'un droit de péage sur la Loire pour les marchandises « montant par devant le fort. » Il s'agit sans doute du donjon de Foulques, qui domine le fleuve, à moins qu'il ne soit question d'une construction militaire bâtie au bord de la Loire à l'extrême pointe du coteau dont les eaux baignaient alors la base. Par mandement du 3 avril, Martin Pèlerin alla « porter aux barons l'accord du péage de Langès. » Or, d'autres pièces nous apprennent en quoi consistait cet accord; nous lisons, en effet, dans les mêmes registres : « Recepte de Pierre Jaude, général receveur, de 1111^m moutons à rendre sur le travers de deux moutons sur chacun muy de sel, montant par devant le fort de Langès par la rivière de Loire et de Cher, octroyé pour la délivrance dudit fort sur lesquieux 1111^m moutons, le roy nostre sire a octroyé la tierce partie et donné à la ville de Tours pour convertir en la fortification et clouaison d'icelle » (1361).

(1) *Bulletin de la soc. archéolog. de Touraine*, t. III, p. 160.

Nous voyons intervenir dans cette affaire
« Mgr le mareschal d'Audeheham. » Arnoul
d'Audenham, fait prisonnier avec le roi Jean à
la bataille de Poitiers, reçut la liberté par le traité
de Bréquigny (1360). Cet acte néfaste, on le sait,
cédait à l'Angleterre les provinces conquises;
mais parmi les places fortes désignées par
Edouard III dans le traité et qu'il s'obligea à
évacuer, à la Chandeleur, se trouvait celle de
Langeais De retour en France, le maréchal fut
chargé de surveiller l'exécution des clauses du
traité et, à cet effet, en 1360, il traita avec les
capitaines anglais de Véretz et de la Roche-
posay. L'année suivante, il manda au « receveur
du moutonnage de Langès que, sur sa recepte
qu'il fist de moutonnage, il baille la quarte
partie 1111^m moutons pour mestre et emploier les
dites fortifications. »

Outre Nicolas Chevreuse, dont il a été question, la famille de ce nom comptait encore
Louis, qui épousa Gillette, sœur de Pierre de
Bès, et Pierre de Chevreuse. Ce dernier, marié
à Marguerite, fille de Pierre II Trousseau, était,
en 1363, trésorier de France et, en 1368, conseiller
et maitre d'hôtel du roi. De Jean Turpin et d'Isabelle de Coesmes, Pierre de Chevreuse acheta
une rente de 550 livres, assise sur la terre, prévôté et passage de Langeais. Il la revendit au
roi, par actes des 4 juin, 13 et 27 décembre 1369 (1).

Dans le but de ne pas interrompre ce qui concerne l'invasion anglaise, nous avons omis certains détails que nous devons rappeler ici. Au
mois de décembre 1324, Charles IV, roi de France,

(1) De Villevielle, *Trésor général.* XXVIII, p. 58 — Dela-
ville Le Roulx, *Registres des comptes de Tours*, t. II,
p. 366-8.

avait donné neuf cents livres de rente, à prendre sur les émoluments de la châtellenie de Langeais et de Chinon, à Adrien Chevalier, seigneur de Laval, en faveur d'Eustache de Beauçay sa femme, et de ses enfants.

Un peu plus tard, le roi Charles concéda à Adrien de Laval la faculté de percevoir, sur les bans de la châtellenie de Langeais, les neuf cents livres de rentes qu'il lui avait données précédemment (1). Nous avons parlé plus haut des héritiers de Pierre de la Brosse. Nous ferons remarquer que son petit-fils Pierre fut investi de la charge de gouverneur du château de Loches en 1344 ; l'année suivante, Philippe de Valois lui accorda 30 livres à titre de récompense. Parmi les notables de Langeais, nous mentionnerons, vers 1358, Guillaume Gastineau qui, avec deux autres, paya au receveur de Tours 2400 écus pour « l'imposition de 2 sols pour livre de tout le cuir tanné et à poil, vendu à Tours pour un an ».

Vers cette époque, le prieuré Saint-Sauveur du château perdit son indépendance temporelle au profit d'une puissante abbaye, comme il arrivait d'ordinaire. Ce prieuré, ainsi que nous l'avons vu, avait été fondé par Foulques le Jeune, seigneur de Langeais qui l'avait doté, en 1118, de domaines assez importants, en le concédant à l'abbaye de Toussaint d'Angers. Le service de la chapelle fut rempli avec exactitude ; mais pour rattacher plus intimement la fille à sa mère, par acte du mois d'octobre 1339, le prieuré Saint-Sauveur fut uni à la maison abbatiale. Plus tard (1392), on voit l'abbé de Toussaint affermer à Guillaume Marquet, de « Saint-Lorenz de Langès

(1) Daté d'Angers ; Trésor des Chartes, Registre 72. — D. Housseau, Tome VII, n° 3513, 3515.

sur Loyre », cinq quarterons de terre moyennant une rente perpétuelle de 17 sols 6 deniers.

Cependant notre province n'en avait pas fini avec les Anglais qui n'étaient pas gens à renoncer à leur conquête. A la faveur des misères sous le poids desquelles le pays gémissait, des luttes fratricides des Armagnacs et des Bourguignons et surtout du lamentable traité de Troyes (1420), qui créait Henri V d'Angleterre, roi de France, les soldats d'outre-Manche envahirent le continent, et le petit *roi de Bourges* fut contraint de chercher un asile dans ses châteaux des bords de la Loire.

Suivant un arrêt du parlement de 1422, la châtellenie Langeaisienne était passée aux mains de Thomas Ston, chevalier anglais, qui devint ainsi seigneur de Langeais. Dans le but de s'implanter en Touraine, ce gentilhomme rechercha des alliances dans la région. Une jeune veuve, n'ayant pas atteint la trentaine et d'une situation très en vue, fixa son choix. Isabeau de Goyon, fille de Bertrand de Goyon III et de Marie de Rochefort, venait de perdre son mari Pierre d'Amboise, vicomte de Thouars, d'une famille déjà illustre à laquelle étaient réservées les plus hautes destinées. Thomas Ston demanda et obtint la main d'Isabeau ; il était marié, quand il reçut la châtellenie de Langeais. Devenue veuve une seconde fois, Isabeau épousa, en 1435, Geoffroy de Tremereuc (1).

Les Anglais avançaient toujours. Ils prirent Langeais en 1427, puis se répandirent dans les environs et ravagèrent la campagne jusque sous

(1) P. Anselme, *Hist. généal. de la maison de France*, t. V, p. 381.

les murailles de Tours. Au mois de juillet, le comte d'Harcourt et d'Aumale, seigneur de Châtellerault, tant en leur nom propre qu'au nom de plusieurs autres seigneurs qui guerroyaient au loin — parmi lesquels Jean de Bueil — proposèrent une entente aux élus de la ville de Tours ; leur but tendait à réprimer « les pilleries, » exercées par les Anglais. Le principal quartier-général de ces bandes d'outremer était le château de Langeais. Le chef de la garnison, nommé Albaron Sabbat, se faisait remarquer par son amour du pillage au point de terroriser à la fois les populations de la Touraine et de l'Anjou.

La proposition d'entente, discutée le 24 juillet, allait être acceptée, quand deux jours plus tard, le connétable de Richemont, qui se trouvait à Chinon, donna avis qu'il venait de faire « un appointement » avec Sabbat et ses compagnons.

L'arrangement portait que le redoutable capitaine anglais recevrait 25 pièces de vin, 50 muids de blé et d'avoine, et 25 fortes pièces de harnois. A ces conditions, le chef et ses hommes consentaient à aller chez de Bueil, à Courcillon et à la Marchère, où ils seraient ravitaillés.

De son côté, de Bueil devait occuper Langeais, par lui-même ou par ses gens. Au mois d'avril 1428, de Bueil avait quitté Langeais et cette place était aux mains d'un autre chef de bande, nommé Ferrand de Caille. L'impuissant Charles VII conseilla aux habitants de la Touraine d'acheter leur sécurité à prix d'argent. Par suite de l'avis du roi, le 6 octobre 1427, le corps de ville décida de donner 2.000 écus d'or au capitaine qui commandait la garnison de Langeais, et 500 écus au commandant de Roche-Corbon pour qu'ils quittent ces deux places. Le traité porte que « sera le chastel rasé et abattu, excepté la grosse tour ; cela fait tous pilleurs et robeurs seront prins et justice faite. » (1)

Il est vrai que les Anglais n'étaient pas seuls à mettre les gens à contribution et que les troupes du roi de France rançonnèrent plus d'une fois la région, à l'instar d'un pays conquis. A la fête de saint Denys 1425, Pierre, bâtard de Culans, à la tête de deux cents cavaliers, occupa le monastère fortifié de Bourgueil et le tint deux ans et neuf mois pour le compte de Charles VII. « Oh douleur ! s'écrie le chroniqueur, tandisque ce gentilhomme occupait ainsi toute la vallée depuis Angers jusqu'à Langès, entre la Loire et le Loir, il dévasta presque tout et accomplit dans le couvent d'irréparables désastres (2) ! »

Par bonheur dans cette nuit sans étoiles, éclairée seulement par la flamme lugubre des incendies, du haut de la forteresse de Chinon, on vit briller, en la personne de l'héroïque Jeanne d'Arc, l'aurore de la délivrance dont les rayons firent tressaillir jusqu'au fond de l'âme les populations, humiliées sous le joug de l'étranger. La ville de Langeais, qui avait senti si vivement les douleurs de l'invasion, ne fut pas la dernière à se réjouir de l'éclat du triomphe, qui remettait la France en pleine possession d'elle-même.

Au milieu du XV siècle, Langeais donna plusieurs fois l'hospitalité à des personnages d'un rang considérable. Le duc Pierre de Bretagne, frère et héritier de feu François de Bretagne,

(1) Archives de la Mairie, *Registres des délibérations.*
(2) A. Salmon, RECUEIL DES CHRONIQUES DE TOURAINE, *Chronicon Monasterii Burguliensis*, p. 41-42.

se trouvait dans cette localité le 20 juillet 1455. On y voit également le puissant amiral Jean de Bueil, seigneur d'un grand nombre de domaines entre autres de Montrésor, Marmande, Faye, Ussé, Saint-Michel et Vaujours, où il résidait plus ordinairement. A cette époque, les élus de Tours se proposant d'envoyer à Bourges des lettres pour le bailli de Touraine et M. de Montsoreau, il fut décidé qu'afin de le prier de s'en charger, « l'on ira vers M. de Bueil à Langès, lequel s'en va devers le Roy » (1).

(1) Archives de la mairie de Tours, *Reg. des délib.*, t. x. — *Le Jouvencel, Introduction*, par M. Fabre.

V

LA RENAISSANCE

I

Charles VII, une fois débarrassé des Anglais, tourna ses soins vers la réglementation des affaires intérieures, en particulier des questions juridiques. Si l'on considère le droit dans son évolution, depuis les origines de la nation française jusqu'à nos jours, on remarque qu'il embrasse comme trois phases nettement distinctes. Il a été successivement varié et sans rédaction officielle, durant le moyen âge ; varié mais avec une rédaction, depuis la publication des Coutumes au xv° siècle jusqu'à la révolution ; enfin rédigé et uniforme, depuis le Code dû aux soins de Napoléon Ier et de ses collaborateurs. La variété infinie des Coutumes qui, dans chaque province, réglaient les rapports entre les citoyens, était une porte perpétuellement ouverte aux différends de nature à troubler la famille, la propriété et l'Etat. Le texte de ces Coutumes, manquant d'ailleurs de précision, était trop souvent soumis à l'arbitraire des gens chargés de rendre la justice. Une rédaction écrite et officielle permettrait de mieux observer les vices de la législation et inspirerait peut-être la pensée de l'améliorer en la mettant plus en rapport avec le progrès des mœurs, sensible au milieu du xv° siècle.

Charles VII était à Montils-lès-Tours, depuis le Plessis, quand, au mois d'avril 1453, il rendit une ordonnance autorisant les officiers de judicature à s'assembler à Langeais pour rédiger les Coutumes, styles et usages de Touraine. Il se propose d' « abréger les procès et charges des subgez ; » car, par suite de la « variacion et contrariétés » des Coutumes, il arrive que « les procès sont souventefoys allongés et les parties constituées en grans fraiz et despenses » ; de la sorte aussi les juges en jugeront mieux et plus certainement. Après la rédaction, il sera défendu à tous les avocats et juges d'alléguer « aultres coustumes usages et stilles que ceux qui seront escripts. »

Aussitôt après l'ordonnance de Charles VII, les jurisconsultes de Touraine se mirent à l'œuvre, et « sur le fait des coustumes de Touraine y fut besoigné par ceulx de Chinon, de Loches », et surtout par ceux de la ville de Tours (1).

Une commission de juristes fut formée, sous la présidence de Baudet Berthelot, conseiller du roi et lieutenant-général du bailli de Touraine et des ressorts et exemptions d'Anjou et du Maine, « commissaire du roy en ceste partie ». Cette commission, chargée du texte de la Rédaction

(1) Archives de l'Hôtel de Ville de Tours, *Registres des délibérations*, t. X, (1447-1462).

des Stilles et Coustumes de Touraine, se composait des « honorables hommes et saiges » Pierre Godeau, lieutenant au bailliage, de Tours, Jean Avandeau, lieutenant au siège de Chinon, René Dreux, procureur royal, Jean Dargouges, conseiller et avocat, Jean Loppin, Nicole Chauvet, Mathurin Burges, François Bernard, Jean Pasteau, Jean Peslieu le jeune, licencié-ès-lois, et Guillaume Papuineau. Tous ces délégués, qui étaient conseillers et avocats au bailliage, avaient été élus par les « prélas, chappitres, couvents des églises, barons, habitants des villes » dans le but de donner « leur oppinion, advis, conseil et delibéracion » au sujet de la rédaction projetée (1).

Le rôle principal fut confié à Baudet Berthelot, dont la science du droit n'avait d'égal que le désintéressement. De mœurs simples et de goûts modestes, il vécut sans se soucier de la fortune. Parvenu à « bien ancien aage par quoy ne pouvoit rien gagner », il fut réduit à voir son fils, Pierre Berthelot, invoquer auprès du corps municipal, « les services qu'il (Baudet) avoit autrefois faict à la ville, mesmement qu'il avoit occupé à faire les *Coustumes du païs de Touraine*, dont il n'avoit jamais esté salarié. » A cet effet, il demandait à être déchargé de l'imposition de 400 livres, dont 100 livres pour la taille et 300 livres « pour les ouvriers des draps de soye », appelés à Tours par Louis XI ; le Conseil répondit en faisant droit à la requête (2).

Langeais fut choisi comme le siège de la réu-

(1) Bibl. de Tours, *Fonds Taschereau*, N° 133.
(2) Archives de l'Hôtel-de-Ville de Tours, *Registres des délibérations*.

nion de l'assemblée, « pour ce que c'est ung lieu d'entre les devans des pais et où y pourront besoigner. » Outre Baudet Berthelot et les hommes de loi qui collaborèrent à la rédaction préparatoire, on vit arriver l'élu Gilles de Brion, et les membres du conseil de Tours et de Chinon, avec le procureur royal d'Amboise et « grant nombre de gens. » D'après la teneur d'une délibération municipale, rendue par les édiles de Tours, les députés « y ont fait grant despense et y ont esté par longtemps telment que les coustumes ont été parachevées de faire » ; entre autres frais, on remarque une mise de 20 livres « sans les chevaux des dessus dicts de Tours. » Nous ne parlons pas des « seigneurs chastellains et aultres seigneurs du dict pays, duchié et baillage de Touraine à ce appelés pour assister, oppiner, adviser, conseiller pour faire rédiger et mectre par escript les dictes coustumes. » (1)

Nous sommes au printemps de l'année 1461. Quelle agitation extraordinaire dans la petite ville ! La population Langeaisienne est toute entière sur pied pour voir arriver les délégués de l'assemblée qui formera comme les Etats-Généraux des trois ordres de la province. Le renom de quelques-uns des principaux personnages, les aventures étranges que la voix publique, toujours en quête de faits à sensation, met sur le compte de tel grand seigneur ou de tel prélat, la curiosité éveillée par la vue des costumes des diverses classes, en un mot ce je ne sais quoi qui, pareil à un levier puissant, soulève à certains jours une ville entière dans l'attente d'un événement inso-

(1) *Registres des comptes*. — Procès-verbal des coutumes, fonds *Taschereau*, N° 133.

lite, avait groupé une foule nombreuse aux fenêtres, sur le seuil des portes, le long des voies, sur les places, et surtout aux abords de la salle où devait se tenir l'assemblée.

On ne saurait imaginer rien de plus pittoresque que le défilé, d'une allure solennelle, au travers des rues étroites et à l'ombre des pignons de bois ou de pierre qui surplombent sur le devant On voit s'avancer tour à tour les seigneurs et gentilhommes en pourpoint de velours ou de satin richement brodé, des prélats, doyens de chapelle et supérieurs de couvent dont le vêtement plus grave s'accommode bien d'ailleurs de parements parfois plus en harmonie avec les goûts mondains qu'avec l'esprit évangélique; puis les magistrats et les gens du roi et du tiers dans leur toge pleine de gravité ou leur vêtement de drap, qui offre plus d'un rapport avec notre moderne costume. On se presse sur leurs pas, on se montre le fier baron de tel endroit, le vaillant chevalier qui, en maintes circonstances, a tenu ferme l'épée de la France; mais surtout la foule toujours avide d anecdotes piquantes, se plaît à souligner de ses chuchotements significatifs le passage de l'auteur de quelque aventure romanesque.

Les délégués des trois ordres prirent rang dans la grande pièce du château, ceux du clergé et de la noblesse sur des estrades, à droite et à gauche des gens du roi, et ceux du tiers sur le pavé de la salle. Le caractère et les limites de ce travail ne nous permettent pas d'entrer dans le détail des coutumes; pourtant nous ne saurions nous dispenser de pénétrer dans la salle de l'assemblée et j'allais dire de noter certains points de nature à fournir une idée de la législation de cette époque, notamment en Touraine. La première partie, dite Stilles, comprend tout ce qui regarde la procédure juridique depuis les « ajournemens » ou citations à comparaître, jusqu'aux devoirs des tabellions et notaires; la seconde partie, sous le titre de « coustumes et usaiges », embrasse ce qui concerne les droits et devoirs féodaux, la propriété et sa transmission, ainsi que le code pénal et son application.

A l'ouverture, le notaire de l'assemblée lut un à un les articles de la Rédaction, puis le président recueillit les observations des délégués. Ces articles se réfèrent aux droits de basse, moyenne et haute justice, aux épaves nobiliaires, droits de châtellenie, de baronie, de péages et coutumes, de loyaux aides et de garde, de fautrage et préage, de ban à vin. Puis il est question des hommages, des rachats et ventes, des héritages, de la prescription, des servitudes et des hypothèques, de la communauté de biens, des donaisons et successions diverses, douaires, baux, tutelle, émancipation, enfin des délits et des peines. Le lecteur est arrivé aux droits du seigneur châtelain et, comme Langeais forme une châtellenie, nous allons transcrire la teneur du paragraphe :

« Les droits du seigneur chastelain sont tels que, en sa terre et seigneurie, il a haulte justice, moyenne et basse et peut bannir et non rappeler. Aussi des droits de fouretz, collèges, foires, aumosneries, maladreries, sceaulx de contraulx, droit de peage du longe, du travers et droit de prevosté en sa terre, chastellenie et seigneurie, à la congnoissance des grands chemins et des cas commis en iceulx. Et doivent lesdits grans chemins avoir seze pieds de large, et le boyman (voisinâu ou vicinal) huit piés.

« Le seigneur chastellain a droit de police, faire bans, cris, proclamacions en sa ville, mettre et induire peine sur ses subgects selon la qualité du cas. Aussi mettre aulne, poys, balance et crochés et seront tenus ceulx qui ont droit de cep à poix et mesures, de présenter leur dit cep à la justice du seigneur suzerain dont ils sont subgés une foys à la vie du seigneur qui a celui droit, et ad ce qu'ilz ne puissent estre creus ne diminués, et a droit d'instituer arponteux et mesureux. Le seigneur chastellain est fondé d'avoir chastel et peut avoir justice patibulaire à troys pilliers garnis de liens par dedans et par dehors. Tous vendens drap en détail les aulneront par le fest sur peine d'amende arbitraire (1) ».

Quant au baron, pour porter ce titre il devait avoir « soulz luy plusieurs chastellenies ou deux pour le moins, et est fondé d'avoir ville close, collège, abbaye, ou prieuré » et « justice patibulaire à quatre piliers ».

L'espace ne nous permet pas de descendre au détail de cette législation, qui offre des points fort intéressants, mais nous tenons à donner quelques indications sur la criminalité. « Qui fait ou forge faulces monnoyes doit estre trainé, boully et pendu en la maison où elle forgée. — Femme qui tue son enfant par malice et à son essiant doit estre arse et bruslée. — Pour bateures énormes faites au sergent royal en faisant son exploit en doit avoir le poing coupé. — En crime de lèze magesté et d'hérésie, le crimineulx con-

---

(1) On peut avoir une idée du prix des denrées à cette époque, par le chapitre des rentes. On y évalue le setier de froment, mesure de Tours, à 10 sols, le setier d'orge 5 s., d'avoine 3 s. 9 d., de seigle 7 s. 6 d., l'oie 10 d., le chapon 10 d., la géline 8 d., le poussin 3 d.

fisque corps et biens. — Crocheteux aussi larrons qui ont fait briz doivent estre pendus et estranglés. — Le domestique qui fait furt à son maitre sans briz, si ledit furt est de vingt solz et au dessus doit estre battu par les carrefours pour la première foiz. — Notaire ou aultre commectent crime de faulx doit estre pillorizé et privé d'office de notaire et condempné en amende arbitraire. — Le corps de celuy qui se fait mourir à son essiant doit estre trainé et pendu s'il est homme; et la femme doit estre enfouye, déclaracion premièrement faite qu'il s'est fait mourir à son essiant ».

Par une antithèse assez dans les habitudes de l'époque, la clause pénale qui termine les *Coustumes*, est suivie de la formule finale «Deo gratias,» avec la signature des officiers et des gens de justice, qui approuvèrent la rédaction, le 13 mars 1460 (a. s.) De ces Coutumes on fit deux « grosses en parchemin, » dont l'élu de la ville, Gilles de Brion, emporta un double, et les gens du conseil royal, l'autre double.

Les premiers exemplaires imprimés de cette coutume sont devenus extrêmement rares. La bibliothèque de Tours possède un petit imprimé in-4°, en caractères gothiques, de 59 feuilles qui parait être la première édition; selon la remarque de l'érudit collectionneur feu M. Taschereau, naguère administrateur de la bibliothèque nationale, duquel provient cet exemplaire, les caractères et les abbréviations portent à croire « qu'elle a été imprimée avant la fin du xv° siècle ». De son côté, la bibliothèque de Rouen renferme un manuscrit sur parchemin, qui est peut-être le seul exemplaire à la main existant à cette heure. Il est en écriture gothique du xv° siècle, avec quelques initiales ornées dans le goût du moyen âge (1).

Cette rédaction ne fut pas appliquée d'une façon si rigoureuse qu'elle ne laissât subsister quelques usages particuliers. D'ailleurs, par suite des nécessités et des intérêts nouveaux, elle fut l'objet de réformes. La première, faite en novembre 1507, fournit à nombre de seigneurs, à commencer par l'archevêque, l'occasion de protester en faveur de leurs droits et immunités qu'on semble vouloir méconnaître. Il fallait du temps pour que la législation laissât pénétrer un peu de cet esprit d'égalité et de solidarité qui brilla plus tard, et qu'on tend à détruire à force de le transformer en une sorte de niveau de fer.

La seconde réforme fut accomplie dans une assemblée tenue à Tours sous la présidence de Christophe de Thou, président au Parlement, et, après plusieurs séances, la nouvelle Coutume réformée fut publiée solennellement le 13 octobre 1559.

Dans l'une et l'autre assemblée, certains seigneurs revendiquèrent avec ténacité ce qu'ils considéraient comme leurs droits particuliers, d'ailleurs toujours en harmonie, prétendent-ils, avec « le bien public. » Que d'abus nés ou entretenus sous le fallacieux couvert du prétendu bien public! Parmi ces anciens droits il en est un, celui du pacage commun dans la prée ou prairie, qui s'exerce encore de nos jours au pro-

---

(1) Le volume de la Bibliothèque de Tours comparé avec le manuscrit de Rouen, a été publié et commenté avec le savoir approfondi qui le distingue, par M. d'Espinay, ancien conseiller à la Cour d'Angers, dans son ouvrage la *Coutume de Touraine*, qui fait partie des *Mémoires de la société archéologique de Touraine* (1888).

fit des habitants de Langeais. Nous le trouvons inscrit dans la Coutume de 1507, puis de 1559, en faveur du seigneur de Langeais, qui le tient de ses prédécesseurs comme un droit important dans ce pays riche en pâturages.

Le dernier paragraphe de la Coutume, sous le titre *Les Escluses*, porte : « Par la coustume locale de la chastellenie des Escluses, combien que par la coustume générale ne soit permis, de mettre les bestes à prairies jusques au huitième jour de mars, ce néantmoins il a droit de mettre depuis le dit huitiesme jour de mars jusques au quinzième jour d'avril, ou faire mettre, en sa prairie du dit lieu des Escluses estans à Langès bestes au maille et chevaline, aussi brebial en toute sa dite chastellenie ; et pour chacune beste au maille et chevaline prendre et avoir quatre deniers tournois, et pour trois moutons ou brebis un denier tournois, le tout payable à sa recepte dudit lieu des Escluses au jour de Pasques fleuries, qui est devoir annuel et seigneurial.

« Combien que par la dite coustume générale, il soit dit que celuiz qui a droit de fautrage et préage, il le doit tenir en sa main sans l'affermer, à la charge de garder les prez du dit fautrage et faire toucher les bestes de pré en pré sans intervalle : néantmoins ledit seigneur des Escluses a droit seigneurial de mettre ou faire mettre en sa dite prairie des Escluses trois juments avec leurs poullains et poultres de l'année ; lequel droit il et ses prédécesseurs ont toujours affermé ou autrement tenu en leur main, ainsi que bon leur a semblé.

« Et n'est luy ou ses fermiers tenu toucher ou faire toucher les dites jumens, mais seulement est tenu son sergent prairier les remuer depuis qu'elles ont été quinze jours devers la boere appelée la Boire des Hayes et icelles mettre et mener en icelle prairie du côté appelé la Marotte, auquel lieu ils sont trois semaines, et puis remises de l'autre part du côté desdites hayes. Toutesfois lui ou son dit fermier ne changent les premières jumens mises en icelle prairie. »

L'assemblée des Etats provinciaux de 1559 pour la Réforme de la Coutume de Touraine réunissait les députés du clergé, de la noblesse et du tiers. Parmi les délégués du clergé, nous remarquons « M. Gilles Berthonneau, curé de Saint-Jean de Langès, présent ; M° P. Le Beau, curé de Saint-Laurent de Langès, présent par M° Jean Sourvyn, son procureur », qui le représentait. Dans les rangs de la noblesse se voyaient « René de Laval, seigneur baron de Maillé et chastelain de Rochecorbon, Bénestz et les Escluses », représenté par son procureur de la Folie, et Guy de la Gaubertière, seigneur de Bresne présent. Au nombre des officiers du roi paraissent « M. Antoine Damarron, lieutenant du baillif de Touraine au siège de Langès et Mathurin Nau, juge de la prévôté du dit lieu. » Pour ce qui est du tiers-état, autrement dit « les manans et les habitans de Langès », il avait délégué Denis Groslard, procureur de la fabrique, assisté de Mathurin Nau, dont il vient d'être question.

II

Malgré la sérénité qui y règne d'ordinaire, nous devons quitter le palais de Thémis, où nous avons été conduits par le désir d'exposer ce qui se rapporte à la Rédaction des Coutumes, et revenir au château lui-même. Jusqu'ici la forteresse de Foulques Nerra, modifiée durant le moyen-âge, a été le pivot de l'histoire de Langeais. Voici que, sur le même coteau, mais plus à l'est, va s'élever un château-fort d'un aspect formidable dont les épaisses murailles défieront la dent du temps — *tempus edax* — aussi bien que la main des hommes, et qui continue de se dresser sous nos yeux dans son austère beauté. Il était réservé à Louis XI, le monarque le plus moderne de l'ancien régime, de décréter la construction de ce château. Le soin de le faire bâtir en qualité de gouverneur devait être le fait du ministre Bourré.

Jean Bourré, né à Château-Gontier vers 1425, avait été distingué pour ses qualités par le dauphin, depuis Louis XI, qui le tenait à son service dès 1447 et l'emmena avec lui à la cour de Bourgogne. Arrivé au trône, Louis XI fit de Bourré son confident intime et lui donna la charge de secrétaire avec « ses gages ordinaires de dix sols parisis par jour, et dix livres parisis par an, pour manteaulx, avec les bourses ordinaires et les collacions au dit office appartenant » (1).

Bourré accompagna le roi dans ses nombreux voyages et reçut la qualité de contrôleur des finances de Normandie et de maître des comptes; à ce titre, son nom fut mêlé à la plupart des opérations importantes du règne de Louis XI qui, pour le récompenser, lui donna des lettres de noblesse, au mois de novembre 1465.

C'est précisément l'époque où Jean Bourré ob-

(1) Marchegay, *Jean Bourré gouverneur du Dauphin.*

tint la capitainerie de Langeais durant laquelle fut bâti le château actuel. Louis XI, dont la résidence du Plessis offrait l'aspect à la fois imposant et pittoresque que donne la brique mêlée à la pierre, avait résolu de doter Langeais d'un château-fort qui, comme par une de ces ironies dont le roi était coutumier, fut pour ainsi dire le dernier écho des robustes donjons du moyen-âge et le chant du cygne de la féodalité expirante. Les châteaux-forts de Chinon et de Loches mettaient le souverain à l'abri contre toute tentative venant du midi ; il lui convenait de se couvrir du côté de l'ouest, par un rempart quasi inexpugnable. Délaissant le sommet du coteau sur lequel Foulques Nerra avait établi son redoutable donjon, Louis XI résolut de se rapprocher de la Loire, sillonnée de blanches voiles, de la petite cité animée par le labeur des hommes, sans négliger toutefois — il était trop prudent pour cela — d'asseoir le château sur un point dominant avec d'épaisses substructions, et de l'entourer de larges douves qu'alimenterait l'eau de la Roumer.

Jean Bourré était apte autant que nul autre à présider comme capitaine à la direction de ces travaux. Il avait pour les arts et pour les artistes un culte qu'il avait développé durant son séjour en Bourgogne et en Flandre. Il ne le cédait en rien à ses collègues et amis, l'historien Philippe de Commines et Etienne Chevalier, avec lequel il remplit diverses missions et dont le nom est resté attaché au célèbre Livre d'Heures enluminé par Jean Foucquet, actuellement un des joyaux de la galerie de Chantilly. Le gouverneur de Langeais fit-il appel, pour son propre compte, au talent de l'incomparable miniaturiste ? Nous l'ignorons;

ce qu'il y a de certain c'est qu'on le voit acheter divers manuscrits (1), et qu'il a laissé un cachet tout particulier sur les monuments bâtis sous sa direction.

L'épouse du capitaine de Langeais était Marguerite de Feschal, à laquelle il s'unit le 8 novembre 1463, et qui fit paraître les qualités les plus solides. Femme sérieuse, elle étendait sa vigilance à tous les soins du foyer domestique; châtelaine entendue dans les travaux en apparence les plus étrangers à son sexe, elle suppléait son mari absent pour la surveillance des ouvrages de construction, comme il paraît pour l'étang et la cour du Plessis, dont il sera question plus loin.

La mère surtout portait au cœur les sentiments de la plus délicate tendresse. Il y avait huit ans que Marguerite de Feschal souhaitait répondre à l'affection de son époux par la naissance d'un enfant. Enfin ses vœux sont exaucés, et elle en écrit vite à son mari dans des termes d'une charmante simplicité, à laquelle notre temps n'est pas accoutumé : « Monsieur mon amy, je vous envoye ce présent porteur pour vous porter des nouvelles dont je croy que vous ne serez point courrouzé, car je ne eu oncques si grant envie que retournassiez par deçà, comme je ay de ceste heure. Je me aperceu que mon enfant bougeoit, mais il a touzjours bougé si peu que je ne vous ousoye encore faire savoir : mais, Dieu mercy, il continue toujours de mieulx en mieulx. Dieu nous en envoye joye à vous et à moy, et plust à Dieu que vous fussiez ici, affin que le sentissiez aussi bien bouger. Monsieur, plaust à Dieu que

(1) L. Delisle, *le Cabinet des Manuscrits de la Bibliothèque nationale*, II, 313. — *Bibl. de l'Ecole des Chartes*, 1883, p. 441.

vous fussez par deczà et ne deussez vous estre que ung jour, car il me semble que seriez bien joyeux, Dieu merci et Nostre-Dame du Puy qui vous doint parfaite joie de ce que nous désirons. Je me troulve mieulx que je ne vous avoye aprins, mez touzjours au matin je tire du cueur ; et si je ne puys aymer le vin, et me trouverez bien maigre, car je ne trouve appétit que en toutes mauvaises viandes, combien que depuis deulx ou troys jours, je commence à avoir meilleur appétit. » Puis, toute préoccupée de préparer l'arrivée du désiré, elle ajoute en terminant : « Je vous prie que me envoyez deux aulnes et demye de drap, je ay grant envie de en avoir pour une petite robe, et me envoyez une aulne de velours à la doubler. » (1)

L'enfant reçut le nom de René à sa naissance, qui fut suivie de celle d'une fille et de deux autres garçons que leur mère entoura des soins les plus délicats. Marguerite de Feschal suivait parfois son mari dans les résidences royales où le conduisaient ses affaires. Partout elle était comblée de témoignages de sympathie. En 1461, comme elle se trouvait à Amboise, la ville décida qu'à la femme de Bourré, en même temps qu'à celle de M. le général sire Guillaume de Varie, « il soit donné du linge ouvré du plus bel et honorable qui se pourra trouver, jusqu'à la valeur d'un marc d'or. » (2)

A mesure que Jean Bourré gagnait davantage la confiance de Louis XI, par ses « bons, très grans, loyaux, agréables et continuels services », les dignités lui arrivaient comme à foi-

(1) *Bibliothèque de l'Ecole des Chartes*. 1883, t. 43, p. 439-440.
(2) *Archives d'Amboise* BB, 2.

son. Il fut honoré des titres de secrétaire en la chambre des comptes de Dauphiné, secrétaire et contrôleur de la chancellerie dauphinale, notaire et secrétaire du roi, contrôleur de l'audience de la chancellerie de France, contrôleur de la recette générale des finances de Normandie, enfin de ceux de conseiller et chambellan du roi, maître de ses comptes, greffier du grand conseil, trésorier de l'ordre de Saint-Michel, trésorier de France, président des comptes, capitaine des châteaux de Langeais, de Montaigu et d'Angers.

Il semble que la fortune, d'ordinaire si capricieuse, s'ingéniait à complaire à Jean Bourré et à lui sourire avec abandon. Après la mort du roi René d'Anjou, en 1480, il reçut de Louis XI la plupart des biens que le défunt possédait dans la capitale de son comté, afin, dit le souverain, de « l'eslever, augmenter, accroître en biens, honneur et chevance, à ce qu'il cède un exemple à tous nos serviteurs. » Aussi, parvenu à un âge déjà avancé, en 1474, au lendemain de sa nomination au poste de trésorier de France, Bourré se plaisait-il à écrire au roi : « Dès le premier jour que je viens à vous, je me délibéré de vous servir loyalement et de n'avoir point deux maistres, et en ce propos ay toujours esté et maintenant que je suis vieil, je seroie plus que foul si je vouloye faire le contraire. Je ne trouveroye en pièce un maistre qui me feist les biens que m'avez faict et faictes ; je prie à Dieu que, quant je vous feré faute sciemment pour qui que ce soit, que le col me puisse je rompre. » (1)

Au rapport d'un homme qui fût presque le contemporain de Bourré, celui-ci « a édifyé et fait

(1) *Bibliothèque de l'Ecole des Chartes*, p. 446.

construire de forts beaulx chasteaux et maisons de plaisance, comme Langès, Longué, Jarzé, Vaulz, Couldray et Antrammes, près Laval ; » les uns pour le compte du roi, comme Langeais, et les autres, en son propre nom.

Au premier rang des habitations que Bourré construisit pour son usage, il convient de placer celle de Plessis-du-Vent, qui prit le nom de Plessis-Bourré. Cette terre, qu'il acheta le 26 novembre 1462, de Charles des Roches, sieur de Sainte-Maure, au prix de 7,000 écus, il l'embellit d'un château « l'ung des plus aisés, pour ce qu'il contient, et mieulx bastis de France. » Les travaux qui paraissent avoir commencé vers 1468, approchaient de la fin pour le gros œuvre, en 1472, époque à laquelle Bourré confiait à Jean Belotin maître vitrier de Tours, le même sans doute qui travailla pour Langeais, le soin de fournir « toute la vairrerie du grant corps de sa maison du Plesseys, tant audit corps que es ditz tours et retraiz » en verre de Berçay, forêt du Maine, pour la somme de 140 écus.

Le château de Plessis-Bourré offre la plus frappante analogie avec celui de Langeais pour la disposition générale, la structure et la forme des tours, en un mot pour la conception de l'ensemble et des détails.

Il a la forme d'un rectangle; la façade du nord au sud a 59 mètres, et celle de l'est à l'ouest, 68 mètres. Les murs formés d'un noyau de moëllon avec revêtement de tuffeau, atteignent jusqu'à 2 mètres d'épaisseur. Il est entouré de larges douves dont les berges en maçonnerie forment un promenoir. A chaque angle s'élève une tour ronde ; celle du sud-est forme un donjon couronné de machicoulis qui porte le corps de garde, avec fenêtres à meneaux surmontées d'un lambel et lucarnes à pignon ornées de choux. A l'angle de la cour, qui a 1,300 mètres de superficie, est une tour à laquelle touche la chapelle de Sainte-Anne, qui se détache sur la façade de l'est avec son pignon et de hautes fenêtres à meneaux quadrilobés: la chapelle était décorée naguère de vitraux figurant une *Assomption de la Vierge* avec les portraits de Bourré et de sa femme. Cédée par Mme de Terves au peintre Berton pour prix de deux portraits, cette intéressante verrière mérite assurément que l'on recherche ses traces. Dans un bois voisin s'élevait une autre chapelle, dédiée à Saint-Gervais et qui fut bénie en 1470 (1).

Quand le château de Plessis fut terminé, par un sentiment bien naturel Bourré souhaita faire à Louis XI les honneurs de sa maison. Le roi, après lui avoir exprimé le regret de ce qu'il n'a pas encore « visité son beau chasteau, nouvellement basti, et dont on lui racontait des merveilles », promit à son secrétaire de s'y rendre à l'occasion de son prochain pèlerinage à N.-D. de Béhuard. Le prince tint parole et se trouvait au château le 27 août 1472, ainsi que le prouve un acte daté de cet endroit.

Nous n'avons pas à entrer ici dans le détail de la vie de Bourré. Qu'il nous suffise de faire remarquer qu'il eut la confiance des rois Charles VII, Louis XI et Charles VIII, sous lesquels il occupa les postes les plus considérables. Louis XI, l'employa soit à négocier les affaires diplomatiques difficiles, soit à traiter les ques-

---

(1) On trouve dans Gaignières des représentations du château (5 dessins) t. VII, p. 67-68; d'autres dans Ballain, ms. 867, p. 372, et dans Berthe, ms. 896, t. II, p. 29-30, avec un plan.

tions financières les plus complexes, soit à diriger l'exécution des œuvres d'art qu'il se plaisait à commander ou à offrir. Bourré surveilla les travaux du château d'Amboise, de l'église de Cléry et plus particulièrement du tombeau que le roi s'y faisait préparer (1). Il fit exécuter par un orfèvre la ville d'argent, du prix de 1,200 écus, que Louis XI donna à N.-D. de Cléry, et une autre semblable pour la collégiale Saint-Martin de Tours (2). Le témoignage de confiance le plus élevé qu'il reçut du roi fut d'être chargé de l'éducation et de l'instruction du dauphin, nourri à Amboise. Divers détails que l'espace ne nous permet pas de donner ici, prouvent que le gouverneur ne négligea aucune des minutieuses prescriptions du roi qui descendait aux moindres circonstances. Louis XI va jusqu'à s'occuper, pour ce débile enfant, des détails de la nourriture et du vêtement, à propos duquel il faudra veiller « en manière qu'il n'y oust rien mouillé, ni gasté (3) ».

Charles VIII, devenu roi à son tour, se plut à reconnaître « la grande occupation que Bourré a eu au service de son père, et aussi, ajoute-t-il, à l'entour de nous, dauphin à Amboise, où il est resté l'espace de cinq ans et plus. » Bourré fut appelé par Anne de France, dame de Beaujeu, à faire partie du conseil de régence, tandis que sa femme recevait de la régente la garde des bijoux (1487).

Le soin des affaires publiques ne faisait pas

(1) Lettres de Louis XI à Bourré.
(2) Lettres de Louis XI à Bourré, du 19 mai 1471 et de septembre 1472.
(3) Marchegay, *Bourré gouverneur du Dauphin.*

négliger à Bourré la sage administration de ses domaines qu'il aimait à embellir d'objets d'art. Pour orner la chapelle de son château de Jarzé, en Anjou, dans laquelle il fonda une chapitre vers 1500, Jean Bourré commanda un ouvrage de sculpture à Louis Mourier. L'artiste, son travail achevé, en écrivit au gouverneur. Je vous prie, lui dit-il, « me mander en quel lieu de l'église j'assoirai la besogne que je vous ay faite et envoier gens se bien cognoissans en art d'ymagerie pour veoir si elle est telle que je la vous ay promise, ce que je crois qu'elle soit et mieulx. » (1) Il est à regretter que cette lettre ne porte d'autre date que le 21 juillet et n'indique pas le sujet de la sculpture dont elle fait mention.

Le 10 juin 1487, Bourré reçut Charles VIII au Plessis. C'est dans son château d'Entrammes (Sarthe) qu'il accueillit les ambassadeurs hongrois, chargés d'une mission pour le roi. Au rapport d'un contemporain, « il déploya à cette occasion le luxe d'une hospitalité digne de son rang, de ses richesses et des illustres personnages, qui étaient venus des rives du Danube et du Pruth offrir aux populations des bords de la Mayenne et de la Sarthe un spectacle tel que les générations suivantes n'en ont jamais vu. »

La mort de Charles VIII fut pour Bourré le signal de la retraite. Sentant venir le soir de la vie déjà assombrie par la perte de sa compagne, ravie à son affection dès 1493, il songea à se reposer et à se recueillir dans la solitude de sa demeure préférée du Plessis. Il se démit, en 1498, en faveur de son fils aîné, Charles, de la charge de trésorier de l'ordre de Saint-Michel « pour cause,

(1) Archives de l'Art français, t. I p. 260.

dit-il, de notre ancien aage, et que bonnement ne pourrions vacquer, entendre prendre le travail acquis ». Néanmoins plus d'une fois il fut consulté par Louis XII, qui disait de Bourré qu'il « savoit le plus des affaires des rois trespassez », en ajoutant qu'il « voudroit avoir beaucoup de tels loyaulx serviteurs ».

Dans son testament, dicté en 1505, dont le dernier codicille est du 28 septembre, Bourré régla le cérémonial de ses funérailles, institua nombre de fondations charitables ou pieuses, parmi lesquelles 200 livres pour doter des filles pauvres. Selon l'opinion communément admise, son cœur, renfermé dans un coffret d'argent, fut déposé dans la chapelle du château, où il resta jusqu'en 1700. Ce qu'il y a de certain c'est que, d'après l'affirmation d'un historien angevin, il y a quelque trente ans la chapelle renfermait encore deux vitraux représentant l'un, à droite, Jean Bourré, l'autre, à gauche, sa femme Marguerite de Feschal, vêtue d'une robe rose (1). On possède de cette verrière un dessin colorié qu'il serait intéressant de rapprocher des portraits de Bourré et de sa femme, faits à l'époque de Louis XIII et qui étaient conservés au château de Jarzé.

III

Le désir de faire bien connaître le gouverneur de Langeais, l'un des officiers royaux de la

(1) Les portraits étaient accompagnés des armoiries du mari : *d'argent à sept fasces et deux demi fasces de gueules bordé de sable à huit besans d'or*, et de celles de la femme : *d'argent a la partie supérieure ondée d'azur avec une croix de gueules brochant sur le tout, partie inférieure à senestre un aigle de sable, à dextre deux fasces de même.*

seconde moitié du XVI° siècle les plus recommandables par la durée et la fidélité de ses services aussi bien que par les honneurs dont il fut entouré, nous a entraîné hors des limites de ce gouvernement. Nous y revenons avec le plaisir que l'on éprouve à revoir son pays de prédilection.

Quelques écrivains ont prétendu, à la suite de l'auteur du *Dictionnaire des Gaules*, que « le château a été rebâti tel qu'on le voit par Pierre de Brosse » (1). C'est une erreur : cet édifice se rattache tout entier à l'époque de Louis XI et de Jean Bourré. Dans le plan de l'architecte, la construction, placée en face du donjon de Foulques, devait sans doute se relier à celui-ci comme à l'un des points de défense de la place, par deux lignes fortifiées couronnant le double escarpement du coteau. On commença par bâtir la forteresse proprement dite, formée d'un corps de logis allant du nord au sud et flanquée de deux tours du côté de la rue, avec pont-levis protégé par la muraille d'enceinte. Vers le nord, le rempart s'élevait à pic au-dessus des douves, et, du côté du midi, l'édifice se termine toujours par un mur de quatre mètres d'épaisseur.

On éleva à la suite, dans la direction du sud, le château proprement dit qui présente, à l'angle extrême, une autre tour cylindrique de la dimension de la seconde ; le monument se poursuit, en retour d'équerre, dans la direction de l'ouest. Un superbe chemin de ronde, garni de machicoulis, qui se déroule sur une longueur de 130 mètres défend le château, dont les toits élancés et les robustes cheminées de brique se profilent sur le ciel. La

---

(1) Dictionnaire d'Expilly, Amsterdam, 1766.

façade de la cour, dont la première partie ou avant-cour sert au donjon, ne demandait pas une disposition aussi fortifiée ; elle n'a ni chemin de ronde ni tours cylindriques.

On souda les deux parties du château d'une façon un peu irrégulière, ce qui n'empêche pas que cette façade ne présente un aspect harmonieux avec les trois tourelles hexagonales qui servent d'escalier, les portes à arcs surélevés et ornés de choux rampants, les fenêtres à meneaux avec culots sculptés en un mot avec les détails d'une ornementation toujours sobre mais d'un goût irréprochable.

Le corps du milieu a quatre étages et celui de droite trois ; le premier contient de nombreuses chambres, et le second d'immenses salles ; tous deux sont surmontés de combles avec charpente remarquable. Les salles sont ornées de cheminées élégantes dont deux surtout fixent l'attention par leur caractère monumental et leur décoration originale. Le château paraît n'avoir pas été achevé : d'après le plan primitif, il devait sans doute se terminer à l'ouest par une autre grosse tour ronde. Des substructions, découvertes lors des récents travaux, porteraient à croire que l'on avait jeté les fondations de cette partie; à moins qu'il ne s'agisse d'une chapelle qui aurait été détruite, par exemple à l'époque de la révolution, et à laquelle on aurait accédé par une porte aujourd'hui murée qui se voit à l'extrémité d'une des grandes salles.

Nous ignorons quel a été l'architecte de cette superbe construction, vrai chef-d'œuvre d'architecture militaire dans lequel toute la défense a été combinée en vue de l'escalade. Peut-être quelque bonne fortune nous fera-t-elle retrouver un jour les comptes du château et saurons-nous ainsi quels ouvriers, quels artistes l'ont construit et décoré. Nous savons seulement qu'il dût être commencé vers 1464, et que les comptes furent tenus par Jean Briçonnet, trésosorier du roi.

La Touraine, qui compta aux xve et xvie siècles plusieurs familles, véritables dynasties de Mécènes, telles que les d'Amboise, les de Beaune, les Bohier et les Berthelot, n'en offre pas de plus recommandable que celle des Briçonnet. Ces derniers, d'après un biographe, « pourraient se vanter d'avoir embelly non pas une ville seulement mais bien plusieurs provinces, des plus magnifiques bastiments ». Le marchand Jean Briçonnet, de Tours, donna le jour à cinq enfants : deux du nom de Jean, que l'on distingue par les prénoms de « l'ainé », et « le jeune », Bertrand, qui fut secrétaire de Charles VII ; Pierre, chanoine de Saint-Martin, et André, trésorier de l'argenterie. Les deux Jean Briçonnet furent généraux des finances ; le plus jeune épousa Catherine de Beaune, et Jeanne Berthelot donna sa main à l'ainé, le seul qui nous intéresse ici (1). Ajoutons de suite que les enfants de Jean Briçonnet l'ainé devaient occuper les plus hautes charges. Trois entrèrent dans le clergé : ce sont Martin, grand archidiacre de Reims, Robert, qui fut archevêque, chancelier et président des comptes, et Guillaume qui, après la mort de sa femme, Raoulette de Beaune, devint cardinal et surintendant des finances. Dans les finances enfin se placent Jean et Pierre qui furent généraux. Les uns et les autres se distinguèrent par un goût prononcé

(1) P. Anselme, *Histoire des grands officiers de la couronne.* — Marchegay, *Archives de l'Anjou.*

pour les arts, qui leur sont redevables de très beaux monuments.

Quant à Jean l'ainé, c'est lui qui fit bâtir Saint-Clément, ce bijou du style gothique fleuri qui s'élevait sur la place des Halles, à Tours. Le premier il eut l'idée de créer un collège communal pour l'instruction, mais dont l'installation ne put avoir lieu de suite. Jean Briçonnet, auquel Louis XI témoignait une profonde estime, était général des finances lorsqu'en octobre 1462, dans l'assemblée de ville convoquée pour choisir le maire, les vingt-quatre échevins et les soixante-seize pairs conseillers, il fut nommé maire de Tours. Déjà il avait été désigné par l'assemblée des notables pour procéder à Langeais à la Rédaction des Coutumes de Touraine, dont nous avons parlé plus haut.

Lorsque Louis XI résolut de bâtir le château de Langeais dont il fit Jean Bourré gouverneur, c'est Jean Briçonnet qui, en qualité de receveur général des finances, fut « commis au paiement des ouvrages et bastiments du chasteau de Langeais en 1465 et 1467 » (1).

La construction du château de Langeais exerça une influence manifeste sur l'architecture de la première partie du règne de Louis XI. Sous le rapport des arts, plus encore que des autres éléments de la vie nationale, il a toujours été vrai de dire avec le poète :

Totus ad exemplar regis componitur orbis.

(1) Sa demeure était dans le logis de la rue de la Longue-Échelle où se voit une petite chapelle avec ses armes : *d'azur à la bande componnée d'or et de gueules, accompagnée d'une étoile d'or en chef, et d'un croissant d'argent en pointe.*

La Touraine nous offre deux remarquables spécimens de ce genre de construction, le château du Coudray-Montpensier, dans lequel une galerie et une tour furent bâties de 1480 à 1491 par le maître-ès-œuvres, Jean Pourmène, et celui de Rigny-Ussé dont l'aspect imposant s'est transformé sous les doigts élégants de la Renaissance. Il n'est guère de province qui n'offre un exemple de cette noble et vieille architecture que n'a pas encore amolli la touche plus féminine du XVI° siècle. Ainsi, pour ne pas sortir du centre, on remarque les châteaux de Plessis-Savary en Berry, de Sammarçolles en Poitou, de Chaumont (en partie) dans le Blésois. Le reste de la France n'est pas moins riche dans ce genre. Les autres pays ont suivi le mouvement, et jusqu'au-delà du détroit on salue de remarquables châteaux du style Louis XI, comme celui de Rambures.

Le frère puîné de Langeais, celui qui s'en rapproche le plus par l'air de famille, est le Plessis-Bourré, dont il a été question précédemment. Il est vraisemblable que Jean Bourré, satisfait de l'architecte de Langeais, le chargea ensuite de dresser le plan, un peu différent, de son futur chastel du Plessis.

Les hauts suzerains ne furent pas seuls à bâtir ; souvent bourgeois et petits seigneurs tentèrent de copier les maîtres du jour dans leurs habitudes et leurs goûts somptueux. Les constructions surtout ont le privilège de susciter autour d'elles des imitateurs empressés. Le Plessis avait inauguré, auprès de Tours, un courant architectonique si puissant qu'on lui doit tout un quartier de la ville, dit de Louis XI, où paraissent encore d'intéressants spécimens de maisons de la fin du XV° siècle.

Le château de Langeais fut de même le signal de constructions avec pignons sur la rue, dont s'accommodaient mieux les gentilshommes, les bourgeois et les officiers du siège royal. Les dégâts causés par les inondations répétées, la transformation des maisons anciennes en modernes ont fait disparaître la plupart de ces édifices à la façade desquels nous aimerions à voir sourire, pleurer ou grimacer ces figures de bois qui en formaient le pittoresque ornement.

Çà et là on rencontre, à Langeais, des maisons du XV° siècle plus ou moins transformées, dont le toit aigu émerge au-dessus des autres édifices; elles se voyaient surtout le long de la rue qui traverse la ville de l'est à l'ouest, dans le même sens que l'ancienne voie romaine. Aucune ne présente d'ornements particuliers dignes d'attirer l'attention. L'une de ces maisons, auprès du bassin du moulin, pourrait bien avoir été le siège de la châtellenie, dite des Écluses, dont émanaient naguère la plupart des actes notariés.

La campagne, elle aussi, offre encore quelques-unes de ces maisons. Au hameau de Saint-Laurent, le castel qui formait le fief principal subsiste avec son toit aigu, ses pignons à rampant et sa tourelle hexagonale renfermant un escalier à vis. Le village de la Guerche en montre une autre plus intéressante, qui appartient à M. Biermant, ancien notaire. Elle a conservé ses cheminées à hotte élevée, ses portes avec leurs panneaux moulurés, leurs verroux et leurs serrures garnies de drap rouge, ainsi que ses plafonds de solives peintes. La façade postérieure en brique unie avec le bois, produit un effet pittoresque à l'ombre des vieux arbres qui bordent la Roumer aux eaux profondes.

Mais revenons à Jean Bourré. Plusieurs années avant sa mort, il avait remis aux mains du roi la capitainerie de Langeais. Louis XI lui donna en compensation la somme de 6,000 écus, et concéda cette charge à un autre, non sans assigner à Bourré, sur cette somme, 200 écus provenant de la recette de Normandie. De fait, le 31 mars 1470 (n. s.) Jean Bourré « conseiller et maistre des comptes du roi » donnait quittance de 600 écus, en monnaie de Normandie, sur la recette de ce pays pour l'année précédente ; ces 600 écus, est-il dit, faisaient partie de la somme de 6,000 écus pour compensation de la capitainerie de Langeais, « dont le roy a depuis disposé ailleurs » (1).

Le château de Langeais allait devenir la propriété de princes du sang. Louis, duc d'Orléans, avait eu un fils naturel, le comte de Dunois, qui se distingua par sa bravoure à toute épreuve ; on sait son courage à la journée dite des Harengs. Par sa valeur chevalesque et son dévouement absolu à la personne de l'héroïque Jeanne d'Arc, Jean d'Orléans, comte de Dunois et grand chambellan de France, mérita bien de figurer aux côtés de Charles VII et de la Libératrice, lors du couronnement à Reims. Quelque temps brouillé avec Louis XI, il se réconcilia avec le roi et mourut en 1468. Il comptait parmi ses enfants François d'Orléans, comte de Dunois, de Longueville et de Montgomery.

François d'Orléans, lieutenant général pour le roi en Touraine et grand chambellan de France, avait épousé Agnès de Savoie, sœur de Charlotte de Savoie et belle-sœur de Louis XI. Le roi pro-

---

(1) Bibl. nation., *Titres origin.* reg. 473 n° 10.530

mit à la fiancée une dot de 40,000 écus et, par lettres datées de Montargis le 2 juillet 1466, donna Langeais au comte de Dunois en assignation de dot et comme garantie de cette somme. En 1472, le comte de Dunois adressa à Louis XI une requête pour être payé de sa pension de 12,000 livres et obtenir une partie des biens d'Arques et de Cauny pour reconstruire Longueville, brûlée pendant la campagne du duc de Bourgogne ; il demandait de plus un subside de 500 livres à lever sur les terres de Vouvant et de Parthenay, pour réparer ces deux places, enfin une indemnité pour les ravages commis dans sa terre de Havrech (1).

Le comte de Dunois, qui prenait un tel soin de ses domaines, ne pouvait négliger son beau château de Langeais. Ne serait-ce pas à lui qu'il convient d'attribuer la construction des deux belles cheminées monumentales? Dans l'autre corps du château, il est à remarquer que les cheminées se ressemblent toutes et n'offrent de différence qu'en ce que le style s'épure à mesure que les étages s'élèvent. Pour les grandes salles de l'aile de droite, on construisit des cheminées du même type sur des proportions plus grandes, ainsi qu'on le remarque au second étage, et il est à présumer que les cheminées du rez-de-chaussée et du premier étage ressemblaient à cette dernière. Le comte de Dunois, qui avait un goût particulier pour les constructions de caractère, les aura remplacées par celles que nous voyons. Ces dernières se font remarquer, l'une par l'élégante décoration de choux frisés et l'autre, par la galerie de créneaux où paraissent

(1) Archives d'Indre-et-Loire, C, 137.

des têtes de personnages d'un vif intérêt et qui forment un effet pittoresque dont on connait peu d'exemples.

François 1er d'Orléans, comte de Dunois, devint gouverneur de Dauphiné en 1483 et assista, en 1484, au sacre de Charles VIII. Il mourut d'apoplexie à Châteaudun, le 25 novembre 1491, à l'âge d'environ 42 ans ; son corps fut enterré à N.-D. de Cléry, dans la chapelle de Longueville. Quant à sa femme, Agnès de Savoie, qu'il avait épousée en 1460, elle mourut à l'hôtel abbatial de Sainte-Geneviève, le 15 mars 1508 ; son corps fut inhumé près de celui de son mari, et son cœur fut déposé dans le caveau de la Sainte-Chapelle de Châteaudun.

De la famille des princes d'Orléans, le château de Langeais devait entrer dans celle des princes de Bourbon. Charles Ier, duc de Bourbon, descendant direct au cinquième degré de Robert de Clermont, fils de saint Louis, avait eu pour enfants légitimes, Jean, duc de Bourbon, le cardinal Charles de Bourbon, et Pierre de Beaujeu qui épousa Anne, fille de Louis XI. Il eut en outre de Jeanne de Bournan un bâtard, nommé Louis, comte de Roussillon, qui fut légitimé en septembre 1463.

Son frère, Jean II, duc de Bourbon, fit celui-ci sénéchal du Bourbonnais, gouverneur de Verneuil, lieutenant général de ses domaines et comte de Roussillon. Après avoir suivi son aîné dans la Ligue du Bien public, Louis se réconcilia avec Louis XI qui le combla de faveurs de toute sorte qu'il couronna en lui donnant sa fille naturelle, Jeanne de France, avec une riche dot. A la suite de négociations diplomatiques heureusement conduites, le roi le fit amiral de

France et lui remit le gouvernement de Honfleur, de Granville et de plusieurs autres places. De modeste seigneur de Chatillac, Louis de Bourbon devint ainsi l'un des plus puissants personnages du royaume Placé par le roi à la tête d'une armée dans la Basse-Normandie, en 1468, il obligea le duc François II de Bretagne à signer le traité d'Ancenis, et fit plusieurs autres campagnes dans lesquelles il se couvrit de lauriers. Après la mort de Charles le Téméraire, en 1477, il s'empara, pour le roi, de la Bourgogne dont il devint gouverneur.

Pour récompenser le bâtard de Bourbon, Louis XI lui donna, à titre d'engagement, « la place et château de Langets », au mois de mars 1476 (1). Aucun document ne nous apprend que Louis de Bourbon ait apporté des embellissements au château de Langeais. Le nouveau châtelain n'était pas sans quelque lien avec son prédécesseur. Un contrat de mariage l'unissait à Marie d'Orléans, fille de Jean et sœur de François, dont il a été question plus haut. Mais comme ce contrat avait été la suite d'un enlèvement, il fut cassé le 16 avril 1664, et Marie épousa Louis de La Haye. De son côté Louis de Bourbon obtint la main de Jeanne, que Louis XI avait eue de Marguerite de Sassenage. Jeanne fut fiancée dans l'hôtel de Ville de Paris le 2 novembre 1465, et mariée en février 1466. Sans parler d'un bâtard, Jean, qui devint protonotaire du pape et aussi commandataire de Seuilly, abbaye où fut élevé Rabelais, Louis de Bourbon eut de son épouse : Charles de Bourbon, comte de Roussillon, qui servit dans l'armée, fut envoyé

---

(1) Blanchard, *Compilation chronologique*, p. 323.

par Louis XII dans l'île de Lesbos et mourut sans laisser de postérité ; Suzanne de Bourbon, et Anne de Bourbon, dame de Mirebeau et de la Roche-Clermault, en Touraine.

Jeanne de Bourbon survécut à son mari, le seigneur de Langeais, qui décéda en 1486, et dont le corps fut inhumé en l'église Saint-François de Valognes. La châtelaine de Langeais se distinguait par une tendre piété et une vive inclination à faire le bien. Elle fonda dans l'église des Cordeliers de Mirebeau une chapelle en laquelle elle fut enterrée selon le désir exprimé par son testament, rédigé à Chinon le 7 mai 1515. Nous ne saurions douter qu'elle n'ait étendu ses libéralités autour de sa belle résidence de Langeais.

L'église paroissiale de Saint-Jean pouvait-elle bien demeurer étrangère aux effets de la munificence de Louis de Bourbon ? C'est de son temps, et sans doute avec ses deniers, que fut élevée la sacristie de style flamboyant avec voûtes à nervures prismatiques, ainsi que l'indique la présence de son écu, d'azur à trois fleurs de lys d'or au bâton noueux de gueules mis en barre, sur le pendentif cent... Le bras gauche du transept montrait naguère une intéressante chapelle de même style, qui a été détruite lors de la reconstruction partielle. Nous inclinons à penser que Louis prit également part à cette fondation pieuse.

Est-ce tout ce que l'église doit aux châtelains de Langeais ? La tour occidentale avait été victime d'un accident, causé peut-être par la foudre, qui entama la partie droite de la façade. Restaurer la tour était un travail important qui nécessitait des ressources assez considérables

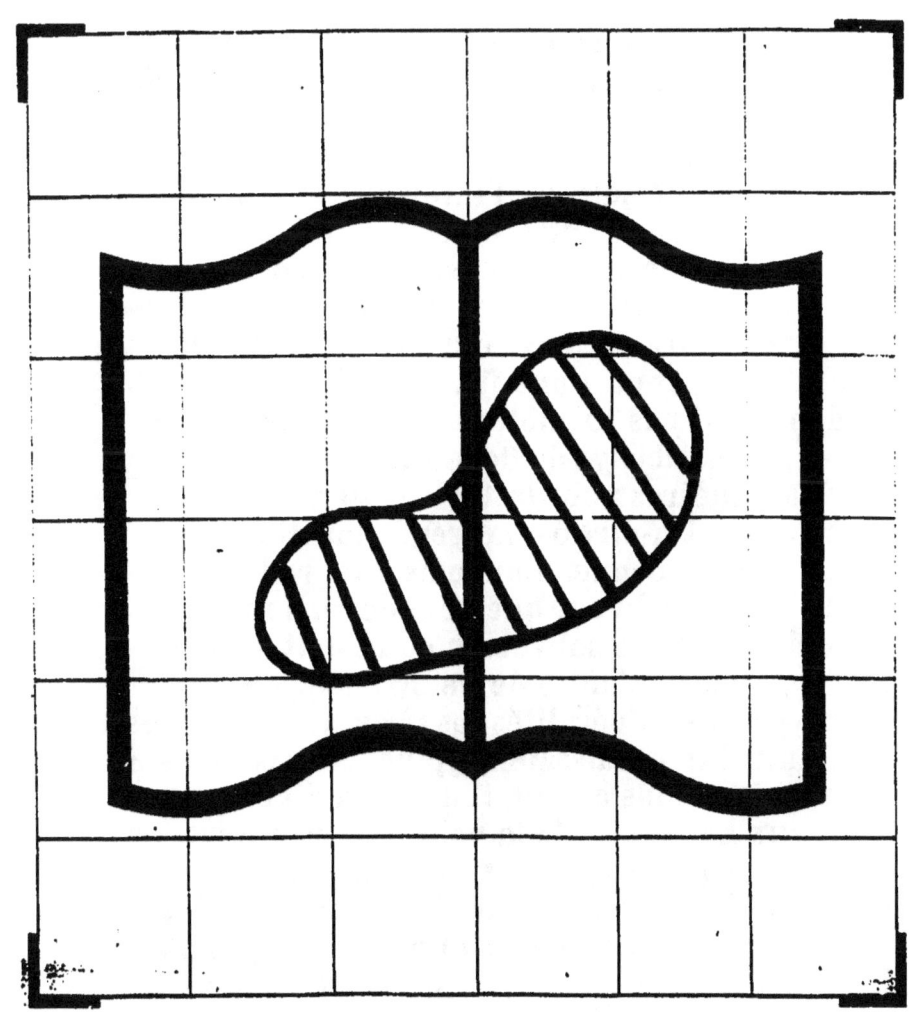

pour lesquelles on fit naturellement appel à la libéralité des seigneurs. On reprit la façade, sans d'ailleurs dissimuler la suture toujours très apparente, et l'on y inséra un portail de style flamboyant.

Sur la tour restaurée, on éleva une flèche à huit pans, svelte et dégagée, qui mesure 28 mètres de hauteur; de petites fenêtres avec fronton, ornées de colonnettes prismatiques et de choux frisés, éclairent l'intérieur. Au sommet est un écusson que l'on croit être celui de Bourbon. Le clocher de Langeais, qui a une hauteur totale de 58 mètres, est un des plus remarquables de la Touraine Les tours de la cathédrale Saint-Gatien, dont l'une fut terminée en 1507, ne dépassent pas 70 mètres. Le superbe clocher de l'ancienne abbaye de Bois-Aubry, commune de Luzé, a 34 mètres pour la tour et 20 mètres pour la flèche, c'est-à-dire 54 mètres d'élévation totale.

Vers cette époque, Langeais fut redevable à Louis XI d'une faveur que nous devons rappeler. La politique de ce souverain consistait à resserrer les liens de l'unité de la France, en s'attachant par des libéralités les provinces dont les habitants lui paraissaient plus dignes de ses sympathies. Dans ce but, il accorda divers avantages aux habitants de la vallée de Beaufort, en Anjou. Les gens du pays situé plus au sud manifestèrent le désir de jouir du même privilège. Par lettres, datées de Meung, en septembre 1482, Louis XI fit savoir qu'il entendait que « tous ceux qui demeuraient le long de la rivière de Loire fussent compris dans les avantages, notamment les habitants des paroisses Saint-Jean et Saint-Laurent de Langeais, ceux qui demeurent le long de la Loire. »

IV

Cependant le temps approchait où le château de Langeais, dont les tours imposantes et les robustes murailles gardaient la blancheur de leurs premières années, allait servir de théâtre à une solennité tout à fait extraordinaire, dont le souvenir suffirait à illustrer cette demeure : je veux parler du mariage de Charles VIII avec Anne de Bretagne.

Charles VIII enfant avait été fiancé à Marguerite d'Autriche, fille de Maximilien, empereur d'Allemagne; cette princesse fut élevée à la cour de France comme future épouse du jeune roi, tandis que, de son côté, Maximilien fut fiancé par procureur à Anne de Bretagne. Anne de Beaujeu, fille de Louis XI, chargée de la régence pendant la minorité de Charles VIII, avait hérité de son père un amour profond pour l'expansion et l'unité de la France, qu'elle travailla résolument à accroître par l'annexion du duché de Bretagne. Grâce à l'habileté politique qui la caractérisait, on arrêta un projet de mariage entre Charles VIII et la duchesse Anne, dont la main était recherchée par plusieurs princes. Anne de Bretagne pouvait bien sentir quelque secrète préférence pour un autre prétendant, mais elle aimait trop le beau pays de France pour céder aux suggestions qui la poussaient vers l'étranger. Aussi bien, au dire de Brantôme, « Charles VIII ayant advisé qu'il n'était pas bon d'avoir un si puissant seigneur dans son royaume, osta ladite Anne à Maximilien, son compromis, et l'espousa » (1).

(1) Mémoires, *Anne de Bretagne.*

Anne a pris son parti : elle quitte Nantes en compagnie de quelques fidèles serviteurs et se dirige vers Langeais, où elle doit attendre le roi. Elle était accompagnée d'Arthur de Montauban, archevêque de Bordeaux et chancelier de Bretagne, qui jouissait de la confiance absolue de la duchesse, du sire de Coëtquen, grand-maître de la maison de son père le feu duc François II de Bretagne, et de Jean III de Pontbriant. Ce dernier avait pour frère François de Pontbriant que Louis XI fit gouverneur du château de Loches (1479) et envoya en ambassade à Ferrare, près de Hercule d'Este. Jean III avait un fils, que Charles VIII devait retenir comme enfant d'honneur.

Avec quel joyeux empressement Anne fut saluée sur le parcours par les populations de l'Anjou et de la Touraine, et quel accueil enthousiaste elle reçut des habitants de Langeais, fiers de l'honneur qu'on leur faisait ! Sa haquenée et ses chariots, parés de douze aunes de velours noir et de trois aunes de velours cramoisi, auraient attiré les regards si tous les yeux n'avaient été fixés sur la jeune duchesse.

Mais aussi quelle charmante enfant avec les grâces dont quinze printemps à peine l'ont parée comme à plaisir ! Sa taille, encore un peu mince, se développe en une courbe harmonieuse ; ses traits respirent un parfum de candeur et de bonté qui gagne tous les cœurs. Son large front un peu bombé, ses yeux noirs encadrés de sourcils bien dessinés, son nez effilé et quelque peu relevé, sa bouche fine aux coins arqués, les pommettes de ses joues roses comme la fleur d'églantier, ses longs cheveux noirs retombant sur ses épaules, et jusqu'à la gracieuse fossette de son menton sont plus qu'il n'en faut pour captiver tous les assistants. Les qualités qu'on lui prête forment d'ailleurs comme une touchante auréole à sa tête aux lignes suaves et pures. Et puis, comme il lui allait à merveille le vêtement qui avait été préparé pour l'aimable fiancée ! Son costume de voyage se composait d'une jupe de drap et d'une autre de velours, bordée de cent trente neuf peaux de martre zibeline.

Nous sommes déjà loin du temps de Louis XI, et il n'est pas jusqu'au vêtement qui n'ait bénéficié lui aussi du besoin de respirer à l'aise qui se faisait sentir de toute part. La toilette, sans connaître encore les raffinements qu'elle aura dans la suite, vise à concilier la recherche de l'élégance avec les homélies des moralistes et les édits somptuaires. Mais que peuvent bien les uns et les autres, quand il s'agit de la cour, des princes et des princesses?

Anne de Bretagne donnait toutes ses préférences aux modes d'une noble simplicité, et c'est à elle, semble-t-il, qu'il faut faire honneur du costume à la fois si grave et si élégant, qu'on lui voit dans les monuments qui nous ont été conservés. La solennité de son mariage fut pour la bonne duchesse l'occasion de faire preuve de ce savoir-faire, comme dit un poète du temps,

Pour se parer devant Dieu et le monde.

Quelle gentille demoiselle dans sa parure de souliers de satin au bout arrondi, dans sa chemise à longues manches de fine toile de Hollande, dans sa cotte échancrée au milieu du corps en forme de guitare, avec le demi-ceint ou ceinture nouée sur la hanche et l'escarcelle !

Ajoutez-y la robe à larges manches relevée par un riche troussoir, la ceinture richement brodée dont l'extrémité pend sur le devant avec les patenôtres. Sa tête s'encadre gracieusement dans le tour de visage brodé d'or et de pierreries avec la fine gorgerette de « doulx fillet » ou de dentelle, la coiffe et le chaperon de satin, relevé par devant de façon à dégager le front et la templette. Le costume des dames d'honneur, quoique moins riche, complétait agréablement le tableau que nous prenons la liberté de recommander aux artistes en quête de sujets du vieux temps.

Charles VIII, de son côté, s'était rendu au château de Langeais avec plusieurs des princes du sang dont il s'entourait plus volontiers. Le prince était dans sa vingtième année. « De petite stature et débile complexion, de taille fort maigrelette », il avait néanmoins « un visage beau, doux et agréable (1). » D'ailleurs le nuage de mélancolie qui avait pu assombrir son front dans sa retraite d'Amboise, où il vivait assez solitaire, s'évanouit en présence du visage rayonnant de bonté, de douceur et de grâce de sa fiancée. Avant de s'exalter au souffle des ardeurs chevaleresques, le prince « de très grand courage d'âme, de vertu et de valeur », dont on a dit

Major in exiguo regnabat corpore virtus,

éprouva la douce émotion que fait naître la vue et bientôt la possession d'une âme candide dans un corps virginal, pareil au bouton de rose qui s'entr'ouvre à peine aux effluves de la vie. Son brillant costume de velours et de soie, brodé

(1) Mémoires de Brantôme, *Charles VIII*.

d'or et rehaussé de pierreries, achevait d'ailleurs par son élégante ampleur de corriger la nature, en sorte que les fiancés paraissaient dignes l'un de l'autre.

Charles s'avança au-devant d'Anne de Bretagne avec tous les égards dûs au jeune âge, au mérite et à la beauté de sa fiancée. Celle-ci ne put se défendre de rougir pudiquement derrière sa coiffe, en présence du prince qui allait être son époux. Elle se retira avec ses dames d'honneur dans la chambre, qui lui avait été préparée, pour procéder à la toilette de mariage.

Lorsqu'elle apparut, conduite par son plus dévoué serviteur, ce fut un mouvement général d'admiration à la vue de cette délicate jeune fille, « une des plus belles, honnestes et vertueuses princesses du monde avec un visage beau et riant »(1). Elle était vraiment éblouissante de grâce dans sa parure du meilleur goût. Sa robe était formée de huit aunes de drap d'or en relief ; elle avait été garnie d'abord de fines peaux d'agneaux noirs de Lombardie, mais cette fourrure, ne paraissant pas assez riche, fut remplacée par cent soixante peaux de martre zibeline dont le prix s'élevait à 4,200 livres.

Si la jeune fiancée se fut avisée de relever le bord de sa robe, un regard indiscret eut pu s'apercevoir qu'elle avait un pied un peu plus court que l'autre, mais elle s'en garda bien. Pour plaire à son fiancé, il lui suffit de savoir qu'elle est « belle et agréable ; » à quoi les contemporains ajoutent (mais elle l'ignore) qu'elle est « très vertueuse, sage, honneste et bien disante et de fort gentil et subtil esprit, très bonne, fort miséricordieuse et fort charitable. »

(1) Mémoires de Brantôme.

C'est au milieu de l'allégresse générale du château et de la ville toute en fête, que fut célébré le mariage de Charles VIII et d'Anne de Bretagne. On n'est pas d'accord sur le jour, au sujet duquel il règne une certaine confusion qu'il importe de dissiper. Au dire des uns, le mariage eut lieu le 6 décembre (1) ; d'après d'autres, le 13 décembre (2) ; selon ceux-ci, le 16 décembre (3), et suivant ceux-là, le 26 décembre (4).

Tout d'abord il convient d'éliminer cette dernière date, puisque l'entrée solennelle des époux qui suivit le mariage, se fit à Tours le 23 décembre, d'après les registres municipaux. La date du 6 décembre n'est guère mieux fondée, et il reste à choisir entre le 13 et le 16 décembre. Le 13 parait avoir été le jour du contrat (5), et l'on peut croire que la célébration religieuse du mariage eut lieu le 16 décembre 1491.

La cérémonie fut présidée et la bénédiction nuptiale fut donnée par Louis d'Amboise, évêque d'Alby, frère du futur cardinal-ministre Georges d'Amboise. Tout avait été disposé à cet effet dans la chapelle du château resplendissante de ses plus beaux atours, à moins que ce ne soit dans la

---

(1) V. Duruy *Atlas historique de la France* p. 193. Lalanne, *Dictionn. historique de la France*. 1877.

(2) Revue historique de l'ouest, mai 1893. *Deux Bretons à la Cour de France* par M. Ch. d'Elbo.

(3) *Le Château de Langeais* par MM. Brincourt et Roy. Paris in. 8, 24 p. — Dr. Giraudet, *Histoire de Tours* t. 1, p. 267. — Chalmel, *Histoire de Touraine*, t. 2, p. 293. — Mgr. Chevalier, *Guide pittoresque en Touraine*, 1889, p. 242.

(4) *Notice historique et archéologique sur le château de Langeais*, Paris, 1854 in-8, 15 p. — C. de Busserolles, *Dictionnaire géog. histor. et biog. d'Indre-et-Loire*, art. Langeais. p. 17

(5) Chalmel, *Histoire de Touraine* t. 2 p. 293.

grande salle, encore dite d'Anne de Bretagne. La compagnie de ménétriers de Pierre, duc de Bourbon, sous la direction de son chef François Desmalles, rehaussa l'éclat de la fête par les refrains les mieux appropriés à la circonstance. Dans la brillante assistance on remarquait Louis, duc d'Orléans, depuis Louis XII, qui aimait la jeune duchesse et devait l'épouser à la mort de Charles VIII, le prince d'Orange, le duc de Bourbon, les comtes d'Angoulême, de Foix et de Vendôme, et le chancelier Guillaume de Rochefort.

Nous n'essayerons pas de décrire les manifestations de joie et les amusements qui marquèrent cette heureuse journée, non plus que le repas royal qui réunit l'élite de la cour autour des nouveaux époux. Disons seulement que le gouverneur avait fait préparer pour Charles VIII et Anne de Bretagne les pièces les plus agréables de la maison, d'ailleurs richement meublées. Le contrat passé par Pierre Bonneau, notaire apostolique, et par Guy Leclerc, notaire royal, contenait comme principale stipulation la réunion de la Bretagne à la France, et en cas de décès du roi sans postérité, l'obligation pour Anne d'épouser le successeur de Charles VIII : clause que l'avenir devait se charger de réaliser.

On avait dressé deux lits, sans doute dans l'une des grandes salles dont la cheminée pétillait d'un ardent brasier : on était en décembre. L'un en damas noir, blanc et violet, avait un ciel de 10 aunes et des rideaux de 51 aunes ; des draperies de damas rouge de 12 aulnes recouvraient le lit et le ciel. Le lit de parade était vraiment splendide ; le ciel, les rideaux ou courtines étaient de drap d'or cramoisi, et les pentures de drap d'or violet, bordé d'une épaisse frange de soie noire ; le ciel était doublé de bougran bleu de Tournai, et les rideaux de taffetas rouge; la tenture de 24 aunes recouvrant le lit, était de drap d'or frisé et de velours cramoisi. Le prix montait à 3,636 livres, d'après les comptes de Michel le Doulx, garde-robier de la duchesse Anne (1).

Le dimanche, 23 décembre, après avoir ouï la messe, Anne de Bretagne et Charles VIII quittèrent Langeais accompagnés des souhaits et des vivats de la population, toute sur pied, et se dirigèrent vers Tours, escortés des princes du sang, des gentilhommes et des dames de la Cour. Le corps de ville « en grant état de robe, » le clergé, la milice bourgeoise et les corporations de métiers allèrent au devant de la Reine jusqu'à l'extrémité du pont de Saint-Symphorien. Après les compliments d'usage, Anne fit son entrée sous un riche poêle ou dais, porté par quatre notables et l'on se mit en marche vers le château. La réception fut enthousiaste, et sur tout le parcours à travers la ville, les édiles avaient fait préparer pour les princes et seigneurs de la cour de l'hypocras, du vin chaud sucré — c'était en hiver — aromatisé avec de la canelle, du girofle et du gingembre.

Suivant le goût de l'époque, il y eut sur divers points de la ville une série de Mystères, ou de représentations dramatiques, surtout figurées, qui ont donné naissance au théâtre moderne.

Quelque désir que nous en ayons, nous ne suivrons pas plus loin les pas de la duchesse Anne, qui logea tour à tour au château du Plessis et à celui d'Amboise. Nous ne saurions pourtant nous en séparer sans dire encore quel-

(1) Archives de la Loire-Inférieure, *Trésor des ducs de Bretagne*, E. 204. Nobileau, *Mélanges*, Ladevèze, Tours, 1874.

ques mots de ce qu'elle fut et sans rappeler le témoignage des contemporains au sujet de la nouvelle reine de France. Elle a été, dit Brantôme, « la plus digne et la plus honorable royne qui ait esté depuis la royne Blanche, mère de saint Louis. » « Sa cour était une fort belle escole pour les dames ; car elle les faisoit bien nourrir et sagement, et toutes à son modelle se faisoient et se façonnoient très sages et vertueuses ». Cette princesse fut « très vertueuse et fort sage et la mère des pauvres, le support des gentilshommes, le recueil des dames et damoiselles et honnestes filles, et le refuge des scavants hommes. » Il serait difficile de tracer un portrait plus accompli.

L'historien aurait pu ajouter qu'elle fut la protectrice des arts et le Mécène des artistes, à la fin du XVe siècle et au commencement du XVIe siècle. Comme ce côté nous intéresse et se rattache davantage à notre sujet, nous nous y arrêterons quelques instants.

Esprit noble, élevé et ouvert sur tous les horizons de l'intelligence humaine, Anne de Bretagne nourrissait un culte particulier pour les Muses, qu'elle faisait marcher de pair avec son attachement à la foi religieuse, héréditaire dans sa chère Bretagne et dans sa famille. Son père, François II, a été l'un des premiers à prendre le symbole de la cordelière, sans doute en mémoire de son patron. Anne de Bretagne, à son tour, en fit son insigne préféré et institua, sous ce titre, un ordre spécial pour les femmes. Elle donnait l'exemple en mettant la cordelière non seulement dans ses armes, mais encore sur ses bijoux.

La reine portait pour ceinture une cordelière de soie et d'or, ou « d'orfèvrerie montée sur une étoffe. » Ses comptes nous apprennent que Jean Favèle, orfèvre de Paris, reçut 6 l. 1 s. 6 d. « pour refaire et renforcer les bellières de la cordelière de ladite Anne, » et que Charruau, orfèvre, toucha 4 l. 7 s. 6 d. « pour avoir mis en œuvre un ruby et un anneau d'or à façon de cordelière esmaillée de rouge et de blanc » (les couleurs de la reine). En outre Jehan Châlant, gaisnier de Tours, fut chargé d'exécuter deux étuis pour « estuyer et mettre la grosse cordelière d'icelle dame, et l'autre pour mettre et estuyer l'Ordre que la dite dame a donné au roy le jour des estrennes : » c'était le collier de l'Ordre de Saint-Michel. Anne avait fait construire un grand navire de guerre auquel elle donna le nom de *Marie la Cordelière* ; entré dans la flotte française après son mariage avec Charles VIII, il périt sous le commandement du breton d'Hervé de Portzmoguer, dans un combat contre les Anglais.

On ne s'étonnera pas après cela de voir les contemporains d'Anne de Bretagne placer la cordelière, comme motif d'ornement et symbole tout ensemble, non seulement sur les monuments bâtis par ordre de la reine, tels que les tombeaux de ses parents et de ses enfants, et sur son oratoire au château de Loches, mais encore sur les édifices élevés de son temps, par les villes ou par les particuliers, comme la Fontaine du Grand-Marché et l'Hôtel de Beaune, à Tours. C'est en effet au souvenir de la reine qu'il convient de rattacher ces symboles, et non pas à la personnalité de tel gouverneur, comme François de Pontbriant, ainsi qu'on a tenté de le faire (1).

(1) Revue historique de l'Ouest, mai 1893. *Deux bretons à la Cour de France* par M. Ch. d'Elbo.

Anne de Bretagne, dont la douce et charmante figure projette sur l'austère château de Langeais comme un reflet de suave distinction, se montra toute sa vie la protectrice des arts sous leurs différentes formes. A son arrivée à Tours, qui était la capitale artistique de la France, elle trouva des maîtres consommés dans tous les genres. Il suffit de rappeler les noms de Jean Poyet et de Bourdichon pour la peinture, de Michel Colombe, de Jean de Chartres et de Guillaume Regnault pour la sculpture, des Françoys pour l'architecture, sans parler de l'orfèvrerie, de la joaillerie et de l'art de tisser la soie dont la réputation franchissant les limites de la France, s'était répandue à l'étranger.

La reine devint dès lors la Muse inspiratrice des maîtres qui mirent leurs talents à son service. Entre tous, elle montra une prédilection marquée pour l'éminent statuaire Colombe. Pourrait-on s'en étonner ? C'était le prince du ciseau et un fils de la Bretagne. De son côté, cet illustre enfant de Saint-Pol-de-Léon ne tarda pas à éprouver un vif et respectueux attachement pour la bonne duchesse. Sous cette égide, il lui sembla, bien que l'illusion soit plus difficile aux vieillards, qu'il avait retrouvé sa chère Bretagne, transportée sur les rives de la Loire. Comme le grand artiste était heureux quand la reine daignait visiter son atelier, situé dans la rue des Filles-Dieu, actuellement rue Bernard-Palissy !

Anne commanda à Colombe pour son père et sa mère le superbe tombeau en marbre de couleur variée, qui fut placé dans l'église des Carmes et qui de nos jours fait le plus bel ornement de la cathédrale de Nantes. L'une des statues d'angle, la Prudence, sous des traits bien personnels, ne figure-t-elle pas Anne de Bretagne? Plus tard quand le deuil eut assombri le foyer royal — nul, fut-il assis sur un trône et paré de tous les dons de la nature, n'est à l'abri des épreuves — Anne de Bretagne demanda au génie de Colombe d'éterniser dans le marbre le souvenir et les traits des deux chers petits, que la mort avait arrachés à ses étreintes. L'artiste sentit passer en son ciseau quelque chose de la poignante douleur de la mère et réalisa le chef-d'œuvre qu'on ne cesse d'admirer, dans la cathédrale de Tours, malgré les mutilations qu'il a subies (1).

Les peintres rivalisèrent avec les sculpteurs pour répondre aux désirs de la reine. Charles VIII, Louis XII et François Ier, qui eut la bonne fortune d'attirer en Touraine Léonard de Vinci, dont l'incomparable génie, comme le soleil d'été, hâta l'épanouissement d'un art qui n'attendait qu'un rayon pour entr'ouvrir sa corolle embaumée, paraissent avoir donné parfois leur préférence aux artistes qu'ils avaient attirés d'Italie. Anne au contraire se plut à favoriser l'art national qui, dans un élan superbe, mit au jour des œuvres de premier ordre. Jean Poyet avait dirigé les préparatifs de l'entrée d'Anne à Tours, en 1491; il exécuta encore pour elle divers travaux de peinture et des enluminures. A Bourdichon elle commanda un livre d'heures, d'une magnificence vraiment royale. En 1508, disent les comptes « Jehan Bourdichon, peintre et valet de chambre de Monseigneur »(Louis XII) toucha 1,050 livres pour avoir « richement et somptueusement hystorié une grans Heures. » Les *Heures d'Anne de Bretagne*, un des joyaux de la Bibliothèque

---

(1) *Mémoires de la société archéol. de Touraine. — Archives de l'art français.*

nationale, forment, par la richesse et l'élégance des enluminures aussi bien que par le fini et la suave beauté des miniatures, l'un des chefs-d'œuvre de l'art national. Dans ces pages, dont on ne se lasse pas d'admirer la richesse et le bon goût, s'épanouit la fleur de la miniature française, désormais débarrassée de la gaîne un peu rude des âges précédents, sans rien perdre d'ailleurs de la naïveté qui convient au sujet.

Anne de Bretagne donnait elle-même l'exemple du travail des mains. Héritière des châtelaines du moyen-âge, dont les chansons de Gestes célèbrent la dignité des mœurs, le culte du foyer domestique et l'amour de toutes les nobles choses, elle se plaisait, entourée de ses dames d'honneur, à exécuter quelque broderie dont elle avait imaginé le dessin, à moins qu'elle ne l'eût emprunté à son artiste préféré. Ces objets, on le pense bien, furent gardés avec un soin jaloux par les membres de la famille royale, qui eurent la bonne fortune d'en obtenir.

Renée, fille d'Anne de Bretagne et de Louis XII, qui épousa le duc de Ferrare, conserva ces souvenirs comme des reliques, et les transmit religieusement à ses enfants. Mme de Nemours, sa fille, pour être agréable à Catherine de Lorraine, deuxième femme de Louis de Bourbon, duc de Montpensier et seigneur de Champigny-sur-Veude, en donna quelques pièces à la duchesse. A son tour, celle-ci, pour se concilier les bonnes grâces de Henri IV, fit présent à Marguerite de Navarre, sœur du roi, « de plusieurs beaux ouvrages de linge, que cette princesse estimait fort pour avoir été faits par la reine Anne » (1).

(1) P. Cayet, *Chronic. nov.*

V

Quelque satisfaction que nous éprouvions, sans d'ailleurs le dissimuler, à considérer l'aimable et touchante figure de la bonne duchesse et reine Anne de Bretagne, nous devons nous en détacher pour continuer de feuilleter les annales du château et de la ville de Langeais.

La mémoire d'Anne de Bretagne nous remet en pensée le procès du maréchal de Gié, seigneur de la belle demeure du Verger en Anjou, qui fut capitaine d'Amboise au nom du roi, dont il eut longtemps la confiance. Au cours de ce procès fameux, dont nous n'avons pas à exposer ici les détails, et qui aboutit à la disgrâce du maréchal, les commissaires firent plusieurs voyages de la cour en Bretagne. Dans les frais de déplacement, nous relevons une note se rapportant à Langeais qui nous donnera une idée des dépenses de voyages, en même temps que la distance des relais, en 1505.

« Le lundi 25 octobre, partit Halerie, chevaucheur des escuries du roy, pour aller en Bretagne. — A Tours, pour 2 chevaux, 30 sols — à Langeais, pour 3 chevaux, 44 sols — à Saumur, deux chevaux, 47 sols 6 deniers — pour le retour avec un seul cheval : à Saumur 17 sols, et seulement 15 sols à Chouzay, Langeais, Tours et Amboise » (1).

De la sphère brillante des fêtes princières nous allons descendre au train ordinaire de la vie, dans notre modeste cité. Bien plus, il nous

---

(1) *Trésor des Chartes de Bretagne*, E. 195. — Moaulde, *Procès du Maréchal de Gié*, p. 593.

faut parler des prosaïques différends qui pouvaient troubler l'existence, d'ordinaire assez tranquille, du chapitre Langeaisien. A la fin du XVe siècle, les relations entre la cure et le chapitre Saint-Jean étaient quelque peu tendues. Pour les rendre plus faciles, on recourut de nouveau à l'officialité diocésaine, composée, sous la présidence de l'archevêque, des chanoines Marc Evandre, official, et Jean Godeau, pénitencier, tous deux vicaires généraux. Le procureur, fondé de pouvoirs du chapitre, était le chanoine Nicolas Lebret. Afin de trancher la difficulté, on fouilla dans les archives de l'officialité et l'on y trouva, sur un registre consumé de vétusté, la lettre d'ailleurs non scellée ni signée dont il a été parlé plus haut. Elle servit de pièce à conviction et une copie en fut délivrée, pour servir ce que de droit, par sentence du 11 août 1492 rendue « dans la salle archiépiscopale donnant sur la cour où se trouve la potence ».

A l'époque qui nous occupe, la société vivait encore des traditions religieuses du passé, et il ne se libellait guère de testament, sans que le légataire, prêtre ou laïque, n'y inscrivît une clause de fondation pieuse pour la célébration de cérémonies funèbres. Nous citerons ici quelques-unes de ces fondations. En 1493, le 9 octobre, le chanoine Jean Aubert léguait à l'église Saint-Jean 7 sols 6 deniers pour un anniversaire par mois ; le 24 juillet 1496, une transaction intervenue entre le chapitre Saint-Jean et l'abbaye de Toussaint d'Angers, partageait par moitié la dîme de sept pièces de terre près Langeais. Le 17 août 1498, Françoise Bizoulier, retirée à la Maison-Dieu ou hôpital, léguait à la cure douze chaînées de pré dans la prairie de Langeais, à charge de célébrer une messe annuelle de *requiem* et un *libera* sur sa fosse.

Dans la première moitié du xvi° siècle, entre autres donations qu'il serait trop long de citer, le receveur Mathurin Lijart, de Château-Thierry, fonda cinq anniversaires à neuf leçons avec assistance de neuf prêtres, sur 77 chaînées de pré en 3 pièces, dans la prairie de Langeais « entre les deux boires » (1513); Jean Barberon, prêtre et vicaire perpétuel de Saint-Martin de Tours, légua aux chanoines sept quartiers de pré dans le Clos-Molon, avec une rente de sept septiers de blé et un quart de vin, à la charge pour le chapitre de célébrer annuellement deux grand'-messes, un service le jour de son décès et une messe basse pour sa mère; de donner un quart de vin « au maistre des escoles » et 10 sols aux fabriciens qui fourniront les ornements (1515).

Mathurine de Sangou, veuve de Jean Loyau, écuyer, sieur de la Cour-Mesnes, dont le procureur est Guillaume d'Argy, sommelier ordinaire de bouche du roi, fait un legs à l'église, tandis que le curé Jean Bertin donne à la fabrique une maison avec une cave, et une autre avec un jardin, pour la fondation d'une messe basse, chaque dimanche, et que Marie Bodin, femme de Jean Poirier, concierge du château, lègue un quartier de pré pour deux anniversaires avec diacre et sous-diacre (1558).

Les héritiers se montraient parfois peu empressés à acquitter les fondations. Ainsi le 23 décembre 1563, une sentence, rendue à la requête de « vénérable et discrète personne maistre Gilles Bretonneau, prêtre et curé de l'église paroissiale et collégiale monsieur Saint Jehan de Langès, condamnait le sieur du Puy à payer à la fabrique quatre boisseaux de seigle, mesure de Crassay, et 20 deniers.

Nous voyons encore Gilles Bejau léguer, pour deux messes basses, dix sols de rente sur une cave au-dessus du grand cimetière (1587) ; Jeanne Liger fonder deux anniversaires moyennant trente sols sur des vignes et une maison à M. de la Ribellerie ; Marie Nau donner 15 livres de rente pour une messe basse tous les samedis, à l'autel de Notre-Dame-de-Pitié, avec un *de profundis* ; Barbe Gaudais laisser une rente de 25 sols sur un quartier et demi de vigne, aux Beauvais, pour un anniversaire le jour de la sainte Barbe, avec un *libera* et un *de profundis* sur sa fosse ; Jean Gasnier fonder six livres de rente pour un salut de prières, qui sera célébré la veille de Pâques, après Complies (1598) (1).

C'est ici le lieu de mentionner une cérémonie, qui ne manqua pas de provoquer la curiosité des fidèles. Nous franchissons le seuil de la collégiale Saint-Jean pour assister à l'intronisation d'un nouveau curé, Jean de la Trouchaye, originaire de Saint-Malo, présenté selon l'usage au choix de l'archevêque de Tours par le chapitre de Langeais. C'est le mardi, 10 août 1588, vers sept heures du matin. Au son des cloches lancées à toute volée, l'élu est reçu et conduit par Jean Bodin, prêtre notaire du chapitre, qui le met en possession de ses droits avec les formalités accoutumées. Le curé entre dans l'église et en sort, fait l'aspersion de l'eau bénite, va au chapitre où il fait le serment obligatoire, embrasse l'autel majeur, touche les fonts, ouvre le missel, sonne les cloches et s'assied, au chœur, sur le siège curial ; enfin il se rend

---

(1) Archives d'Indre-et-Loire, G. 291-294.

à la maison presbytérale dont il ouvre et ferme les portes, et est mis ainsi en « vraie, réelle, corporelle et actuelle possession » de tous les droits curiaux. Les principaux témoins étaient les chanoines Jacques Boisseau, prieur de Saint-Michel-sur-Loire, Baptiste Brezon et André Blanchet, les prêtres Jean Nau, Jean Suteau et René Besnardon ; on remarquait encore dans l'assistance messire Antoine Bretonneau, seigneur de la Josserye, Ludovic Bachelet, marchand, René et Jean Bourdais, Martin Bretonneau et Despeignes, Bouchet, Barberon avec une foule d'autres témoins. (1)

Puisque nous en sommes à l'histoire religieuse de Langeais, nous ajouterons quelques renseignements à ce que nous avons dit du prieuré Saint-Sauveur. En 1339, le prieuré fut uni à la mense de l'abbaye de Toussaint, à Angers. Le 18 août 1445, intervint un accord par lequel Jean de la Rivière et Antoine Baudet reconnaissent devoir un setier de seigle de rente à l'abbaye de Toussaint, pour le prieuré de Saint-Sauveur, assigné sur la Harpinière, paroisse Saint-Laurent de Langeais. En 1494, Guy Leclerc, de Tours, probablement celui qui avait rédigé le contrat de mariage de Charles VIII et d'Anne de Bretagne, entre autres dons légua 8 livres à la chapelle pour être employées en achat de biens fonds. A la fin du XV° siècle, surgit un différend entre le seigneur de Crassay et l'abbaye de Toussaint, au sujet des dîmes ; on finit par tomber d'accord et un concordat maintint l'abbé en possession de lever les dîmes de vin sur certaines vignes, à cause de la chapelle Saint-Sauveur (1502).

(1) Bibliothèque de Tours, *Fonds Salmon*.

Parmi les redevances dues alors au prieuré, on remarque une rente de 12 boisseaux de seigle acquittée par Pierre Brason, seigneur de la Daudère « à la chapelle de la Très-Sainte-Trinité, vulgairement appelée la chapelle Saint-Sauveur du Puy-Halègre unie et dépendante de l'abbaye de Toussaint d'Angers » (20 septembre 1512).

Il paraît que le prieur de Saint-Laurent ne payait pas ses redevances assez vite au gré de l'abbaye angevine. Le 31 avril 1523, on formait « une complainte » contre le prieur de Saint-Laurent pour les dîmes qu'il devait à la chapelle Saint-Sauveur de Langeais. Le 30 octobre 1531, le temporel du prieuré était baillé à ferme à Jean Porcheron, prêtre, et à Loys Fournier, praticien, pour cinq années, moyennant 37 livr. 10 s. par an, à la charge de faire célébrer le service divin et de payer les devoirs et charges dudit prieuré.

Afin de ne pas émietter outre mesure les modestes détails de l'histoire du prieuré, nous prendrons la liberté de mentionner dès l'instant une pièce datée du 27 janvier 1606, qui renferme quelques circonstances intéressantes. C'est la « Déclaration des domaines, possessions, cens, rentes, dîmes et devoirs du prieuré Saint-Sauveur de Langeais, *aliàs* du Puy-Alègre, tenu de messire Antoine d'Appellevoysin, chevalier de l'ordre du roy, capitaine de cinquante hommes d'armes de ses ordonnances, seigneur de la Roche du Maine, la Chastaigneraye et Crassay, à cause de la terre et seigneurie de Crassay ; ledit prieuré d'abord annexé à la mense abbatiale de l'abbaye de Toussaint et alors à la mense conventuelle de ladite abbaye avec chapelle, dépendances et jardin environnant la chapelle et maison du prieuré, joignant d'un costé aux vestiges et masures du vieil chasteau dudit Crassay, autrement appelez le chasteau Gannes » (1). Ajoutons encore qu'en l'année 1751, la chapelle tombant en ruines, l'archevêque de Tours décida qu'elle serait démolie et que le service serait transféré dans la chapelle Saint-Nicolas de Langeais.

L'histoire de Langeais, durant le xvi⁰ siècle, sans être absolument exempte des agitations qui troublèrent le pays, resta pourtant à l'abri des luttes sanglantes dont plus d'une ville, telle que Tours et Amboise, fut le douloureux théâtre. En retour, il n'est aucune des solennités publiques du voisinage, entrées solennelles des rois et des reines, des princes et princesses, fiançailles et cérémonies baptismales, qui ne trouvât un écho dans le cœur de la population Langeaisienne, aux mœurs douces et sympathiques.

Les expéditions de Charles VIII, de Louis XII et François de Iᵉʳ avaient tourné les regards vers l'Italie, et il n'est guère de gentilhomme qui ne rêvât de hauts faits d'armes et de lauriers à cueillir dans la péninsule enchanteresse aux capitales fortunées.

Le spectacle d'une civilisation plus raffinée, d'habitudes de plein air et de vie facile, et par-dessus tout l'éclat supérieur des arts groupés, comme en autant de foyers, dans les petites cours de Mantoue, Ferrare et Urbin, aussi bien que dans les grandes capitales comme Florence, Milan, Rome et Naples, cela fut pour nos compatriotes comme un rêve des *Mille et une nuit*, au milieu de palais enchantés. Les gentilshommes français, dont le goût naturel s'était affiné sous

(1) Archives de Maine-et-Loire, *Titres de l'abbaye de Toussaint.*

l'influence du renouveau artistique qui marque chez nous la seconde moitié du xv⁰ siècle, n'eurent rien tant à cœur que de reconduire dans leurs châteaux, sinon des artistes italiens — c'était presque un privilège royal — du moins quelques-unes des œuvres qui avaient excité leur admiration.

Quelques gentilshommes, en récompense de leur valeur militaire ou de services diplomatiques près des cours italiennes, reçurent certain domaine d'outre-mont, qui flattait agréablement leur vanité de grand seigneur. Jean-Bernardin de Saint-Séverin, l'un des favoris de François 1er, fut fait duc de Somma, au royaume de Naples. Par lettres patentes du 16 septembre 1547, Henri II le gratifia de la seigneurie de Langeais à titre engagiste.

Le duc de Somma résida-t-il au château ? Nous l'ignorons. Ce qu'il y a de certain, c'est que la Renaissance n'a pas laissé de trace en cette demeure. Semblable au preux chevalier, de taille élevée, de carrure imposante, à l'armure épaisse et enveloppante dont l'aspect bruni et sévère se refuse à accepter les enjolivements d'un art moins viril, le château féodal de Langeais continua de se camper dans son austère beauté sans rien emprunter au ciseau des « tailleurs d'antique ». C'est le caractère propre de ce château-fort de n'avoir été embelli ou déparé, si l'on aime mieux, par aucun colifichet : cet Hercule n'a jamais, dans un repos énervant, subi les amollissantes caresses d'une Omphale. Aussi demeure-t-il toujours l'objet de l'admiration des forts, peu enclins à vanter les arabesques légères et faciles d'une Renaissance qui leur semble, à tort ou à raison, sonner le glas de notre vieil art national.

Il faut avouer pourtant que le château n'est pas absolument exempt de tout vestige d'italianisme. Çà et là, sur les murailles, des inscriptions gravées avec soin par des gens qui ont séjourné porteraient à croire que le duc a habité son château, entouré de gens de service venus de la Campania. Nous citerons notamment, sur une cheminée, des souhaits de bienvenue par manière de chanson en caractères du XVI° siècle, et qui pourraient se rapporter au passage du duc de Somma : *Este benevenuto signore ton restito, tito toto ala strade tur tu tutu, a la droga del mio corde del mio piede turtululu, a la droga gnia gnia del mio ventre.*

Bien que Langeais ne puisse prétendre, à cette époque, à prendre rang à côté des principales villes tourangelles où l'on cultivait les arts, cependant nous sommes fondés à croire qu'elle ne fut jamais dépourvue d'ouvriers habiles. Ainsi Amboise, qui fut comme le berceau de la Renaissance artistique en Touraine, sut recourir aux ouvriers de Langeais, lorsqu'il en était besoin. L'horloge de la ville exigeant une réparation, on s'adressa à cet effet à un ouvrier en renom, « l'orlogeur » René Rousseau, de Langeais (1). Dans une autre circonstance on recourut au sol, dont la terre se prête comme d'elle-même au modelage. Les gens de Souvigné, qui se disposaient à fondre une cloche, allèrent quérir à Langeais la terre pour faire le moule (2).

Au milieu du courant qui entraînait les esprits vers les récentes formes architecturales, Langeais ne pouvait manquer d'être doté de quelques

(1) Mgr C. Chevalier, *Inventaire analytique des archives d'Amboise*, p. 207.
(2) *Mém. de la société archéol. de Touraine*, t. XIII, p. 250.

édifices dans le nouveau style. Un élégant spécimen est le castel de la Roche-Cotard, dont le corps de logis est terminé par deux tours rondes ; ses fenêtres à meneaux, son toit aigu et ses jolies lucarnes du meilleur goût en font, malgré ses modestes dimensions, un type intéressant ; il appartenait, à la Révolution, à Gaëtan de Thiennes et est actuellement la propriété de M. Rodolphe Sudre.

Près du château de Langeais se voit un logis, dit « Maison de Rabelais, » qui se distingue par ses pilastres cannelés et son élégante lucarne, sans que rien autorise à penser que Rabelais y ait séjourné. Cette légende doit avoir son fondement dans l'assertion erronée que le château de Langeais a appartenu au XVI° siècle à la famille du Bellay dont un membre, le cardinal, fut le protecteur de Rabelais (1). Les du Bellay possédèrent le château de Langey dans l'Eure-et-Loire, et non celui de Langeais : l'analogie des mots aura du même coup engendré cette confusion et donné naissance à la tradition Rabelaisienne. L'examen des pilastres, que tout d'abord l'on pourrait croire coupés à la base, montre que la rue a été baissée en cet endroit. A l'époque qui nous occupe, elle s'élevait en rampe jusqu'à la jetée des douves dont le pont-levis venait reposer sur le rebord du fossé.

Vers le milieu du XVI° siècle, les annales de Langeais offrent un nom qui sollicite l'attention, je veux dire Charles de Ronsard, prieur commendataire de Saint-Cosmo près de Tours.

Il ne s'agit pas ici du poëte célèbre qui fut, lui aussi, prieur de Saint-Cosme vers 1580 ; mais

(1) A Noël, *Souvenirs pittoresques de la Touraine* Paris, 1824.

tout nous porte à croire que Charles de Ronsard était proche parent du chef de la Pléiade. Cette famille, d'origine hongroise ou bulgare, se fixa dans le Vend'mois où elle fit souche, et s'allia avec les nobles maisons de la Tremoille, de Craon, de Bouchage et de Crevant ce Cingé. Toujours est-il que Charles de Ronsard se faisait remarquer par la distinction de son esprit, l'aménité de son caractère, la dignité de ses mœurs et son habileté dans la pratique des affaires. Prieur du couvent de Saint-Cosme, il ét. it en même temps propriétaire de plusieurs domaines, situés sur les paroisses Saint-Laurent et Saint-Jean de Langeais. Or au commencement de l'année 1558, les religieux Augustins, qui habitaient ce prieuré, lui présentèrent une requête « pour qu'il eût à payer les gaiges d'un maistre qui montra aux novices du dit lieu et entretenir l'horloge du dit couvent. » La demande était juste ; le prieur y fit droit.

Le 1ᵉʳ mars 1558, fut passé un contrat à l'amiable par lequel, « tant pour lui que pour ses successeurs, prieurs du dict Saint-Cosme, il a cédé, délaissé et transporté à perpétuité aux dicts religieux et à leurs successeurs, — frères Adam Oger et Jacques Desgues aulmosnier et religieux quant à ce présant et acceptant pour eux et les autres religieux et couvent du dict lieu — c'est à savoir : une pièce de pré contenant deulx arpents ou environ, et la pièce telle qu'elle est située en la prée de Chamard, plus la somme de soixante cinq sols et deux chapons que le dict prieur a droit d'avoir et prendre par chacun an à la feste de saint Estienne par moitié sur certaines terres contenant vingt arpents ou environ situés en la paroisse de Druye ; et moyennant le dict délay et transport des dictes choses, les dicts religieux sont et demeurent tant pour le présent que par l'avenir chargés de tous les dicts frais ci-dessus par eulx demandés au dict prieur.

« Aussi les dicts religieux ont délaissé à perpétuité audit prieur et à ses successeurs la moitié par indivis à eux appartenant, dont l'autre moitié appartient au dict prieur, de toutes et chacunes les rentes qu'ils ont droit de prendre par chacun an, sur certains héritages situés ès paroisse Saint-Johan et Saint-Laurent de Langès, de quelque nature et qualité que soient les rentes sans rien en retenir, sinon celles du lieu des Machetières, qui a par devant été admortye. Et à ceste fin, les dicts religieux ont ceddé et ceddent tous droits et actions au dict prieur, sans préjudices aux dicts religieux de ce que le soubs-prieur est tenu montrer aulx novices, en la règle et service du dict couvent. »

Ce traité fut fait « en la cour temporelle des doyens, chanoines et chappitre de l'église de Tours et homologué au chappitre des vénérables doyen, trésorier et chanoine de Saint-Martin pour être entretenu à perpétuité » (1).

Encore quelques années et le sol national sera violemment ébranlé comme par des secousses de tremblements de terre, qui effrayeront les esprits les moins accessibles à la peur. Qu'allait-il se passer? Soudain, sous l'empire de circonstances diverses, le volcan qui agitait ainsi le pays fit éruption et couvrit de deuil la région des bords

(1) Archives d'Indre-et-Loire, *Titres de Saint-Cosme*. Bibliothèque de Tours, *Fonds Salmon*. — *Gallia Christiana*, T. XIV.

de la Loire, d'où la lave brûlante se répandit de proche en proche jusqu'aux provinces éloignées.

Le gouvernement de Touraine était alors aux mains du duc de Montpensier, Louis II de Bourbon, seigneur de Champigny-sur-Veude, auquel on doit, après son père, la délicieuse Sainte-Chapelle si connue par ses superbes verrières. Ce prince, obéissant à un amour jaloux de la Religion, de la Royauté et des Arts, réprima sans défaillances les écarts des Huguenots révoltés dont la minorité tentait d'imposer par la violence ses maximes au peuple catholique. Puis, à la suite de troubles politico-religieux survenus à Tours, le duc de Montpensier, dans le but de prévenir de nouveaux conflits transféra le prêche des protestants à Langeais.

L'année suivante Charles IX, qui venait d'être déclaré majeur, fit un voyage en France pour se rendre compte de l'état du pays. Il reçut l'hospitalité au château de Langeais, le 19 novembre 1565 (1). A cette occasion, le souverain eut la satisfaction de voir les notables lui offrir leurs hommages. A l'instar des habitants de plusieurs autres villes, ceux de Langeais étaient tenus de fournir une redevance au roi lorsqu'il venait chez eux pour la première fois. Ils avaient trop à cœur de gagner les bonnes grâces de Charles IX, surtout en ces temps troublés, pour négliger de payer le devoir féodal. Le roi revenait de Bourgueil et rentrait à Tours.

Aussitôt que l'on sût qu'il approchait, les gens allèrent au devant de lui, à la distance d'une demi-lieue, selon qu'ils y étaient obligés, et tenant en main l'objet qui devait lui être présenté.

---

(1) Bibliothèque de Tours, *Fonds Salmon*, Piéc. fugit. I, 32.

Devinez lequel, s'il vous plaît? — un cheval richement harnaché, les clefs du château? non; — un objet d'argent ciselé ou quelque brocart de soie? nenni; — quelque chapeau de roses délicatement enrubanné? pas davantage; — le plus beau melon du pays par excellence des melons? mieux que cela. Je vous le donne en cent, en mille. Eh bien, ce qu'ils tiennent à la main, c'est une petite botte de paille qu'ils sont tenus d'offrir ainsi au roi. Nous ne saurions dire à quelle époque et à quelle circonstance se rattache cette redevance ; mais nous ne pouvons nous empêcher d'en constater la singularité. Au fait, il y avait alors, et il y a encore de nos jours, tant de singularités sous un ciel ou sous un autre! Toujours est-il que la charge n'était pas considérable pour les contribuables et que si l'impôt en nature avait pu choquer quelqu'un, ce n'était certes pas ceux qui payaient le tribut féodal.

La Touraine, dont le sort a été de tout temps de servir de champ de bataille aux luttes nationales, eut beaucoup à souffrir au cours des guerres politico-religieuses. Par suite de sa position fortifiée, Langeais ne demeura pas indemne. Le clocher de l'église Saint-Jean garde la trace des projectiles ; et le château, sur la façade du côté de la rue, conserve en maints endroits la marque des boulets, dont plusieurs ont été retrouvés dans les fossés.

Durant cette époque, alors que le château appartenait à la famille de Somma, les comptes de Langeais nous offrent quelques détails qui trouvent ici leur place. Au mois de juillet 1569, le trésorier payait diverses dépenses à l'occasion du passage des « soldats de la compaignie du marquis de Saluces. » Quelques jours plus tard, par suite d'une réquisition militaire, un batelier partait de Langeais et conduisait à Chinon, par la Loire et la Vienne, un chargement de pain et de paille ; 15 livres lui étaient allouées pour son voyage. De son côté, le duc de Somma, qui se trouvait sans doute à son château, recevait de la ville « deux-cents boysseaulx d'avoyne, » achetés cinquante-cinq livres, et « deux-cents botteaulx de paille, » payés onze livres quinze sols.

Il y avait alors un perpétuel va et vient de troupes qui augmentaient les charges des habitants et surtout aggravaient leurs préoccupations. A maintes reprises, dans les registres, il est question du passage des « gens d'armes. » Au cours de l'année 1570, la population envoie un courrier à Saumur « savoir si les reitres passeront par ici. » Il est vrai que cette inquiétude ne paralysait pas absolument tous les travaux, et que l'on fit des réparations à « la gallerie des tombes qui est au cimetière, » c'est-à-dire à la galerie en forme de portique attenant à l'église Saint-Jean, dont nous avons parlé plus haut.

Pour se concilier les bonnes grâces des gentilshommes, la ville se voyait obligée de faire des cadeaux à ceux qui se présentaient. Durant cette même année, Langeais donna l'hospitalité à Artus de Cossé, dit *le Maréchal de Cossé,* qui soutenait le parti catholique, se distingua à la bataille de Montcontour, devint gouverneur de l'Orléanais et mourut au château de Gonnor, en Anjou, en 1582. Les habitants offrirent à « monseigneur le maréchal de Cossay deux cents de poires, » coûtant quatre livres, « ung carteron de poyres de bon crestien » de cinquante sols, et « un quart de prunes » du prix de trente sols. Un peu plus tard eut lieu le passage de la compagnie de « Strocy » ; il s'agit de Philippe Strozzi, d'une famille italienne, dont le père fut maréchal de France, et qui devint colonel-général de l'infanterie française. On fit présent au capitaine de « doulx lépereaulx et quatre cocqs » qui coûtèrent 110 sols (1).

Il est à remarquer qu'en 1570, les comptes mentionnent une dépense de 7 l. 20 s. 6 d. « pour la solde et payement de vingt soldats pour la garde du château, pour le quartier d'apvril, may et juing. » Ajoutons de suite qu'en 1574, la ville de Langeais, puis celle de Luynes était désignée aux protestants pour l'exercice de leur culte.

Des jours plus calmes allaient luire sur la France, fatiguée et meurtrie comme un navire que la tempête a violemment battu durant de longues heures. La mort de Henri III, la conversion de Henri IV et son avènement au trône, et la proclamation de l'Edit de Nantes favorable à la liberté de conscience furent à certains égards comme le rayonnement de l'arc-en-ciel qui présage la sérénité. L'activité industrielle, commerciale et agricole, quelque temps paralysée par les crises successives qui avaient ébranlé l'organisme social, reprit son jeu normal.

La Touraine notamment vit refleurir l'industrie séricole qui, dans le passé, avait fait sa prospérité et l'avait rendue la rivale du Lyonnais. Pour alimenter la manufacture, suivant l'édit de de Henri IV du 21 juillet 1602, on planta des mûriers dans les environs de Tours. Langeais fut doté de cet arbre utile, et un certain nombre de ses habitants s'adonnèrent au travail du tissage

(1) Archives d'Indre-et-Loire, G. 292.

de la soie. On avait fait venir du Languedoc trente livres de graine à raison de 2 francs la livre, et vingt milliers de plants au prix de 33 l. 7 s. 6 d. le millier. La première fois que Henri IV mit une paire de bas de soie, sortant d'une manufacture française, il la montra non sans fierté à ses gentilshommes. Le roi, qui n'avait pas moins à cœur les lettres, les sciences, les bonnes finances, la saine politique et le bonheur de son peuple, eut un digne successeur dans son fils Louis XIII qui eut la bonne fortune de retrouver Sully, et plus que Sully dans le grand cardinal de Richelieu, né au pays de ce nom, quoi que prétendent certains auteurs en s'autorisant de documents insuffisants.

Au cours des années 1621 et 1626, Langeais vit passer sur la Loire le jeune souverain, qui se rendait à Saumur dans le but de déjouer les complots des protestants. Un peu plus tard, Louis XIII reçut l'hospitalité dans notre ville. Il s'embarqua à Tours, le 3 octobre 1627, et déjeuna sur le bâteau brillamment pavoisé, d'où il put entendre les gais refrains des vendangeurs occupés, en cette saison, à cueillir sur les côteaux les présents vermeils de la nature.

Louis XIII aborda au port de Langeais à une heure, au milieu d'une grande affluence, et descendit au château où l'attendait une réception princière. Après le dîner, le roi se retira dans la chambre qu'on lui avait préparée. Puis, au rapport d'un témoin oculaire qui ne le quittait jamais, le médecin Herouard, dont le *Journal* nous a conservé par le menu les moindres actions du roi, « à 9 heures devestu, à 9 heures et demie mis au lict, prie Dieu, s'endort jusqu'à six heures après minuict. » Le lendemain matin, Louis XIII reprit le bateau qui le conduisit à Saumur, but de son voyage.

L'époque de Louis XIII, qui vit le château aux mains des d'Effiat, a laissé à Langeais plusieurs maisons, dont l'une, auprès du bassin du moulin, garde sa façade intacte avec la porte cochère. Dans la campagne, l'ancien fief de Bresnes, propriété de M. l'amiral marquis de Fayolle dont le nom est synonyme d'honneur antique, de loyauté de caractère et de bienfaisance chrétienne, conserve presque en entier sa physionomie première. Il offre un des types les plus complets des anciennes maisons nobles, avec son logis flanqué de deux tours, sa chapelle et son curieux colombier.

A l'automne de 1637, Langeais paraît avoir été éprouvé par une violente tempête, qui endommagea les habitations et détruisit les récoltes. Les vitres de l'église, qui avaient été toutes brisées, furent remises par André Tonnille, maître-vitrier à Chinon, moyennant la somme de 41 livres. Le 22 septembre, le sieur Brisacier se rendit à Tours pour raconter aux élus de cette ville les pertes subies par la paroisse Saint-Jean. « Afin d'être plus sûr de gagner les bonnes grâces de qui de droit, il acheta ce jour soixante cinq sols de gibier pour leur présenter. » De plus il pria Pierre de Laubardemont, intendant de la Généralité, de décharger Langeais des frais de collecte.

VI

PERIODE MODERNE

I

Cependant la vie provinciale, atteinte par la centralisation grandissante, reflue des extrémités du pays vers le cœur, vers la Capitale dont le rôle devient de plus en plus prépondérant. Langeais n'a plus qu'une faible importance au point de vue judiciaire. « Le siège, dit le Rapport officiel de l'intendant Charles de Colbert (1664), et les officiers qui le composent sont si peu considérables qu'il n'y a pas lieu dans faire mention dans cet abrégé. » La châtellenie de Langeais, domaine royal engagé à des seigneurs et comptant parmi les sièges royaux du bailliage de Touraine, contient, y lit-on, « le siège du dit lieu, composé de la chastellenie de Crassay, la chastellenie des Escluses. » (1).

Un des meilleurs revenus pour le fisc était la vente du sel dont l'État avait le monopole. Langeais possédait un grenier à sel, dont l'adminis-

---

(1) *Rapport de Ch. de Colbert*, publié par de Sourdeval' Mame. p. 39, 57, 79.

tration jouissait, comme partout, d'une influence basée sur la nécessité absolue de cette denrée alimentaire et sur les contraventions fréquentes dont elle était l'objet. Le bureau se composait du président, du grenetier, du greffier et d'assesseurs. En 1638, le greffier était François Bodet ; avant 1665 le président était Jean Jameron dont la veuve, Claude d'Espagne, en cette même année 1665, fit un échange de terres et de rentes avec le chapitre de Langeais. En 1673, le président du grenier est François Mahoudeau, et le contrôleur, Jean d'Espagne.

Puisque nous en sommes aux notables, nous mentionnerons en passant le maître chirurgien Etienne Gaudry, qui demeurait au bourg de Saint-Laurent (1657) ; Siméon de Gendron, docteur en médecine, décédé en 1678 ; Mathieu Voisin, sieur de Vaugodet, procureur de la fabrique, avec M. de la Boutarderie et M. de Chambourg ; René Delugré, sieur de la Billarderie, conseiller du roi, lieutenant général civil et criminel au bailliage, au siège royal de Langeais (1691) ; Jacques Breton, greffier du rôle des tailles, ainsi que MM. de Beaulieu, des Ruaux, de Beaumont, de la Ribellerye, Joseph d'Espagne, sieur de la Guérinière, qualifié bourgeois de Langeais.

Pour ce qui est de l'église Saint-Jean, son modeste revenu s'accroissait de temps à autre de quelque nouvelle fondation. Le 26 juin 1608, Charles Bureau, écuyer, sieur de Sainte-Catherine, « commissaire provincial de l'artillerie de France au département de Lyonnais, Forest et Beaujolais, ville et arsenal de Lyon et commandant en icelle dans la ville et citadelle de Besançon au comté de Bourgogne », né à Langeais, fonda dans la collégiale une messe du Saint-Sacrement à célébrer le premier jeudi de chaque mois ; à cet effet il légua une maison avec un petit jardin joignant « la chapelle Saint-Martin au grand cimetière », à l'est de l'église. Diane Bezard lègue 100 sols sur un tiers d'arpent de pré, au clos aux bœufs, paroisse Saint-Laurent, près la Cueilminaut, pour trois grands messes avec vigiles, litanie et sonnerie la veille (1601). Guillemine Billard laisse une rente de 40 sols sur une maison située vis-à-vis les Halles, à la charge d'une grand' messe à diacre et sous diacre avec vigile et un *subvenite* sur sa fosse. Elle donne en outre 20 sols de rente sur un petit chanvril, au Vau d'Enfer, près un domaine du sieur de Vaugodet, à condition que les procureurs de la fabrique fourniront pour pareille somme de pain et de vin à la procession, dite des Grands Biens; elle prie le prêtre qui conduira la procession, de demander à chacun des assistants un *pater* et un *ave* pour le repos de son âme (1616). Yolande Racault, veuve d'Antoine Vacher, huissier audiencier au présidial de Tours, fonda quatre messes moyennant une rente de 30 sols assise sur un pré de trois quartiers environ, appelé Clos Gaveau, près Belair. Elle fit don d'un drap mortuaire de velours ayant une « croix de satin blanc et à chaque bout une figure de tête de mort. »

Les chanoines n'étaient pas les derniers à montrer l'exemple. Le chanoine prébendé J.-B. Brazon, fonda un anniversaire avec *libera*, en demandant à être enterré « dans l'église proche et vis à vis de sa chaise » ; il laissait 40 sols de rente sur une maison et des vignes, au-dessus de l'église (1622). Plus tard, le curé Jean Bourdais fondait deux grands messes pour lui et sa mère, moyennant une maison et un demi quartier de vigne (1636).

Une autre fondation, qui présente un intérêt particulier, fut instituée par Charles Bureau, originaire de Langeais, « écuyer, sieur de Sainte-Catherine, commissaire provincial de l'artillerie de France au département de Lyonnais-Forest et Beaujolais, ville et arsenal de Lyon. » Etant « logé au chatel de ce lieu » de Langeais, considérant que trois chanoines seulement avaient une habitation et que le quatrième n'avait pas de maison assûrée, il fit au chapitre don de 600 livres, déposées entre les mains de sa sœur, dame Marie Bureau.

Le chapitre contractait l'obligation de dire à perpétuité, le premier jeudi de chaque mois, « une grand messe du saint-sacrement a notte, servie par un clerc en surpely avec l'exposition du saint-sacrement et la bénédiction à la fin, faisant fournir par le fabricier de l'église d'ornement blancs, de chandeliers et de l'encensoir, avec un libera en la chapelle de Saint-François sur la fosse de ses ancêtres. » Les chanoines comptaient bien obtenir le décharge de tout droit et indemnité pour la maison à acheter, de la part du duc de Luynes, « seigneur de la chastellenie des Ecluses à Langès, et l'Isle à Mazières, à cause de quoy il a les droits de fondateur et présentateur. » Les chanoines étaient alors Sébastien Fortin, Pierre Vinault, Claude Passart, Pierre Millet et Claude Vitard ; c'est ce dernier qui n'était pas logé. La fondation, faite le 4 novembre 1676, fut ratifiée par Louis Charles d'Albert, duc de Luynes, le dernier mars, et par Mgr Michel Armelot, archevêque de Tours, le 27 avril 1677.

Grâce à ces divers revenus, le chapitre était

en mesure d'acquitter les charges qui lui incombaient, tant les services funèbres, grand'messes et offices ordinaires que les dépenses pour l'entretien du culte (1).

Dans la première moitié du XVIIe siècle, Langeais donna le jour à un poète que nous n'avons pas le droit d'oublier bien qu'il soit peu connu au Parnasse. César-Alexis Chichereau, chevalier de La Barre — c'est son nom — s'il faut en croire l'historien de la Touraine, naquit à Langeais vers 1630 de Jean de La Barre, sieur de Fontenay, trésorier de France, et de Madeleine de Gaulepied (2). Il porta le titre de sieur de la Doineterie et fut capitaine au régiment royal,

Au milieu du bruit des armes, dans les accal-

(1) Nous mentionnons ici quelques-unes de ces dépenses. En 1637, Catherine Boilleau touche 60 sols pour réparation de chapes et autres ornements. Les frais pour l'entretien de la lampe du sanctuaire montent à 25 pintes d'huile, à 20 s. la pinte; les dépenses d'encens à 36 sols. Michel Nion touche 65 s. pour avoir réparé l'horloge; l'année suivante une réparation à l'horloge s'élevait à 100 sols. Quant à la conduite de l'horloge elle était confiée à François Brosseau qui touche 6 livres pour deux ans. Le ciergier Pierre Desnoues reçoit 61 livres 15 sols « tout pour la cire neufve par lui fournie, que pour refonte de la vieille et chandelles fournies aux pères prédicateurs. » Les taxes à payer pour l'église, en 1637, s'élevaient à la somme de 33 livres, 1 sol, « à laquelle la boiste de la fabrique saint Jean de Langeais avait été taxée, » et qui fut versée à Pineau, conseiller et secrétaire du roi et de ses finances. Chaque année, on faisait un certain nombre de processions dont les frais se décomposent de la sorte : « Chapelle-aux-Naux 15 s., pour la barque 7 s. 6 d. au passage du port de Langeais. — Cinq-Marqz 20 s. — Saint-Michel 20 s. — Mazières 25 s. — Les Essartz 30 s. — Rillé 60 s. — Monsieur Saint-Roch 60 s. — Notre-Dame des Ardillés 8 l. — Monsieur Saint-François à Tours 50 s. »

(2) Chalmel, *Histoire de Touraine*, t. IV. p. 257.

mies du bivouac, le chevalier de La Barre aimait à converser avec les Muses ; il publia ses premières poésies dans le *Mercure Galant*. Son œuvre principale est un « Recueil de fables » qui fut imprimé à Cologne (in-8, 1687), et qu'il dédia au marquis de Dangeau, gouverneur de Touraine. Plusieurs des sujets sont inspirés des anciens et aussi des italiens, mais la plupart portent le cachet de sa personnalité ; si le style y est inégal, l'exposition, naturelle et facile, ne va pas sans quelque charme.

Après avoir prêté son inspiration aux héros « dont Ésope est le père, » le chevalier de La Barre, tenta de « prendre un vol plus élevé ». Il avait « douze lustres et plus », c'est-à-dire dépassé la soixantaine, quand il écrivit ses *Conseils à une jeune dame qui entre dans le monde* (Tours in-4 de 30 pages), dont la versification familière, aisée et parfois spirituelle, est trop entachée d'assez graves défauts de goût. Allez, disait-il à Iris, son héroïne,

Et conservez en tout un honnête milieu.

Le chevalier de La Barre semble avoir fidèlement mis en pratique cette maxime. Son existence, qui se prolongea durant les premières années du XVIII° siècle, s'écoula dans une tranquillité que ne troublèrent ni la fièvre de l'ambition, ni les traits de l'envie, et dont une Muse discrète suffit à charmer les loisirs.

Au point de vue politique, le XVII° siècle ne fit qu'accélérer les tendances de centralisation qui s'étaient manifestées au siècle précédent : la province fut de plus en plus délaissée pour Versailles ou Paris. Pourtant, par suite des renseignements intimes que les Mémoires nous ont laissés, nous aurons plus d'une fois l'occasion, en visitant les châtelains de Langeais, de faire connaissance avec des physionomies assez originales.

Sous Louis XIII, le domaine de Langeais fut engagé, pour neuf années, par la marquise de Verneuil, Marie de Balzac d'Entraigues. La branche des de Balzac, seigneurs d'Entraigues, doit sa célébrité aux deux frères Charles, dit le bel Entraigues, tout dévoué à la maison de Guise, et François, son frère ainé. François qui fut gouverneur d'Orléans, épousa en premières noces, Jacqueline de Rohan, dame de Gié, et, en secondes noces, Marie Touchet, fille de Jean Touchet, seigneur de Beauvais, lieutenant-particulier au bailliage d'Orléans. Marie Touchet avait été maitresse de Charles IX, dont elle eut Charles de Valois, duc d'Angoulême et comte d'Auvergne.

Une plus retentissante célébrité était réservée à la fille qu'elle eut du seigneur d'Entraigues : j'ai nommé Catherine-Henriette de Balzac, marquise de Verneuil. Après la mort de Gabrielle d'Estrées, les regards d'Henri IV se portèrent sur Catherine, qui s'empara tellement de l'esprit du roi qu'elle lui fit ériger la terre de Verneuil en marquisat et lui arracha la promesse de l'épouser : promesse qu'elle ne consentit à rendre à Henri IV que moyennant vingt mille écus en bonne monnaie courante. Son orgueil blessé la poussa à entrer, avec son père et son frère, dans un complot qui ne visait à rien moins qu'à enlever la couronne au roi. Au cours du procès, la marquise de Verneuil affecta une parfaite indifférence. Elle disait, au rapport de l'Etoile, « qu'elle ne se soucioit point de mourir, au contraire qu'elle le désiroit ; mais que quand le roi le feroit, on diroit toujours qu'il avoit fait mourir sa femme et qu'elle étoit reine avant l'autre. Au surplus qu'elle ne demandoit que trois choses à Sa Majesté, un pardon pour son père, une corde pour son frère, une justice pour elle » (1).

L'arrêt, prononcé le 1ᵉʳ février 1605, condamna le père et le frère à perdre la vie, et la belle Henriette à se retirer dans un monastère de religieuses cloîtrées : on lui assigna l'abbaye de Beaumont-les-Tours, qui était la retraite des plus grandes dames de l'époque.

Mais la marquise de Verneuil savait trop à quel point elle pouvait compter sur la faiblesse d'Henri IV. Non seulement elle n'alla pas à Beaumont, mais le roi satisfait d'avoir humilié sa fierté, renoua avec elle de nouvelles intrigues et, selon l'expression d'un vieil historien, « commença de lui faire grâce pour l'obtenir d'elle. » (2). Par lettres vérifiées au parlement le 23 mars 1605, elle reçut la faculté de se retirer soit à Verneuil, soit à Paris où elle mourut le 9 février 1633, à l'âge de 50 ans. Cette réconciliation, dit le grave Sully, « devint le sujet ou pour le moins le prétexte de plus grandes brouilleries et mauvais ménage que jamais entre le Roi et la Reine. » (3).

C'est trois ans avant le décès de sa romanesque fille, que Marie d'Entraigues, devenue veuve, reçut Langeais à titre d'engagement pour neuf années ; les lettres sont du 13 février 1630. Mais elle ne le posséda que fort peu de temps : au bout de quelques mois les lettres furent annulées

(1) Journal de l'Étoile.
(2) Mézeray, Hist. de France.
(3) Economies royales, Collect. Petitot, t. VI. p. 87-88.

et le domaine échut à la princesse Louise de Lorraine.

Louise-Marguerite de Lorraine avait pour père le célèbre Henri de Lorraine, duc de Guise, qui joua un rôle si considérable dans les guerres politico-religieuses du xvi° siècle. Ce prince né, en 1550, de François de Lorraine et d'Anne d'Este — fille d'Hercule d'Este, duc de Ferrare, et de Renée de France — réunissait l'habileté et la souplesse du génie italien à la fermeté et à la valeur du caractère français dont le Tasse a dit :

La gente Franca impetuosa e ratta (1).

On sait sa fin tragique, le 23 décembre 1588, dans le château de Blois où il fut assassiné par ordre du roi, ainsi que son frère, le cardinal Louis de Guise.

La mère de la princesse était Catherine de Clèves, comtesse d'Eu, fille de François de Clèves, duc de Nevers, et de Marguerite de Bourbon-Vendôme. Ses frères, doués de brillantes qualités au service d'une bravoure à toute épreuve, arrivèrent à un haut degré de puissance et de fortune. Parmi ses sœurs, d'aucunes prirent le voile, suivant un usage alors trop fréquent, qui a été la source de tant de défaillances morales et religieuses.

Louise-Marguerite de Lorraine épousa, le 24 juillet 1605, dans le château de Meudon, François de Bourbon, prince de Conti, qui rachetait par de nobles qualités la difficulté de parole dont il souffrait. François de Bourbon fut seigneur de Château-Renault, de Bonnétable et de Lucé, chevalier des

(1) La Gerusalemme liberata, c. xi.

ordres du roi et gouverneur d'Auvergne. Louise de Lorraine donna le jour à une fille, Marie de Bourbon, qui naquit au Louvre, le 8 mars 1610, et mourut quelques jours après. A quelque temps de là, le 3 août 1614, la princesse perdit son mari, qui rendit le dernier soupir dans l'hôtel du logis abbatial de Saint-Germain-des-Prés, à Paris.

Louis XIII, qui avait une profonde estime pour elle, lui céda le domaine de Chinon, le 10 mars 1629 : mais elle ne garda cette terre que peu de temps. Le tout-puissant cardinal de Richelieu avait trop envie de la réunir à son duché de Richelieu pour ne pas chercher à l'acquérir. De fait la princesse la vendit 60.000 livres au prête-nom du ministre, le 20 février 1631.

Quelques semaines auparavant, le 2 février, Louis XIII avoit cédé à Louise de Lorraine la châtellenie de Langeais qui, de la sorte, cessa de faire partie du domaine engagé. Il n'entrait pas dans la pensée de la princesse de conserver la terre de Langeais. Peu de jours après l'acquisition, elle la vendit pour 59,300 livres à Antoine Coëffier, marquis d'Effiat et baron de Cinq-Mars. La princesse de Lorraine s'était retirée au château d'Eu où, dit-on, la tristesse abrégea ses jours. Ses restes furent inhumés dans la chapelle des Jésuites d'Eu.

II

Les seigneurs de Cinq-Mars, de la famille de Ruzé, avaient vu leur fortune croître avec la rapidité de l'éclair et, selon les expressions du poëte antique, «un vent favorable avait soudainement enflé les voiles de leur nacelle.» Guillaume Ruzé, receveur général des finances, à Tours, eut un fils nommé Martin, qui remplit les charges de secrétaire d'Etat, de grand maitre des mines de France et de grand trésorier des ordres, en y ajoutant le titre de baron de Cinq-Mars à la suite de l'acquisition qu'il fit de cette terre, vers 1630, de Jacques de Broc.

Martin Ruzé avait un neveu pour lequel il se sentait une prédilection particulière, je veux dire Antoine, fils de Gilbert Coëffier et de Charlotte Gaultier, qui vit le jour, en 1581, au village d'Effiat en Auvergne. « M. de Beaulieu-Ruzé, son oncle, en eut autant de soin que s'il eut été son propre fils, lui fit apprendre ses exercices et le rendit un des plus adroits gentilshommes qui fût dans le royaume. A l'adresse du corps la force d'esprit ne manqua pas, qui non seulement le fit incontinent considérer comme un homme de service mais lui fit ménager si utilement la faveur de son oncle que, par son moyen, il acquit beaucoup de biens. » (1) Martin Ruzé légua tous ses biens à son neveu, à la condition que celui-ci prendrait son nom et ses armes.

Antoine Coëffier, dit Ruzé, fut marquis d'Effiat, baron de Cinq-Mars, de Macy et de Lonjumeau, sénéchal de Bourbonnais et d'Auvergne, gouverneur d'Angers, grand maitre des mines, surintendant des finances, enfin bailli et lieutenant-général de Touraine. Il montra de brillantes qualités militaires à la Rochelle et à Marignan ; il fit preuve d'habileté diplomatique en négociant le mariage d'Henriette de France, sœur de Louis XIII, avec le futur Charles 1er, et de capacités administratives par une sage gestion des finances.

(1) *Mémoires de Richelieu*, Collect. Petitot. t. 27, p. 138.

Ces services le firent nommer chevalier du Saint-Esprit en 1623, et maréchal de France, en 1631.

Antoine se distingua à la cour aussi bien qu'en province par le faste de sa personne et de tout ce qui le touchait. Il fit rebâtir somptueusement le château d'Effiat, dont le musée de Cluny a acquis, en 1856, des pièces importantes, telles que les chambres du Maréchal, du Cardinal et la chambre verte. Il employa à la décoration du château de Chilly les meilleurs artistes et, parmi les peintres, Simon Vouet qui était alors avec Philippe de Champagne, l'un des maîtres de la palette. Son portrait, demeuré dans la famille d'Effiat, se voit au château de Chézelles, propriété de Mme la baronne Dujon et de M. le comte de Monteynard. Le peintre, probablement Simon Vouet, l'a représenté dans tout l'éclat de son costume avec des vêtements de soie à frais ramages, les manchettes et la collerette de fine dentelle ; la main droite tient le bâton de maréchal, tandis que la gauche repose sur le casque, appuyé contre un meuble ; on lit sur le devant : « Antoine de Ruzé, marquis d'Effiat, maréchal de France, surintendant des Finances. » Le portrait serait ainsi de l'année 1631.

A l'instar du cardinal de Richelieu qui travaillait à agrandir son domaine des bords du Mable, le maréchal d'Effiat lui aussi cherchait à élargir l'étendue de ses possessions. Le ministre de Louis XIII acheta de la princesse de Montpensier la royale terre de Champigny-sur-Veude, à une lieue du palais Richelieu ; au mois de février 1631, le maréchal acquit le château royal de Langeais, à une lieue de Cinq-Mars, de la princesse de Lorraine. Nous avons vu que le prix d'acquisition fut de 59.300 livres.

Entre temps, le maréchal s'occupa à écrire sur les événements dont il fut témoin. On a de lui divers travaux, insérés dans le *Mercure* (tome XI), et des *Mémoires* sur la guerre d'Italie (1632 in-12).

Le maréchal d'Effiat avait épousé Marie de Fourcy, fille du sous-intendant des bâtiments de France, dont il eut trois garçons : Martin, Henri et Jean, et deux filles : Marie et Charlotte.

Charlotte — la première place lui appartient d'après les règles de la courtoisie française — embrassa la vie religieuse et mourut le 15 août 1692. Marie, après un premier mariage avec Gaspard d'Alegre, seigneur de Beauvoir, épousa, en secondes noces, Charles de La Porte, duc de La Meilleraye, maréchal de France et grand maître de l'artillerie, que nous retrouverons plus loin. Henri eut la mauvaise fortune de se trouver impliqué dans une conspiration qui lui coûta la tête. Son château découronné, sur le côteau de Saint-Mars, montre au voyageur les deux tours rasées à hauteur d'infamie, dont l'aspect morne et lugubre atteste le danger des coalitions et l'implacable répression du cardinal de Richelieu. Avec quelle fidélité rigoureuse le ministre de Louis XIII appliquait la maxime qu'il avait fait peindre sur les murs de la grande salle de son château Richelais : *Hæc fortibus ultio*, avec l'emblème d'un lion auquel aboie un petit limier !

En même temps que le duc de La Meilleraye avait le château de Langeais, ce domaine était possédé, en partie, par Henri d'Effiat. Le 8 janvier 1635, dans un acte passé par Guillaume Basseray, maître passementier, Henri apparaît avec la qualité de « gentilhomme ordinaire du roy, baron de Saint-Marcqs, seigneur de Langest,

Macy et autres lieux. » Le souvenir du grand écuyer, décapité à Lyon, le 12 septembre 1642, dans les circonstances que l'on connaît, projette comme un voile de tristesse sur le château ; mais par bonheur, le monument, sorti des mains de Henri, n'eut pas à subir la flétrissure que le Cardinal imposa à celui de Saint-Mars, dont les ruines semblent pleurer encore le sort du malheureux gentilhomme, un instant égaré.

Des autres enfants du maréchal, Jean fut abbé de Saint-Sernin et des Trois-Fontaines, et Martin eut les avantages qui revenaient à l'aîné de la famille. Nous n'avons pas à nous occuper ici de Martin Ruzé, marquis d'Effiat et seigneur de Saint-Mars en partie, qui fut lieutenant général d'Auvergne. Qu'il nous suffise de faire remarquer qu'il épousa, en 1627, Isabelle d'Escoubleau, fille du marquis de Sourdis et de Jeanne de Montluc, et que son foyer fut embelli par la présence de trois enfants : Antoine, Adrien, mort en 1664, et Marie, décédée en 1665. Au dire de Saint-Simon, on connaissait de lui « une fille mariée en Allemagne et un seul fils, le marquis d'Effiat, premier écuyer de Monsieur, et chevalier du Saint-Esprit, qui n'a point eu de postérité d'une Lieuville-Olivier, et dont les grands biens ont passé au duc de Mazarin. »

Le maréchal marchait sur Trèves qu'il devait délivrer, quand il fut surpris « d'une fièvre pourprée » entre Trèves, Sarbruck et Strasbourg, dans une localité, nommée Litztelstein, où il mourut peu de jours après, le 27 juillet 1632. Il laissa « plus de regret de sa perte à ceux qui demeurèrent après lui, qu'il n'en ressentit lui-même, mourant avec toute la constance et la piété que les personnes religieuses même peuvent désirer. » (1).

Marie Coëffier, en épousant Charles de la Porte, lui porta en dot la seigneurie de Langeais. Charles de la Porte, duc de la Meilleraye, préparé aux affaires par son oncle, le commandeur de Braque, grand prieur de France, « fut un homme de grand sens dans le cabinet, de grande valeur et de grande capacité à la guerre, tellement que lui et le commandeur furent fort utiles au cardinal de Richelieu. La Meilleraye était homme d'honneur et de vertu, doux, affable, poli obligeant, et n'avait pas la rudesse et la hauteur de son oncle. Il eut le gouvernement de Bretagne, Nantes, Port-Louis, et fut chevalier de l'Ordre en 1633, fit la charge de grand-maître de l'artillerie par commission après le maréchal d'Effiat, son beau-père, l'eut après en titre lorsqu'en 1634 le célèbre duc de Sully, après la mort de son fils, consentit enfin à en donner la démission pour un bâton de maréchal de France ; et M. de la Meilleraye reçut de la main même de Louis XIII le bâton de maréchal de France sur la brèche de Hesdin. » (2).

« Ce seigneur qui avait montré son courage dans beaucoup d'occasions signalées, avait l'âme noble et faisait profession d'aimer la vertu et l'honneur. » Une fois nommé à la surintendance des finances, bien que sa santé fut mauvaise, « comme il était honnête homme et estimé, toute la cour en eut de la joie et les gens d'honneur crurent qu'ils y trouveraient de l'appui et qu'il considérerait le mérite des personnes plutôt que leur

(1) *Mémoires de Richelieu*, col.] Petitot, t. 27, p. 138.
(2) *Mémoires de Saint-Simon*, éd. Hachette, t. X, p. 281-2.

faveur. En effet, le peu de temps qu'il y demeura, quoique mauvais et plein de misères, il contenta un chacun par l'honnête manière de son procédé et conserva ses amis ; au lieu que les voleurs les perdent, parce qu'ils prennent tout pour eux, au contraire de celui-là qui ne prenant rien pour lui et donnant le peu qu'il y avait dans les coffres du roi, attirait les bénédictions de tous ceux qui virent son intégrité. »

Le portrait ne serait pas complet, si nous n'ajoutions, en nous servant du même crayon, que le maréchal était « de difficile humeur et colère et plus propre à faire des conquêtes avec des armées qu'à faire venir de l'argent avec sa plume. » De plus « il était goutteux, et sans avoir les années que donne la vieillesse, son corps était plus cassé que ceux qui en peuvent compter quatre-vingts. Il était perclus des mains et des pieds, et souvent il avait des emplâtres sur toute sa personne, qui étaient sa parure la plus ordinaire. » Le roi résolut de donner la charge de surintendant « à un homme plus patient, plus expérimenté et plus valide. » (1).

Marie Coëffier étant venue à mourir, le maréchal épousa au mois de mai 1637, Marie de Cossé fille de François de Cossé, duc de Brissac. Il est vrai de dire, suivant les expressions de Saint-Simon, que la seconde duchesse avait une « prodigieuse ivresse de sa maison » et « faisait volontiers des excuses d'avoir épousé le maréchal de la Meilleraye. » C'est elle qui, à l'occasion du décès du chevalier de Savoie, frère du prince Eugène, mort jeune, riche et débauché, fit cette réflexion : « pour moi, je suis persuadée qu'à un

(1) *Mémoires de Mme de Motteville*, col. Michaud, t X, p. 172, 271.

homme de cette naissance là, Dieu y regarde à deux fois à le damner. » (1).

Elle « avait été parfaitement belle et avait beaucoup d'esprit. Sa beauté consistait dans la délicatesse des traits de son visage, dans un grand agrément et une belle taille. Elle était sage ; mais elle avait un trop grand désir qu'on le sût. Elle répandait sa vertu prétendue en mille petites façons extérieures; et les façons qui auraient été un grand défaut en une autre, étaient en elles moins blâmables, parce qu'elles se mêlaient avec son agrément naturel, qui de toutes manières la faisait paraitre aimable. Elle avait si peur qu'on ne crût qu'elle n'aimait point son mari; à cause de ses maux, qu'elle allait disant à tout le monde qu'elle ne croyait pas qu'il y eût un homme exempt de ses incommodités. Elle assurait qu'elle le trouvait beau et à son gré, et quand elle en était séparée, elle tâchait de persuader par ses discours qu'elle s'ennuyait de ne le point voir. Ce n'est pas une chose impossible à une honnête femme d'aimer un mari goutteux et malade, qui avait du mérite et de belles qualités, et dont elle était aimée ; mais cette affectation était cause qu'elle ne trouvait point de créance parmi les auditeurs ; et comme la vertu solide doit être sincère et toute naturelle, ses artificieuses façons persuadaient d'ordinaire le contraire de ce qu'elle voulait s'établir. » (2).

La seconde duchesse de la Meilleraye mourut en 1710, à quatre-vingt huit ans. Quant au maréchal « fort goutteux » il était décédé le 8 février 1664 et avait reçu la sépulture dans l'église Sainte-Croix de Parthenay, où son tom-

---

(1) *Mémoires de Saint-Simon*, t. VIII. p. 169, 171, 172.
(2) *Mémoires de Mme de Motteville*, coll. Michaud. t. X.

beau se voyait encore à l'époque de la Révolution. Ajoutons avec Saint-Simon que le maréchal et son fils furent « tous deux séparément faits ducs et pairs parmi les quatorze que le roi érigea et reçut en son lit de justice de décembre 1663. » (1).

D'après le rapport de Colbert sur la généralité de Tours, en 1664, parmi les seigneurs qui devaient l'hommage au roi se trouvait « le sieur marquis d'Effiat à cause de Langeais (2). » En 1665, la terre de Langeais appartenait, par indivis, à l'oncle et au neveu. L'oncle était Jean Coëffier, dit Ruzé d'Effiat, abbé de Trois-Fontaines, célèbre par ses intrigues ; le neveu était Armand-Charles de la Porte, fils du maréchal, dont nous venons de parler. En la personne de celui-ci, les familles de Richelieu et de Mazarin venaient de s'unir étroitement : Armand-Charles de la Porte, duc de la Meilleraye, avait épousé, le 28 février 1661, Hortense Mancini, fille de Michel-Laurent Mancini et de Hiéronime Mazarini. En 1670, « Messire Jean Ruzé d'Effiat, conseiller du roy en son conseil, abbé des abbayes des Trois-Fontaines et de Saint-Sernin », confirmait le titre d'une redevance du château envers la collégiale, avec la qualité de « seigneur propriétaire du château de Langeais. »

Quelques coups de crayon d'un contemporain nous donnent l'idée de la physionomie de ce dernier, auquel l'âge apporta le voile de la cécité, sans pourtant lui enlever, paraît-il, la coquetterie. « L'abbé d'Effiat étoit riche de bénéfices et de patriotisme, avoit été fort galant, fort du monde et fort magnifique, et l'était encore quoi-

(1) *Mémoires de Saint-Simon*, t. x, p. 281-282.
(2) Rapport, p. 30.

que vieux, et depuis longtemps aveugle, avec cette manie de se faire avertir des meubles, des habits, des mots, car il donnoit fort à manger et à fort bonne compagnie, et parlait de tout, cela pour ne paroître pas aveugle. C'était un fort bon homme, très généreux, qui avoit des amis et de l'esprit (1). »

Le *Journal de Dangeau* va nous fournir certains autres détails sur les derniers moments de l'abbé-châtelain de Langeais.

« Dimanche 14 septembre, à Compiègne. — On mande que l'abbé d'Effiat est à l'extrémité. On croit que M. le duc du Maine donnera le beau logement qu'il a dans l'arsenal à M. d'Antin. L'abbé d'Effiat avoit fait bâtir ce logement durant que M. de la Meilleraye étoit grand maître et avoit un brevet pour le conserver durant sa vie.

« Samedi 18 octobre, à Fontainebleau. L'abbé d'Effiat mourut à Paris après une longue maladie et dans le temps qu'on le croyait tout à fait hors de danger. Il a fait un testament, mais on ne sait pas encore la teneur.

« Lundi 20, à Fontainebleau. — On ouvrit le testament de l'abbé d'Effiat ; il fait le marquis d'Effiat, son neveu (Antoine), son légataire universel, et M. de Fourcy son exécuteur testamentaire. Il laisse 70,000 livres à des religieux qui sont dans l'avant-cour d'Effiat, et donne 20,000 livres à Mazarin et 10,000 écus à Mlle de Bellefonds, sa petite fille ; il donne quelque chose à Mᵐᵉ de Fourcy. Il donne aussi à tous ses domestiques. On estime la succession à 800,000 livres

---

(1) Saint-Simon, note dans le *Journal de Dangeau*, t. VI p. 111-115.

et tous les legs qu'il a faits ne monteront pas à 200,000 livres. Il laisse deux abbayes vacantes et un prieuré à Longjumeau » (1).

III

Nous devons quitter le château et interrompre l'histoire de ses seigneurs pour nous rendre à l'église Saint-Jean. Si nous nous plaisions, à l'instar de Boileau, à chercher dans les faits matière à quelque poème héroï-comique, nous nous laisserions conduire par une pointe de curiosité ; mais nous n'avons garde d'oublier que les travers, qui s'attachent comme l'ombre à toute personnalité ou toute corporation humaine, ne doivent pas faire méconnaître les services réels. L'histoire, au front calme et serein, n'a rien de commun avec la satire au visage railleur et sarcastique, et c'est elle qui nous sert de guide.

La discorde, il est vrai, semblait avoir pour un temps élu domicile au chapitre. A plusieurs reprises, les questions d'honoraires, de préséance et de cérémonies furent l'occasion de différends entre le curé et les chanoines. L'un des curés, René Bourdais, réclama vivement ce qu'il considérait comme son droit et l'on convint de s'en rapporter au jugement de Louis-Charles d'Albert, duc de Luynes. La sentence rendue à la suite d'un compromis, le 16 octobre 1659, fut homologuée sur les registres du Parlement le 7 septembre 1660 et dès lors rendue exécutoire.

D'après cette sentence les chanoines, curés primitifs, marcheront les premiers en ordre

---

(1) *Journal de Dangeau*, p. 421, 444, 446.

d'église, et, après eux, le vicaire perpétuel ; celui-ci aura les droits de chanoine et l'aumusse. Quant « au sous-vicaire en Bresmont qui a un grand tiers de la paroisse à gouverner, et à Guillier, chapelain de Saint-Claude et sacristain, ils ne porteront que le capuchon court. » Conformément à la transaction de 1493, le curé, ou son chapelain, ou un clerc assistera à l'office pour aider à chanter ; défense leur est faite d'interrompre le service canonial par aucun office chanté ; au curé incombe le soin de faire parer l'autel, de préparer les ornements, de s'occuper des portes, de la propreté de l'église et de la sonnerie. Pour les obits et anniversaires laissés au curé, le chapitre en aura la moitié ; les offrandes du Vendredi-Saint reviendront au chapitre. Au sujet des processions, prières publiques, Te Deum et autres cérémonies solennelles, quand le curé aura reçu un mandement des supérieurs, il le communiquera au chapitre et s'entendra avec lui pour régler les détails.

La messe paroissiale, à laquelle le curé fera les prônes et publications, sera à une heure différente de la messe canoniale. Les chanoines feront l'office paroissial à la grand'messe et aux vêpres des quatre grandes fêtes solennelles et à la solennité du patron ; l'un des chanoines, délégué par le chapitre, assistera à la reddition des comptes de la fabrique et il ne sera fait aucun changement sans leur participation. Les concessions des bancs de la nef appartiendront au curé et aux marguilliers, à la charge de laisser un passage libre au milieu pour les processions. Le curé encensera les autels, puis l'officiant et les chanoines avant le peuple, et prendra la bénédiction de l'encens de l'officiant. A l'avenir, les curés ou vicaires perpétuels reconnaîtront les chanoines comme leurs curés primitifs et assisteront aux chapitres généraux, quand ils y seront mandés. Enfin « la portion congrue » du curé, fut fixée à 120 livres par an (1).

Un des seigneurs de Langeais — nous revenons à ceux-ci — dont le nom jette le plus d'éclat sur le château, dans la seconde moitié du XVIIe siècle, est le duc de Mazarin.

Armand Charles de La Porte, nous l'avons vu, était né du maréchal de La Porte et de Marie Coëffier. Ses qualités et sa fortune en firent un des personnages les plus considérables de son époque. Il succéda à son père, « un des hommes du plus grand mérite, de la plus constante faveur et le plus compté de son temps », dans le gouvernement de Bretagne et dans la charge de grand-maître de l'artillerie, « lors absolue. » Il eut en outre le gouvernement d'Alsace, de Brisach, de Béfort et le grand bailliage d'Haguenau, qui seul était de trente mille livres de rentes, avec le gouvernement de Vincennes. « On ne pouvait avoir plus d'esprit ni plus agréable ; il était de la meilleure compagnie et fort instruit ; magnifique, du goût à tout, de la valeur ; dans l'intime familiarité du roi qui n'a jamais cessé de l'aimer et de lui en donner des marques, quoiqu'il ait fait pour être plus qu'oublié ; gracieux, affable et poli dans le commerce ; extraordinairement riche par lui-même. » Il était « assez grand et gros homme, de bonne mine. »

Le cardinal Mazarin lui trouva tant de qualités qu'il voulut en faire son héritier en lui donnant son nom et sa nièce, Hortense Mancini. « Son

(1) Archives de la fabrique de Langeais. — Archives d'Indre-et-Loire, *Titres de l'église Saint-Jean.*

père résista tant qu'il put à la volonté du cardinal, son ami intime. Le maréchal qui avait de la vertu, disait que ces biens lui faisaient peur et que leur immensité accablerait et ferait périr sa famille. » A la fin, il fallut céder. Sa femme lui apporta en dot vingt-huit millions. « Le roi le mit dans tous ses conseils, lui donna les entrées des premiers gentilshommes, et le distingua en tout » (1).

Il ne sera pas sans intérêt de donner ici quelques détails sur ce mariage et sur la façon dont il fut réalisé. Au mois de septembre 1647, le cardinal Mazarin, désireux d'étendre sur sa famille quelque chose de l'éclat dont il était environné, fit venir d'Italie un neveu et trois nièces : les premiers, nés de sa sœur cadette Mancini et la dernière, de sa sœur aînée Martinozzi. « L'aînée des petites Mancini était une agréable brune qui avait le visage brun, âgée d'environ douze ou treize ans. La seconde était brune avec le visage long et le menton pointu ; ses yeux étaient petits mais vifs. La troizième était blonde, elle avait les traits beaux et de la douceur dans les yeux » (2). A la cour, elles furent entourées de tous les jeunes seigneurs et lorsqu'elles eurent grandi, Louis XIV, lui-même, qui les voyait souvent, se prit d'une particulière amitié pour Mlle de Mancini qui n'était pas la plus belle. La reine d'Angleterre, venue en France pour accorder sa fille à Monsieur, frère du roi (1660), retourna à Londres avec l'intention de proposer Hortense Mancini à son fils, pensant bien que les cinq millions promis par le cardinal paraî-

(1) *Mémoires de Saint-Simon*, t. X. p. 277-279.
(2) *Mémoires de Mme de Motteville*, p. 129-130.

traient à celui-ci de nature à parer à certains embarras financiers ; mais l'affaire ne réussit pas.

Sur la fin du mois de février 1661, le cardinal Mazarin sentant ses forces décliner « fit épouser Hortense Mancini au grand maître, en le faisant héritier de tous ses biens et lui fit quitter son nom de la Porte, qui de soi était médiocrement honorable et l'obligea de prendre celui de Mazarin, avec des biens et des établissements prodigieux. Depuis longtemps le grand maître était amoureux de Mlle Hortense et avait refusé la comtesse de Soissons, espérant d'avoir sa cadette ; mais le cardinal gardait cette cadette, qui était belle, pour des rois ou du moins pour des souverains. Jusque là il avait montré de l'aversion à la lui donner et ne paraissait pas estimer sa personne ; mais la mort qui le prenait à la gorge, ne lui donnant pas le temps d'accomplir en ses nièces qui lui restaient à marier la grandeur de ses désirs, il fallut qu'il prît le grand maître comme son pis-aller. Il était déjà fort riche, car son père, par la faveur qu'il avait eue auprès du cardinal de Richelieu comme son parent, avait de grands biens et de grandes dignités. Il parut heureux d'être porté par la fortune à la jouissance de cette grande dépouille : mais ce n'est pas être heureux que d'être fort riche. » (1)

Mazarin, qui de son lit de moribond continuait à donner des ordres souverains, à distribuer des charges et des bénéfices, déclara « le marquis de la Meilleraye, grand maître de l'artillerie, son héritier principal, en lui faisant prendre le nom de Mazarin ; et il lui avait donné Hortense, la plus belle de ses nièces, avec tant de millions en

(1) *Mémoires de Mme de Motteville*, p. 502.

argent, en terres, en maisons et en pierreries qu'il avait cru établir sa maison sur des fondements inébranlables, oubliant sans doute que le cardinal avait eu le même dessein et n'y avait pas réussi ». (1)

Le seigneur de Langeais jouissait à la Cour d'une haute considération, due tant à l'éclat de son nom et de sa dignité qu'à l'importance de sa fortune. « Il était alors assez à la mode : chose étrange que sa fortune l'ait accablé ! Il eût été fort honnête homme et fort riche, s'il fût demeuré dans son état naturel ; mais son âme n'était pas faite pour porter un si grand poids d'honneur et de richesses. Une dévotion malentendue le saisit et gâta tout ; la tête lui tourna bientôt. Il alla lui-même un matin tout seul, dans sa galerie, casser à coups de marteaux des statues antiques d'un prix inestimable, croyant faire une action héroïque ; et sur ce que Colbert lui alla demander de la part du Roi ce qui l'avait poussé à faire une action si extraordinaire, il dit que c'était sa conscience : « Mais, Monsieur, reprit Colbert, pourquoi avez-vous dans votre chambre cette tapisserie où Mars est assis bien près de Vénus ? — Ah ! Monsieur, lui dit le duc Mazarin, ce sont des tapisseries de la maison de La Porte ». Le Roi le plaignit et le laissa faire ; mais il n'oublia pas ce fait héroï-comique ; et plus de quarante ans après, en visitant les bâtiments du Louvre et voyant un marteau sur un degré, il se tourna vers Perrault, contrôleur des bâtiments, et dit : « Voilà une arme dont le duc de Mazarin se sert fort bien ». (2).

(1) *Mémoires de l'abbé de Choisy*, Coll. Petitot, t. 63 p 203.
(2) *Mémoires de l'abbé de Choisy*, p. 206.

Cette bizarrerie, qui n'a rien de commun avec les sages préceptes de la pudeur, recommandée par la Religion, est attestée par d'autres contemporains. Le duc de Mazarin, dit l'un des plus autorisés, « mutila les plus belles statues et barbouilla les plus rares tableaux ». Dans son excentricité, il alla jusqu'à défendre « dans toutes ses terres aux filles et aux femmes de traire les vaches, pour éloigner d'elles les mauvaises pensées que cela pouvait leur donner. Il voulut faire arracher les dents de devant à ses filles parce qu'elles étaient belles, de peur qu'elles y prissent trop de complaisance » (1).

Au reste, d'humeur voyageuse, « il ne faisait qu'aller de terre en terre, et il promena pendant quelques années le corps de Mme de Mazarin qu'il avait fait apporter d'Angleterre, partout où il allait. Il vint à bout de la sorte de la plupart de tant de millions, et ne conserva que le gouvernement de l'Alsace et deux ou trois gouvernements particuliers. »

Le duc de Mazarin n'était pas plus heureux vis-à-vis des gens avec lesquels il était en relation. « En faisant de bonnes œuvres, il a trouvé le moyen de se faire mépriser de tout le monde. A force de vouloir faire justice, il ne l'a faite à personne ; il a eu trois cents procès qu'il a presque tous perdus, non que le souvenir du cardinal inclinât ses juges en faveur de ses parties, mais parce que dans le fond il avait tort et qu'il n'a jamais voulu croire son conseil en consultant néanmoins et payant bien cher les plus habiles avocats. Il a toujours agi sur un plaisant principe : « Je suis bien aise, dit-il, qu'on me

(1) *Mémoires de Saint-Simon*, t. X.

fasse des procès sur tous les biens que j'ai eus de M. le Cardinal. Je les crois tous mal acquis : et du moins quand j'ai un arrêt en ma faveur, c'est un titre et ma conscience est en repos. » Enfin pour remplir la malédiction que Dieu avait jetée sur tant de richesses, qu'on peut dire véritablement le sang du peuple, il a trouvé le secret de se ruiner, quoi qu'aient pu faire Colbert, Gaumont et Bellinsani, les trois hommes du monde les moins dissipateurs, qui dans le commencement se faisaient un honneur d'abandonner leurs propres affaires pour avoir soin des siennes » (1).

Heureusement le domaine de Langeais n'était pas venu au duc par la voie du cardinal Mazarin, sans cela il se fût peut-être également félicité de ce que la perte de quelque procès vint l'aider à mettre sa conscience en repos.

Du moins les châtelains de Langeais eurent la joie de voir leur foyer domestique ensoleillé par le sourire de quatre enfants, un garçon et trois filles. L'aîné, Paul-Jules, réunit les titres de duc de Mazarin et de la Meilleraye. A son sujet, nous lisons dans le *Journal de Dangeau* : « 28 mai 1690, M. de la Meilleraye s'est accomodé avec M. le duc de Mazarin son père, et lui cède le grand bailliage de Haguenau ; et son père lui donne pour plus de 100,000 francs de meubles. » Des filles l'une, Marie-Charlotte, épousa Louis-Armand de Vignerot du Plessis, marquis de Richelieu ; la seconde, Marie-Anne, fut abbesse du Lys et décéda en 1720 ; la troisième Marie-Olympe-Emmanuelle, le 30 septembre 1681, donna sa main à Louis-Christophe Gigault, marquis de Bellefonds.

(1) *Mémoires de l'abbé de Choisy*, p. 206.

Par suite de l'alliance entre les de la Porte-Mazarin et les du Plessis de Richelieu, il s'établit des relations plus intimes entre les deux familles, qui d'ailleurs étaient unies du temps même du cardinal de Richelieu. La pensée de rendre visite à la famille alliée et peut-être aussi le désir de visiter le palais des bords du Mable, dont on vantait les les splendeurs et les richesses d'art dans le monde entier, portèrent le duc de Mazarin et sa jeune épouse à se rendre dans cette contrée. Ils y vinrent au printemps de l'année 1685, au moment où le jardin de la France développe, sous la tiède haleine des zéphyrs, la tendre fraîcheur de ses premières verdures et la mosaïque de ses fleurs embaumées. Leur passage fut marqué par une cérémonie religieuse, par le baptême d'un fils de Charles de Bled, écuyer, sieur de la Massetière, que le duc et la duchesse tinrent sur les fonts comme parrain et marraine (1).

Dans la suite, la châtelaine de Langeais finit par se brouiller avec son mari, passa la Manche et se retira en Angleterre, où elle mourut au mois de juillet 1699. A cet égard, on lit dans le *Journal de Dangeau* : « 5 juillet, Madame de Mazarin est morte dans une maison à la campagne auprès de Londres. Il ne revient rien à M. de la Meilleraye par la mort de Madame sa mère. M. de Mazarin a la jouissance de tout le bien. » De son côté, le *Mercure*, journal qui nous renvoie l'écho des faits les plus importants de cette époque, ajoute : « On a eu avis que Madame la duchesse de Mazarin, qui était depuis fort longtemps en Angleterre, y était morte le 2 de ce mois, au village du Chelzer, près de Londres. Elle était sœur de

(1) Archives de Richelieu, *Reg. d'État-civil*, f. 128.

Mme la duchesse de Bouillon, toutes deux nièces de M. le cardinal Mazarin. Sa beauté et son esprit faisaient grand bruit à la cour quand elle épousa le duc de Rethelois, de la Meilleraye et de Mayenne, le 28 février 1661. »

A cette époque, la terre de Cinq-Mars était en partie la propriété d'Antoine, marquis d'Effiat, premier écuyer du duc d'Orléans, fils de Martin Ruzé, dont il a été question plus haut. C'est de lui que Saint-Simon écrit qu'il « étoit un homme de beaucoup d'esprit et de manège, qui n'avoit ni âme, ni principes, qui vivoit dans un désordre de mœurs et d'irréligion publics, également riche et avare, d'une ambition qui toujours cherchoit par où arriver et à qui tout était bon pour cela. Avec tant de vices si opposés au goût et au caractère du roi et de Mme de Maintenon, il en étoit bien reçu et traité avec distinction. » (1).

Antoine Ruzé, seigneur de Saint-Mars, vivait d'ordinaire dans sa belle maison de Chilly, près Paris. « Le fond de sa vie était dur par goût, par habitude et par la plus sordide avarice. Il avoit toujours quelques femmes de rien et de mauvaise vie qui l'amusoient, qui en espéroient et qui lui coûtoient peu. Il avoit la meute de Monsieur, que M. le duc d'Orléans lui avoit conservé ; il étoit maître de leur écurie, comme leur premier écuyer. Ainsi c'étoit à leurs dépens qu'il couroit le cerf, tous les étés, chez lui à Montrichard ou dans les forêts voisines de Montargis dont il étoit capitaine. Il y voyait peu de noblesse du pays, à qui il faisoit très courte chère.

« Il avoit beaucoup de pierreries. C'est le premier particulier à qui j'ai vu, dit Saint-Simon,

---

(1) *Mémoires de Saint-Simon* t. VIII p. 155-6.

une croix du Saint-Esprit de diamants fort belle sur son habit, au lieu de la croix d'argent brodée, et tout l'habit garni de boutons et de boutonnières de diamants » (1). Ramené de Chilly à Paris, lors de sa dernière maladie, il mourut dans la capitale au mois de mai 1719.

IV

L'histoire des seigneurs de Langeais ne doit pas nous faire négliger ce qui regarde les annales religieuses de cette localité, bien qu'elles présentent un intérêt purement local.

L'église de Langeais était d'un revenu si modique qu'elle pouvait à peine entretenir un curé, et le chapitre, curé primitif, possédant les dîmes de ladite paroisse, n'était pas en état de payer la pension congrue. Pierre Millet, conjointement avec le chapitre, présenta une requête à M. de Saint-Georges, en y joignant la procuration envoyée par M. le duc de Chevreuse, présentateur des prébendes et seigneur de Langeais. M. de Saint-Georges, alors grand vicaire, le siège épiscopal étant vacant, se transporta à Langeais, fit faire un procès-verbal de *commodo et incommodo*. Il s'agissait de rendre un décret portant suppression du titre d'une des prébendes, vacante par la mort de Pierre Baudry, décédé le 29 décembre 1689, et réunion de son revenu à la cure pour le supplément de la portion congrue ; l'avis des paroissiens, consultés à cet égard, fut favorable à la mesure.

Plus tard, le curé et le chapitre ayant présenté de nouveau une requête à l'archevêque, le

(1) *Mémoires de Saint-Simon*, t. XVII, p. 207-211.

le 18 décembre 1604, celui-ci ordonna une enquête sur le revenu de la cure et du chapitre: Elle eut pour résultat d'établir que « le gros de la cure » ne montait qu'à 67 livres et que les recettes du dit chapitre, consistant dans les dîmes levées sur la paroisse, ne produisaient par année commune que treize à quatorze septiers de blé, ou seigle, et sept à huit poinçons de vin pour chacun desdits chanoines, outre deux arpents et demi de pré. En conséquence, le 4 juin 1696, Monseigneur Matthieu, archevêque de Tours, faisant sa visite en l'église de Langeais, vu le consentement du chapitre, du présentateur le duc de Luynes et des habitants, ordonna la suppression de la prébende et sa réunion à la cure, « aux charges pour le sieur curé de participer aux conditions de commodité et d'incommodité à proportion et de même que chacun des chanoines en peut être tant spirituellement et temporellement, sauf toutefois à l'exception des choses qui ne seront pas compatibles avec ses fonctions curialles. »

A cette occasion, nous ferons remarquer que le chapitre de Langeais comptait, parmi ses droits, celui de prendre la moitié du produit du péage, à la foire de Saint-Jean-Baptiste qui se tenait près du grand cimetière, et qui subsiste toujours sans d'ailleurs que le clergé songe à y rien prétendre. La collégiale avait pour armoiries : *d'azur au chevron d'or, accompagné de trois croix ancrées, de même.*

Le fait de l'union d'une des prébendes à la cure, ainsi canoniquement accompli, il restait à régler les détails par une transaction qui intervint le 26 août 1696 entre le chapitre et le vicaire perpétuel. Les chanoines étaient alors

Claude Vitard, Pierre Michel de Vailleitnes et Christophe Ratier; le curé était Pierre Millet. Par cet acte qui pose en principe le maintien de la sentence arbitrale de 1660, le recteur s'engagea à faire toutes les fonctions canoniales, dans la mesure où sa charge le lui permettait; toutes les fondations présentes ou à venir seront acquittées par les chanoines et le curé pour chacun un quart, et le produit sera touché par un des chanoines désigné à cet effet. Le curé a la charge d'entretenir la sacristie de pain et de vin, en prenant sur les dîmes un setier de froment ou de méteil et un poinçon de vin, comme on l'a toujours pratiqué. Il a droit aux casuels et oblations, sauf celles du Vendredi-Saint, ainsi qu'aux revenus de la cure, comme en ont joui ses prédécesseurs. Ces revenus consistaient en deux arpents et demi de vigne aux Coutures; un arpent à la Foucaudière, ou Travail-Coquin, et trois quartiers au haut de la Fuye, ainsi qu'un arpent et demi de pré en la grande et petite prée de Langeais, le presbytère avec ses dépendances, un petit jardin de l'autre côté de la rue et « joignant aux mazures de l'hôpital », avec un setier de seigle, mesure de Crassay. Les revenus en espèces consistaient en 5 sols sur les seigneuries de Vernou et le Puy, 50 sols sur trois maisons, 15 sols sur les caves « par le hault entre l'église et le grand cimetière », un quartier de taillis dans les Vaubruneaux. De tous ces biens le curé ne paiera aucune dîme. Pour tout ce qui regarde le temporel du chapitre, on devra consulter le curé qui sera appelé à toutes les assemblées.

La cure de la Chapelle-aux-Naux, « fillette de Saint-Jean de Langeais », donna lieu à une contestation. M. Christophe Rattier ayant été mis en possession de cette église par lettres de Rome, les chanoines de Langeais réclamèrent en qualité de « curés primitifs ». Pour couper court au différend qui allait s'élever, le 9 décembre 1692, M. Rattier consentit à se désister de ce bénéfice et à considérer ses lettres de provision comme obtenues sans fondement et par inadvertance. En retour, il desservira la paroisse sa vie durant ou tant qu'il voudra et jouira des fruits et émoluments; s'il veut quitter, il avertira le curé de Langeais, trois mois avant de sortir. En outre il continuera ses assistances aux fêtes des dimanches des Rameaux, du Saint-Sacrement et de Saint-Jean-Baptiste ; il ne pourra célébrer aucun mariage sans un certificat du curé de Saint-Jean.

..... Quid non mortalia pectora cogis —
Auri sacra fames !

a dit le poète antique. A l'égal de l'or, la propriété immobilière est elle aussi trop souvent une source de litiges entre voisins insuffisamment délimités, ou bien par suite de la malveillance de gens ambitieux, tracassiers et chagrins.

Les réguliers de Saint-Cosme possédaient à Langeais sur la paroisse Saint-Laurent des domaines, au lieu dit la Machetière. Ils se virent troublés dans leur possession et l'affaire, portée aux Requêtes du Palais, traîna si bien en longueur que les religieux jugèrent utile d'envoyer l'un d'eux, Toussaint Faré, à Paris pour presser le dénouement. Le délégué partit le premier jour de mars 1691. Il tint un compte détaillé de ses frais de voyage ; et comme il n'est pas sans intérêt de connaître les circonstances d'un voyage à la Capitale, à la fin du XVII° siècle, nous donnerons ici quelques détails.

Sa place en carrosse coûta 21 livres. A sa première étape à Amboise, il paya pour le repas et le coucher 26 sols ; à la dinée à Blois, 1 livre 4 sols ; le soir, à Saint-Didier, 28 sols ; le troisième jour à Cléry, pour la dinée, et le soir à Orléans pour le souper et le coucher, il déboursa 2 livres 10 sols ; le quatrième jour, pour la dinée à Orléans, et le soir à Torcy, pour le souper, 48 sols ; le cinquième jour à Étampes pour la dinée, et le soir à Chartres pour le souper 2 livres 15 sols ; le sixième jour, au Bourg-la-Reine, pour la dinée et le coucher, 50 sols.

Suivons maintenant notre voyageur dans la Capitale. Il séjourna à Paris vingt-cinq jours, durant lesquels il dépensa trente sols par jour, « non compris les buvettes, ratures de barbes, bois et blanchissages. » Les ratures de barbe et buvettes se montent en moyenne à 12 sols par jour ; lorsqu'il y a blanchissage « de gros et menu linge » et de rabats, la dépense s'élève d'ordinaire à 25 sols. Chaque semaine le religieux assiste au sermon avec son neveu, et alors son journal porte « pour les places à la prédication » et buvettes 23 sols 6 deniers. Un jour, le 2 mars, il fut invité à déjeuner par les Augustins. Ensuite il se rendit à Meaux « pour vacquer aux affaires » du couvent et y demeura dix jours durant lesquels sa dépense s'élève à 15 livres.

Le montant des frais du voyage atteint 131 livres 6 sols 6 deniers. Le voyageur a tenu un compte exact de ce qu'il a laissé aux mains des hommes de loi. Nous remarquons en particulier, qu'il versa 35 livres au procureur, M. Calaud au secrétaire, 17 livres, au clerc, 3 livres ;

13

pour la sentence des requêtes, 23 livres ; « au portier et au laquais du rapporteur 33 sols; » pour un entretien d'affaires avec M. Vachot, pendant plus de deux heures, 9 livres 18 sols ; » pour avoir «assemblé deux advocats et pour la chambre en laquelle on a fait la consultation, 7 livres 8 sols 6 deniers. »

Le siècle de Louis XIV, ouvert dans l'éclat de triomphes militaires jusque-là sans égaux, dans l'auréole d'une gloire littéraire et artistique qui efface presque celle d'Auguste et de Léon X, puis continué dans la splendeur du plein épanouissement de toutes les énergies nationales, disparut dans un crépuscule voilé de tristesse et d'appréhension.

Louis XV, prince faible et efféminé, soumis à la direction d'un régent libertin, n'était pas fait pour ressusciter les grandeurs du règne précédent : il s'endormit mollement au milieu des sarcasmes de Voltaire et des Bergeries de Wateau et de Bouchet, sans paraître se douter que le réveil serait terrible pour la race royale et pour la nation toute entière.

Mais écartons ce souvenir et ne nous hâtons pas de projeter sur l'histoire de Langeais ces reflets sinistres ; elle nous réserve encore plus d'une page illuminée des douces clartés de la justice, de l'honneur et du véritable mérite.

Voici, d'après un document public emprunté à la description de la généralité de Touraine, l'état officiel de Langeais à la fin du xviie siècle et au commencement du xviiie siècle. « La ville de Langeais, située sur la Loire dans l'élection de Tours, est renommée par les bons melons qui en viennent. C'est Mme la marquise de Bellefonds, fille de M. le duc de Mazarin qui en jouit à présent. Il y a un juge royal dont la juridiction est de peu d'étendue ; elle est exercée par un lieutenant général, un procureur du roy et par un greffier. Le grenier à sel est composé d'un président, un grenetier, un controlleur, un procureur du roy et un greffier. On y consomme onze muids de sel par an. Le prévost est un lieutenant du prévost provincial de Tours, qui a sa résidence à Langeais ; il y a un assesseur, un exempt et six archers. Les deux paroisses de la ville contiennent quatre cent quatre-vingt-dix-neuf feux, y compris ceux de la campagne qui en dépendent ; dans celle de Saint-Jean, il y a un chapitre de chanoines.

« On tient tous les ans quatre foires à Langeais, savoir le jeudi avant la Saint-Jean-Baptiste, le jour de Saint-Sauveur, le 1er octobre et le 15 novembre. C'est la route ordinaire des gens de guerre qui vont et viennent de Bretagne. Il y en a passé tous les ans durant la guerre quatorze à quinze mille, tant de cavalerie qu'infanterie, ce qui fait que la plupart abandonnent le pays, je dis de ce lieu. Le nombre des habitants est d'environ deux mille qui payent la taille, la somme de trois mille trois cent quatre-vingt livres ». (1)

Parmi les officiers de justice du siège de Langeais, nous relevons les noms suivants : René Delugré, sieur de la Billarderie, conseiller du roi, lieutenant général civil et criminel au bailliage, au siège royal de Langeais (1601), bailli des châtellenies des Écluses et de Crassay (1728, 1731) ; Jean Bruslon, greffier de ce siège et marchand (1731) ; Louis Fortin, procureur de ce siège et

(1) Mémoire concernant la généralité de Touraine, présenté par le gouverneur, le marquis de Dangeau

procureur fiscal de la baronnie de Saint-Michel (1731); François Douault, procureur du roi (1746); Abel Desroyers, commissaire de police et receveur du bureau, remplacé comme receveur, en 1730, par André-Laurent Bruslon ; René Salmon, avocat (1759), bailli des châtellenies des Ecluses et de Crassay (1768, 1769) ; René Douault (1768); François Herpin, huissier (1768); Jean Bruslon, conseiller du roi, lieutenant de l'élection de Tours et des justices des Ecluses et de Crassay (1772).

Le grenier à sel comptait parmi ses officiers : Jean-Baptiste Gitton, sieur de la Ribellerie et lieutenant-général de police, officier en 1730 ; Jean-François Nouchet, receveur (1768) ; Louis-Alexandre Abel, sieur de la Choboissière, président (1779); Boutet de la Roche, receveur (1776).

La Touraine avait sept greniers à sel, composés chacun d'un président, d'un grenetier, d'un contrôleur, d'un procureur et d'un greffier. Dans la direction de Touraine pour la gabelle, on comptait un directeur général aux honoraires de 5.000 l., deux receveurs généraux, 17 receveurs des greniers à sel à 12.500 livres, 462 gardes tant à pied qu'à cheval et 113 minotiers de sel. Au tableau de la province de Touraine, en 1762, Langeais, parmi les greniers de vente volontaire est coté pour la « vente volontaire en septiers » à 207 livres.

Le fonctionnement de la maréchaussée dans la généralité de Tours comprenait un prévôt général, résidant à Amboise, cinq lieutenants, quatorze exempts, onze brigadiers, quatorze sous-brigadiers et cent-soixante cavaliers. Il y avait quatre justices de maréchaussée dont le siège établi à Tours, à Angers, au Mans et à Château-Gontier, était composé d'un assesseur, d'un procureur et d'un greffier ; à Langeais, se trouvait une brigade, formée de quatre cavaliers et d'un brigadier.

Dans le tableau de l'impósition effective de la taille pour 1762, Langeais figure pour 300 livres, déduction faite de la gratification accordée par le Conseil. Au don gratuit, où l'élection de Tours est portée pour 53.850 livres, Langeais paraît pour 1.500 livres (1).

Nous profiterons de l'occasion pour entrer dans quelques détails relativement aux impôts à cette époque. Les impôts, que nous divisons aujourd'hui en directs et indirects, comprenaient alors deux catégories correspondantes sous la désignation de *taille,* ou impôt indirect, et *d'aide* ou impôt direct. La taille, à la fois foncière et personnelle, devint perpétuelle sous Charles VII et s'accrut sous Henri II du taillon, destiné à la solde de l'armée. Les aides, qui tombaient principalement sur les objets de consommation et d'usage, comprenaient les aides ordinaires ou *droits de gros,* les aides *extraordinaires* et les *octrois* dont le revenu était concédé en partie aux villes. Les droits sur les professions ou patentes, la gabelle, — impôt sur « une manne dont Dieu a gratifié le genre humain » selon l'expression pittoresque de Vauban — et plusieurs autres alimentaient le trésor royal.

Colbert, avec sa tendance à abaisser les barrières entre les provinces pour favoriser l'unité nationale, diminua les tailles, augmenta les aides et réduisit les douanes intérieures. Douze provinces, parmi lesquelles la Touraine, étaient répar-

---

(1) Bibl. de Tours, Ms. *Tableau de la généralité*, p. 711.

ties en cinq grosses fermes et avaient accepté de laisser plus de liberté pour le commerce intérieur. La rentrée des impôts était confiée à des fermiers généraux, dont le nombre s'éleva jusqu'à soixante ; ils étaient secondés par des croupiers, qui avançaient les fonds et participaient aux bénéfices de la ferme.

Par suite des exceptions et des privilèges, contre lesquels d'ailleurs réclamaient les intendants aussi bien que le Tiers-État, le poids des impôts se faisait lourd et écrasant pour la classe populaire. Et pourtant, selon la remarque de Vauban, c'est elle « qui par son travail et son commerce, enrichit tout le royaume ; c'est elle qui fournit tous les soldats et matelots de ses armées de terre et de mer et grand nombre d'officiers, tous les marchands et les petits officiers de judicature ; c'est elle qui exerce et qui remplit tous les arts et métiers ; c'est elle qui fait tout le commerce et les manufactures du royaume, qui fournit tous les laboureurs, vignerons et manœuvriers de la campagne, qui garde et nourrit les bestiaux, qui sème les blés et les recueille, qui façonne les vignes et fait le vin ; et pour achever de le dire en peu de mots, c'est elle qui fait tous les gros et menus ouvrages de la campagne et des villes. » (1).

Vauban, qui avait pu étudier le mal et le remède en parcourant, à plusieurs reprises, les provinces, s'éleva avec une généreuse indépendance contre les abus qui réduisaient « la dixième partie du peuple à la mendicité. » Sans craindre les représailles des intéressés, il proclama hautement qu'il existe « une obliga-

---

(1) *La dime royale.*

tion naturelle aux sujets de toutes conditions, de contribuer aux services de l'Etat à proportion de leur revenu ou de leur industrie. » Faisant de cette maxime la base de sa réforme, il rédigea un projet général qui renferme les deux éléments essentiels de l'impôt : l'équité de la répartition et la facilité de la perception, à l'égard des trois catégories de gens que formaient la nation, c'est-à-dire les gens d'épée, les gens de robe longue ou courte et les roturiers. Mais les idées du vaillant économiste se heurtaient à trop de préjugés et d'intérêts pour recevoir alors leur application.

Les impôts nous amènent tout naturellement à parler des institutions charitables faites pour alléger les souffrances physiques et morales du peuple. A mesure que l'esprit de fraternité se répandait dans les rangs de la société et que les diverses classes tendaient davantage à se solidariser, on créa des institutions publiques de bienfaisance dont saint Vincent de Paul restera le grand et incomparable initiateur, au XVIIe siècle. C'était d'autant plus nécessaire que les couvents, pour plusieurs raisons, n'étaient plus en mesure de continuer et encore moins d'élargir le rôle charitable qu'ils avaient si noblement rempli dans le passé.

Langeais eut son *Bureau des pauvres* dont la caisse était alimentée par des dons volontaires, par des fondations. Les sieurs de Belair paraissent avoir été des premiers à soutenir cette œuvre. En 1637, « suivant leurs intentions, » la fabrique de l'église Saint-Jean paye aux pauvres 20 sols pour deux années. Le 4 décembre 1680, Mathieu Voisin, sieur de Vaugodet, argentier du prince de Condé, demeurant à Langeais, voyant la mort approcher fit un testament en faveur des pauvres. Il leur légua une rente annuelle de 51 livres à la charge pour eux de faire célébrer chaque année une messe basse le jour de son décès, à laquelle les pauvres assisteront. Cette somme sera distribuée en argent, pain ou autres objets, suivant les besoins, par celui qui tiendra le bureau des pauvres ou par d'autres personnes désignées par le curé, les fabriciers et quatre des principaux habitans de la paroisse et par les parents les plus proches du testateur, s'il y en a encore au pays. Ces mêmes personnes désigneront les pauvres ainsi que la quantité à donner à chacun, l'époque et la durée des distributions. Sur cette somme vingt livres seront employées dans « un fonds. » Pierre Millet, nommé exécuteur du testament, souscrivit ces clauses en présence de Louis Delahaye, prêtre prieur de Saint-Laurent.

Le 30 juillet 1692, « selon l'ordre de Mgr de Mazarin, » Jean Thibaut jeune, « fermier du domaine et château de Langeais », versa au bureau 40 livres. Le 22 août de la même année, d'après « l'ordre de Mme la marquise de Bellefonds, » Jean Thibault l'aîné remit au bureau 31 livres, puis, au mois de septembre, 86 livres. Mme de Bellefonds donnait à l'œuvre un minimum de 40 livres par an. De 1691 à 1693, Mlle de Vaugodet, qui fut une grande bienfaitrice des pauvres, donna pour 150 livres de blé, seigle et méteil, en même temps que deux registres pour la comptabilité. Les recettes de deux années montent alors à 238 livres, 15 sols. Le zèle des amis des misérables redoubla à l'occasion d'une disette extrême, qui se fit sentir alors et dont on retrouve l'écho douloureux dans cette inscription, à l'intérieur du clocher : « En 1693, l'home pensa manger l'erbe avec les dants. »

L'Administration du Bureau se composait du curé comme président, assisté d'un trésorier et de plusieurs membres. A la fin du XVII° siècle, on voit : Pierre Millet, curé ; René Delugré, sieur de la Billarderie, conseiller du roi et lieutenant général ; les trésoriers : Marie Taillecourt (1639), Pierre Porcher (1690), Jacques Breton, greffier des roles des tailles (1691-92); Abel Desroyers (1692); et Mlle de Vaugodet (1693).

Pour ne pas interrompre ce qui regarde la bienfaisance, nous ferons remarquer qu'en 1710, à la fin de l'année, les comptes sont approuvés et signés en séance par les administrateurs, réunis chez Mlle de Vaugodet. En 1725, la trésorière est dame Renée Breton, qui en 1728 reçoit le titre de directrice du bureau. Parmi les membres, on remarque, en 1730, Jean Lebouc, procureur fiscal de la châtellenie des Ecluses ; Pierre Rejaudry, lieutenant de bourgeoisie ; Jean Bruslon, greffier au siège de Langeais, et Jean-Baptiste Taillecourt, greffier au grenier à sel. En 1728, Louis Courault, maître ès-arts, et François Nicolin lèguent huit livres de rente foncière perpétuelle à payer le jour de Toussaint. En 1734, l'administrateur du Bureau est Louis-René Caillard, conseiller du roi en la chambre des comptes de Bretagne. A partir de 1737, les héritiers de Mathurin Esnault paient au bureau les arrérages d'une rente de 14 livres. En 1776, la levée du tronc des pauvres, placé dans l'église saint-Jean, donne la somme de 22 livres 10 sols. Jean Delugré est receveur administrateur du bureau des pauvres. On voit aussi René Delugré, sieur de la

Billardérie, conseiller du roi, lieutenant général, juge civil et criminel, paraître dans des procès relatifs à un legs fait aux pauvres. Un des derniers receveurs fut Louis-René Caillard, chef des gardes nationales de Langeais.

Les pauvres de Saint-Laurent trouvaient eux aussi un appui auprès des notables de cette paroisse rurale. Le 2 mai 1663, « noble homme Jean Bretonneau, sieur des Moullins, chef de fourrière de la maison de monseigneur le prince de Condé, demeurant en sa maison des Moullins, paroisse Saint-Laurent », fit son testament en la cour de la châtellenie de Crassay. Il demanda « qu'il soit mis dix cierges sur les cinq autels qui sont dans l'église, et fait douze torches qui accompagneront son corps », portées par douze pauvres de la paroisse Saint-Laurent, à chacun desquels on donnera une aune et demie de serge de la valeur de 30 sols. Il fit pour les pauvres de cette paroisse « gens estroppiez, aveugles ou autres, qui ne seront en estat de gagner leur vye », une fondation de 36 livres, à la charge pour eux de faire dire annuellement, au jour du décès du testateur, trois grand'messes « où ils assisteront, fourniront de cierge et prieront Dieu pour le repos de son âme » ; ces pauvres seront choisis annuellement par le curé, cinq ou six des habitants de la paroisse et les héritiers du testateur. Il légua en outre à perpétuité 30 sols à chacun des marguillers, qui sonneront un quart d'heure durant la veille et le jour de son service, et il ordonna qu'à chacun des trois services, il soit baillé un setier de blé méteil, mesure de Crassay, et un poinçon de vin rouge aux pauvres ; enfin à chacun des valets et servantes qui seront chez lui à son décès, il donna 20 livres outre leurs gages. L'exécuteur testamentaire était Jacques Bouvrau, écuyer de la Guessery, conseiller du roi, lieutenant criminel de robe courte au siège de Langeais.

V

Après avoir exposé rapidement l'état des diverses institutions publiques et privées, au xviie siècle et au xviiie siècle, afin de ne pas trop émietter notre récit nous revenons à l'histoire du château ou mieux des seigneurs qui l'ont possédé.

Armand de la Porte, qui d'après un contemporain « brillait fort à la Cour dans sa grande jeunesse », mourut à son château de la Meilleraye, le 9 novembre 1713. Le domaine de Langeais échut à sa fille Marie-Olympe, mariée à Louis-Christophe Gigault, marquis de Bellefonds. Celui-ci était fils de Bernardin Gigault, marquis de Bellefonds, maréchal de France, et de Madeleine Fouquet. Le maréchal de Bellefonds « s'étoit attaché au roi dès le temps du cardinal Mazarin, lorsque tout le monde négligeoit de faire la cour à ce prince. Ce fut lui que le roi chargea, sur la fin des jours du cardinal, de lui venir rendre un compte fidèle de l'état où il étoit, et à qui il demanda plusieurs fois : « En est-ce fait? » Bellefonds étoit d'une ambition outrée et aimoit les routes particulières et détournées; il avoit de l'esprit, et même assez profond, mais peu agréable et sujet à des imaginations creuses. Il étoit faux sur le courage, sur l'honneur et sur la dévotion et n'avoit jamais rien fait à la guerre qui méritât une grande élévation : il étoit pourtant capable de bien penser (1). »

Le châtelain de Langeais était gouverneur-capitaine des chasses et du château de Vincennes, colonel du régiment Royal-Comtois et premier écuyer de la Dauphine. Son épouse lui donna quatre enfants : Louis-Charles-Bernardin, marquis de Bellefonds, maître de camp ; Marie-Madeleine-Hortense, qui s'unit le 27 mars 1708 à Anne-Jacques de Bullion, marquis de Fervaques ; enfin Olympe et Louis. Quant à Louis-Christophe Gigault, il décéda le 3 août 1692. Son fils aîné, auquel l'avenir souriait plein de promesses, mourut prématurément en 1710.

Le marquis « laissa un fils en maillot et le gouvernement et capitainerie de Vincennes vacant, qu'il avait eu de son père, gendre du duc de Mazarin, qui le lui avait donné. Le roi ne voulut point voir la liste des demandeurs, qui étoit illustre et nombreuse, et à la prière de Madame la Duchesse de Bourgogne, appuyée de Madame de Maintenon, il le donna au marquis du Châtelet, qu'il chargea de quelque chose pour l'enfant et qu'il déchargea par quelque retranchement du soin et de la nourriture des prisonniers du donjon : cela valut encore dix-huit mille livres de rente. La marquise du Châtelet étoit fille du maréchal de Bellefonds, dame du palais de Madame la duchesse de Bourgogne, et d'une vertu de toute sa vie, douce, aimable et généralement reconnue, qui faisoit son service sans se mêler de rien.

« Elle et son mari qui étoit un très brave et très

(1) *Mémoires du marquis de la Fare*, Coll. Petitot, t. 65, p. 184-5.

galant homme, fort vertueux aussi, étoient très pauvres. On a remarqué que ce fut la seule des dames du palais et la plus retirée de toutes, qui eût une grâce de la Cour. La maréchale de Bellefonds qui, par pauvreté, demeuroit à Vincennes, eut un brevet qui lui en assura le logement » (1). L'une de ses filles se fit religieuse à Rouen et, en 1698, reçut de l'archevêque de Paris, l'abbaye de Couflans ; ce fut « une grande consolation à la maréchale de Bellefonds, toujours à Vincennes, d'avoir auprès d'elle une fille qu'elle aime fort ». (2).

Une alliance entre les familles de Bellefonds et de Bullion allait faire passer le château de Langeais dans cette dernière maison. Nous esquisserons à grands traits l'histoire des de Bullion ou Fervaques. Le plus connu est Charles Denis Bullion, communément appelé Bullion tout court, dont le grand-père fut surintendant des finances et président à mortier, et le père président à mortier, puis conseiller d'honneur et greffier de l'ordre du roi.

Charles-Denis avait un frère, dit de Fervaques. Or « Fervaques mourut en ce temps (1698), en revenant de Bourbon. C'étoit un vieux garçon, honnête homme, toujours galant, qui n'avoit jamais été marié et qui avoit acheté, il y a longtemps, du grand prévôt, le gouvernement du Maine et du Perche qui vaut quatorze mille livres de rente. Il étoit riche, quoique frère cadet de Bullion. On trouva un testament de Fervaques par lequel, entre autres legs, il donnoit à la duchesse

---

(1) *Mémoires de Saint-Simon* t. VIII, p. 416-7.
(2) *Journal du Marquis de Dangeau*, édit. Did. 1856, t. 6, p. 275.

de Ventadour la jouissance, sa vie durant, d'une terre de quatorze mille livres de rente ; et malgré ces legs, il revenoit fort gros à Bullion. »

Quant à Charles-Denis Bullion, lui et sa femme « devaient tout à la maréchale de la Mothe et à Mme de Ventadour, chez lesquelles ils passaient leur vie. Malgré cela, Mme de Bullion, aussi avare que riche et glorieuse, et c'est beaucoup dire, et qui traitait son mari comme un petit garçon, lui fit attaquer le testament de son frère, et faire un procès directement à Mme de Ventadour sur l'usufruit que Fervaques lui avait laissé. Cette infamie, faite le lendemain du gouvernement du Maine et du Perche, souleva contre elle et la Cour et la ville à n'oser plus se montrer nulle part. Elle soutint la gageure, se brouilla avec ses protectrices, et perdit son procès avec toutes les sauces et avec une acclamation générale. Question fut après de se raccommoder, et de sortir par là de la sorte d'excommunication générale où elle était tombée avec tout le monde. Cela dura quelques mois A force de soumissions qui lui coûtèrent bien chers, Mme de Ventadour fut assez bonne pour lui pardonner, et peu à peu il n'y parut plus » (1).

Bullion ne jouissait pas précisément d'une réputation de bravoure et cela tenait à une anecdote assez piquante. Avant d'être conseiller au parlement de Metz, il avait « éprouvé à un siège qu'il n'étoit pas propre à la guerre, sans avoir pourtant rien fait de malhonnête. On s'aperçut à un repas à la tranchée, qu'il ne mangeoit point; on l'en pressa, il répondit plaisamment qu'il ne ne mangeoit jamais qu'il ne fut sûr de la diges-

(1) *Mémoires de Saint-Simon* t. II, p. 117-119.

tion. Il avoua franchement sa peur sans la témoigner autrement que par ses paroles. Il quitta à la fin de la campagne et n'en fut pas moins estimé ».

La femme de Bullion se nommait Anne-Marie Rouillé. Nous laisserons à un contemporain le soin de la présenter au lecteur. « Sa femme, qui étoit une Rouillé, sœur de la marquise de Noailles, puis duchesse de Richelieu, enrageoit de voir sa sœur, femme de qualité. Elle et son mari, sous prétexte de rendre des devoirs à la maréchale de la Mothe et à la duchesse de Ventadour, sa fille, de chez qui ils ne bougeoient, se fourroient tant qu'ils pouvoient partout. Mme de Bullion étoit altière, glorieuse, impérieuse et ne supportant qu'avec peine d'être à la Cour, parce qu'elle y vouloit aller, sans parvenir à être de la Cour. De bien meilleures qu'elles ne songeoient pas à manger ni à entrer dans les carosses. Enfin après de longues douleurs, elle offrit si gros à Mme de Ventadour, dame d'honneur de Madame, pour entrer dans son carosse que, tentée de la somme, elle le dit franchement à Monsieur et à Madame qui, par considération pour elle, y consentirent. Mme de Bullion entra donc ainsi dans le carosse de Madame, et soupa une fois avec elle et Monsieur à Saint-Cloud, dont elle pensa mourir de joie ; mais elle en demeura là, et le roi n'en voulut jamais ouïr parler pour manger, ni pour les carosses de Mme la Dauphine » (1).

Mme de Bullion décéda à Paris en 1714. Selon la réflexion d'un historien, cette femme « habile, altière, ambitieuse, seroit morte d'étonnement

---

(1) *Mémoires de Saint-Simon*, t, II, p. 118.

et de suffocation de joie, si elle avoit vécu jusqu'au 1724 et qu'elle eût vu son fils, chevalier de l'ordre ».

Ce fils était Anne-Jacques de Bullion, qui prit le titre de marquis de Fervaques. Au mois de mars 1708, il demanda et obtint la main de Mlle de Bellefonds. Nous lisons à ce sujet dans les auteurs du temps :

— 14 mars 1708. Mlle de Bellefonds épouse M. de Fervaques, fils aîné de M. de Bullion, qui aura un bien prodigieux. On donne à la demoiselle 100.000 francs, et on lui en assure autant après la mort de sa mère.

— 24 mars 1708, à Versailles. Le roi signa le matin le contrat de mariage de M. de Fervaques avec Mlle de Bellefonds, qui est plus riche qu'on ne l'avait dit d'abord, car on lui assure près de 100,000 écus. M. de Fervaques, brigadier d'infanterie et colonel du régiment de Piémont, et qui était cette année à Douai durant le siège a quitté le service. C'est un galant homme et en bonne réputation dans les troupes, mais il n'était brigadier que de l'hiver passé et voulait qu'on le fit maréchal du camp.

— Samedi 12 décembre 1716. Le roi après son dîner, reçut plusieurs chevaliers de Saint-Louis, parmi lesquels M. de Fervaques, homme de mérite, mais qui a quitté le service, il y a quelques années ». (1)

Si le seigneur de Langeais quitta le service, ce fut à l'instigation de sa mère, « piquée qu'il ne fut pas maréchal de camp au sortir de Douai, quoique brigadier seulement de l'hiver. Le roi en fut blessé. Qui lui auroit dit que ce même

(1) *Journal de Dangeau.*

Fervaques serait fait officier général, comme s'il n'eut point quitté, et chevalier de l'ordre en 1724; il aurait été étrangement étonné et scandalisé, comme le fut aussi toute la France: Le roi le punit par la bourse. Piémont lui avoit coûté cent mille livres, il le fixa à soixante quinze mille livres. Ils purent être fâchés de ce petit coup de houssine, mais trop riches pour se soucier de vingt cinq mille livres » (1).

Le 7 avril 1724, on voit la marquise de Bellefonds, faire foi et hommage au roi, en raison du château de Tours, dont relevait la seigneurie de Langeais, « ayant droit de justice royale et possédée à titre d'échange » (2).

A la mort du fils, arrivée avant 1731, l'administration de ce domaine demeura aux mains de la marquise douairière de Bellefonds, qui donna sa confiance à René Delugré, lieutenant général de Langeais, dont le domicile était au château. D'ailleurs la marquise, bien convaincue que

Il n'est pour voir que l'œil du maître,

tenait à se rendre compte par elle-même de ses affaires, et elle le faisait en personne absolument entendue. Ainsi son intendant l'ayant consultée au sujet du renouvellement du titre d'une rente, due à l'église Saint-Jean, elle répondit elle-même par la lettre suivante :

« A Paris le 15 avril 1731.

« Il est juste, Monsieur, de donner aux chanoines de Langeais un nouveau titre de la rente de six livres à eux deue sur mon château de Lan-

(1) *Mémoires de Saint-Simon*, t. ix, p. 33, 34.
(2) Archives d'Indre-et-Loire, E. 99.

geais. La présente lettre vous tiendra lieu de pouvoir nécessaire à cet effet et vous la ferez controller sy cela est nécessaire pour la validité de l'acte que je souhaite qui soit entièrement conforme aux anciens ; à l'égard des arrérages de la rente qui peuvent estre deus, la veuve Thibault n'a pas besoin d'un ordre particulier pour les payer puisqu'elle en est, je croy, chargée par son bail ; aussi vous n'avez qu'à l'avertir d'acquitter cette debte ; à l'égard des réparations qui ne vous concernent point, il faudrait en faire un devis estimatif et me l'envoyer afin que je puisse prendre mon party avec connoissance de cause. Ecrivez au sieur Bruslon de Nancré que je veux absolument avoir des déclarations de tous ceux qui m'en doivent et sans aucun délai. Je suis, monsieur, votre très humble et très affectionnée servante, la marquise de Belfonds. » Au dos : « Monsieur Delugré, lieutenant général à Langeai » (1).

En conséquence René Delugré, « au nom et comme ayant charge et pouvoir de dame Marie-Olympe-Emmanuelle de Mazarin, veuve de messire Christophe Gigault, marquis de Bellefonds, lieutenant général des armées du roi, dame du château et domaine de Langeais, » ratifia le titre de rente de six livres due pour la procession, qui se faisait chaque année « de l'église Saint-Jean dans la chapelle Saint-Nicolas. » (2)

Le 11 juillet 1740, Olympe de La Porte Mazarin fit l'aveu de son domaine. L'acte a le tort de n'être point détaillé ; il n'est pas question des divers fiefs et l'on dit seulement que le château est

---

(1) Archives d'Indre-et-Loire, *titres de Langeais.*
(2) Archives d'Indre-et-Loire, *titres de Langeais.*

orné de trois belles tours. La châtelaine, qui possédait en outre le fief du péage de Tours fit un nouvel aveu au roi le 7 décembre 1744. Le fief du péage, féage et commandite de Tours, appartenant à la marquise de Bellefonds, s'étendait sur 1169 maisons (1).

A la mort de Marie-Olympe de Bellefonds, le domaine de Langeais passa à sa belle-fille. Le 18 septembre 1761, le titre de rente dont il vient d'être question, était renouvelé par « dame Marie-Marguerite-Ortense Gigault de Bellefonds, veuve de Messire le marquis de Fervaques, dame de cette ville de Langeais, héritière de feue Madame la marquise de Bellefonds sa mère. » A cet effet, le 29 avril 1761, elle avait remis sa procuration à Etienne Deschamps, procureur au siège de Tours. La marquise de Fervaques ne garda pas longtemps la terre de Langeais. Par acte du 8 février 1765, elle la vendit à Jean-Baptiste-Pierre-Henri de la Ruë du Can, baron de Champchevrier, moyennant la somme de 27,200 livres.

L'importance du château de Langeais sollicitait trop l'attention des ducs de Luynes, dont la demeure située un peu plus à l'est présente moins d'intérêt, pour qu'ils ne tinssent pas à acquérir ce domaine. La Coutume du temps donnait au suzerain le droit de retrait féodal, en vertu duquel celui-ci pouvait devenir possesseur d'une terre en remboursant la valeur au tenancier. Ce droit fut revendiqué par le seigneur de Luynes, qui était alors Marie-Charles-Louis d'Al-

(1) Archives d'Indre-et-Loire, *section dom.*, reg. P. 42 pièce 26. — Archives municipales no 1853, p. 68.

bert, duc de Luynes et de Chevreuse, prince de Neufchâtel, colonel-général des dragons.

Ce gentilhomme avait pour ancêtres, au cinquième degré, Charles d'Albert, le grand fauconnier et connétable en faveur duquel Luynes fut érigé en duché en 1619, par le roi Louis XIII ; pour trisaïeul, le duc Louis-Charles d'Albert, dont le le Rapport officiel de Charles Colbert, en 1664, disait « son duché contient un grand pays ; il fait beaucoup de charités et est fort sage. » (1). Il était marié à Louise-Marie Séguier, après la mort de laquelle il se retira chez les Solitaires de Port-Royal avec qui il était intimement lié. Son bisaïeul se nommait Charles-Honoré d'Albert, duc de Luynes, de Chevreuse et de Chaulnes, qui avait épousé Jeanne-Marie Colbert, fille du ministre. Le grand-père de notre duc était Honoré-Charles, duc de Montfort et maréchal de camp, marié à Anne de Courcillon, fille du marquis de Dangeau.

Honoré Charles d'Albert, décédé le 5 novembre 1712, était « né avec beaucoup d'esprit naturel, d'agrément dans l'esprit, de goût pour l'application et de faculté pour le travail et pour toutes sortes de sciences, une justesse d'expression sans recherche et qui couloit de source, une abondance de pensées, une aisance à les rendre et à expliquer les choses les plus abstraites ou les plus embarrassées avec la dernière netteté, et la précision la plus exacte. Jusqu'avec ses valets, il était doux, modeste, poli. Il écrivait aisément, aimablement, admirablement bien pour le style et pour la main. » Il était « assez grand, bien fait, et d'une figure noble et

(1) *Rapport de Ch. Colbert*, 1664, publié par de Sourdeval, Tours, p. 30.

agréable: n'avoit guère de biens. Il en eut d'immenses de la fille ainée de M. Colbert (1667), qui étoit une brune, très aimable femme, grande et très bien faite, que le roi fit incontinent dame du palais de la reine. » — « Jamais femme si justement adorée des siens, ni si respectée du monde jusqu'à la fin de sa vie, qui passa quatre-vingts ans. » (1).

Le père du duc Marie-Charles était Charles-Philippe d'Albert, duc de Luynes et de Chevreuse, et sa mère, Louise-Léontine de Bourbon-Soissons, princesse de Neufchâtel.

Marie-Charles d'Albert épousa, en premières noces (1635), Thérèse-Pélagie d'Albert de Grimberghen, fille de Louis-Joseph d'Albert, prince de Grimberghen, et de Madeleine-Charlotte de Berghes; et, en secondes noces (1638), Henriette-Nicole d'Egmont-Pignatelli, fille de Procope-Marie-Augustin Pignatelli, duc de Gueldres et de Juilliers, prince de Gavre et du Saint-Empire, et d'Henriette-Julie de Durfort de Duras. De son second mariage Marie-Charles d'Albert eut plusieurs enfants qui furent enlevés prématurément, tels que Charles-Marie, Charles-Casimir et Henriette-Charlotte. Une seconde fille, Marie-Paule, se maria, en 1758, à Marie-Joseph d'Albert d'Ailly; et un autre fils, Louis-Joseph-Amable, hérita des domaines des bords de la Loire. Mais n'anticipons pas.

Marie-Charles d'Albert, duc de Luynes, obtint des lettres patentes, du 27 mai 1766, qui lui permirent d'exercer le retrait féodal sur le baron de Champchevrier en remboursant le prix d'acquisition du domaine de Langeais. Dès lors cette

---

(1) *Mémoires de Saint-Simon*, t. X, p. 260-269.

terre perdit en quelque sorte sa personnalité propre et fut annexée au duché de Luynes, dont elle fit partie jusqu'à la Révolution. A partir de ce moment, son histoire se confondit avec celle des ducs de Luynes, qui d'ailleurs n'offre rien de bien capable de fixer l'attention. Après la mort du duc Marie-Charles d'Albert, la terre de Langeais, ainsi que celle de Luynes, devint la propriété de son fils Louis-Joseph qui, grâce à son mariage, ramena dans l'enceinte du château Langeaisien le souvenir des Bullion, qui l'avaient possédé. En 1768, il demanda et obtint la main de Guyonne-Elizabeth de Laval-Montmorency, née de Guy-André, duc de Laval, lieutenant-général des armées du roi, et de Jacqueline-Hortense de Bullion-Fervaques. Le duc de Luynes présida l'assemblée de la noblesse de Touraine, en 1789, et mourut en 1807.

Nous n'avons encore rien dit de l'histoire religieuse de Langeais au XVIII° siècle. Bien qu'elle ne présente rien de particulier, nous ne saurions nous dispenser d'en parler au moins succinctement.

Le souffle de l'irréligion ralentit quelque peu l'essor des fondations, sans néanmoins en suspendre le cours, tant parce que le peuple gardait sa foi que parce que la classe aisée affectait d'en conserver les dehors. On voit tour à tour Jean Gaudin léguer 25 sols pour le chant d'un *subvenite*, chaque dimanche avant la procession qui précède la messe du chapitre (av. 1702) ; Jean Taillecour laisser 20 livres à prendre sur le don qu'il a fait aux pauvres (1705) ; Madeleine Millet, sœur du curé Pierre Millet, donner 6 livres 10 sols sur un domaine aux Liziers pour deux grand'messes

(1707) ; une autre personne, fonder une messe le dimanche avec la faculté d'établir des fonts à la Chapelle-aux-Naux (1727) ; et Abel Desroyers léguer aux pauvres 8 livres de rente, à la charge d'une messe basse le jour de son décès (1727).

En parcourant la liste des fondations, nous relevons en outre le nom de Charles de Beaulieu, prieur de Niort, demeurant à Langeais, qui lègue 50 livres pour 50 messes, et laisse à mademoiselle Anne Damaron un lit avec « courtepointe en gros de Tours bleu, une tapisserie Bergame au point de Hongrie et un fauteuil » (1731). Jean Gautier de Launay, chevalier, seigneur de Cloffe en Anjou et des terres nobles de Vernou et du Puy, demeurant à La Flèche, reconnaît devoir à la cure de Saint-Jean un setier de blé et 5 sols de rente (1742). Nous arrivons ainsi à une fondation faite par le curé même de Saint-Jean, Pierre Pallu, qui était en même temps seigneur de Châteaufort, dont le testament est du 21 janvier 1746. Cette pièce offre le double avantage de contenir nombre de détails relatifs à l'histoire de Langeais, et de montrer le caractère des testaments d'autrefois ; aussi, la transcrirons-nous en son entier.

« In nomine Patris et Filii et Spiritus sancti. Amen.

« J'ai soussigné le présent mon testament après avoir recommandé à Dieu et à la Sainte Vierge et à mon bon patron saint Pierre apostre, mon corps et mon âme. Je désire qu'après ma mort, mon corps soit inhumé dans la chapelle de paroisse Saint-François avec les cérémonies accoutumées.

« Je donne deux cents livres à Messieurs les chanoines et curés pour dire à mon intention un annuel de messes basses avec le libera à la fin de chaque messe. Plus je donne à la sacristie de Saint-Jean de Langeais pour avoir un ornement complet de couleur noire quatre cents livres. Item veut et entend qu'il soit donné aux pauvres de Saint-Jean de Langeais et de Saint-Laurent quatre septiers de bled méteil en pain le plus tôt que faire se pourra Item veut et entend qu'il soit mis es mains de mon neveu Pallu, chanoine, soixante et quinze livres pour faire le service de la congrégation où tous les confrères du doyenné seront invités après mon décez. Item veut et entend qu'il soit donné à M. le Curé de Semblançay la somme de cent cinquante livres pour dire un annuel de messes basses et un libera à la fin de chaque messe, tant par M. le Curé que par M. son vicaire, après qu'il aura été annoncé au prône de la messe paroissiale, le plus promptement que faire se pourra. Plus donne à la sacristie de Semblançay la somme de cinquante livres. Plus donne aux pauvres de Semblançay soixante livres qui seront distribuées en pain. Plus donne à Marguerite Lemaitre, mon ancienne servante, cent livres au-dessus des gages que je lui dois et à mon valet cinquante livres.

« Item veut et entend que les quatre grands tableaux qui sont dans ma salle du presbitaire, savoir le crucifix, saint Gérôme, la Sépulture de Notre-Seigneur, et celui qui représente le voyage d'Abraham, de Loth et Sara, soient donnés après mon décez pour être mis dans le chœur de notre église. Item veut et entend qu'il soit donné une douzaine de serviettes fines pour notre sacristie. Plus veut qu'il soit pris quatre nappes fines pour mettre sur les quatre autels de notre église. Item donne six serviettes de toile commune pour servir d'essuie-main à notre sacristie. Plus donne à notre bureau des pauvres quatre draps de toile commune pour servir aux pauvres malades de la paroisse de Saint-Jean de Langeais.

« Plus lègue et donne à la cure de Saint-Jean de Langeais le marais qui est au grand cimetière que j'ai acquis de feu Mme de Faguiart, tout ainsi qu'il se poursuit et comporte pour en jouir à perpétuité aux charges de faire dire tous les dimanches de l'année un libera par le curé mon successeur, à l'autel de saint François, après que la messe de paroisse sera célébrée et avant de s'en retourner à la sacristie, chanté. Comme seigneur de Châteaufort et propriétaire du fief de Pierre-Platte y annexé, je quitte dès à présent et pour toujours tous droits d'indemnité dit le marais. Item veut et entend qu'il soit dit, tous les ans, le jour de saint Pierre ès-liens, une grand'messe et libera à la fin, qui sera chanté. Plus je tiens pour quittes tous ceux et celles qui me doivent des honoraires et enterrements.

« Et pour satisfaire au présent mon testament et à tout ce que dessus et des autres parts, je prie M. Paul Falloux de donner l'argent nécessaire qu'il me doit suivant l'accommodement et transaction que j'ai fait avec luy, le vingt-neuf septembre mil sept cent trente-neuf par devant maître Louis Fortin, notaire royal à Langeais.

« Qui est tout ce que je désire être exécuté après ma mort et prie Messieurs chanoines, curé et chapitre de Langeais de vouloir être exécuteurs de mon dit testament et dernières volontés, et après avoir lu et relu le présent mon testament veut et entend qu'il soit exécuté de point en point selon sa forme et teneur.

« A Langeais ce vingt-et-un janvier mil sept

cent quarante-six, (signé) Pallu, curé et doyen rural. »

La succession de Pierre Pallu fut l'occasion de quelques pourparlers. L'archevêque ayant désigné à cet effet le curé de Cléré, écrivit au chapitre, le 2 février 1746. « Je crois que M. le curé de Cléré vous convient, et je compte qu'il se portera à suivre les exemples pacifiques de feu M. Pallu. Vous pouvez donc fixer les yeux sur lui, et vous ferez un bon choix qui fera plaisir d'ailleurs à des personnes que j'aime et que j'estime. » Au mois de février 1749, le chapitre, tout en remontrant à l'archevêque qu'il a le droit de présentation et nomination à la cure et vicairie perpétuelle de l'église collégiale et paroissiale de Saint-Jean, lui présenta Louis Chambellan, curé de Cléré. Celui-ci se démit au mois d'avril suivant par devant le notaire royal et apostolique, et l'archevêque nomma un curé « très instruit, très digne ecclésiastique et d'un très bon charactère » De son côté, le 7 mai, le chapitre présenta Gillet Barbet. Dans la suite, ce dernier démissionna et, Pierre Dehogues, bachelier en théologie de l'université de Poitiers, pourvu en cour de Rome sur la résignation de Barbet, prit possession officielle de la cure, le 3 mai 1757.

Les revenus, d'ailleurs fort modiques, de l'église Saint-Jean servaient non seulement à acquitter les fondations, mais encore à entretenir l'édifice, à acheter les ornements et les divers objets nécessaires au culte. Le compte pour les années 1776 à 1778, s'élève en recettes à 2405 livres 11 sols 2 deniers ; en dépenses, à 1386 livres 13 deniers. En 1716 et 1735, on fit des réparations importantes à diverses parties du monument. L'horloge fut réparée à plusieurs reprises par un horloger de Tours (1730); le menuisier Lebleu fournit des grandes portes, au prix de 97 livres 4 sols, avec 70 livres pour les vitraux de la porte (1769); Renou, orfèvre de Tours, répara l'encensoir (1735). Le peintre Lange fut chargé de « raccommoder le Saint-Jean qui est au-dessus du chœur, et le tableau de l'autel de paroisse, » travail pour lequel il reçut 12 livres (1743); ce dernier fut encore restauré en 1761, moyennant 9 livres. En 1770, les moutonneaux d'une grosse cloche et de trois plus petites furent raccommodés pour 105 livres. Les honoraires des prédicateurs formaient un chapitre spécial du modeste budget. On remarque, en 1735, « au prédicateur pour frais 6 liv. 2 sols ; » en 1759, « payé à M. Dupuy 2 livres pour une demi-livre de tabac fourni aux capucins ; » en 1766, 3 livres 5 sols pour tabac au père prédicateur ; en 1776 et 1778, la somme de 28 livres 5 sols à Dupin et à Mlle Martin « pour le logement, le tabac et blanchissage du capucin prédicateur » (1).

Au surplus, nous ne rencontrons à cette époque dans les Annales de l'église Saint-Jean aucun fait qui mérite d'être signalé. En 1750, le chapitre recevait une lettre du roi du 17 août 1750, qui ordonnait que les bénéficiers du clergé de France seront tenus de donner dans six mois pour tout délai, déclaration des biens et revenus de leurs bénéfices ; car, selon les réflexions de Voyer d'Argenson, « rien n'est plus désirable que de voir l'imposition repartie avec égalité : les plus saints prélats ont souvent gémi, et depuis longtemps, sur l'inégalité des répartitions. »

(1) *Archives de la fabrique de l'église Saint-Jean.*

De leur côté, en 1767, les chanoines examinant les fondations de leur église, trouvèrent qu'un grand nombre n'étaient plus en proportion avec les charges. A cet effet, ils présentèrent une requête à monseigneur de Fleury, archevêque de Tours, qui opéra une réduction. Vingt-ans plus tard, par suite de l'augmentation des honoraires, fixés par le nouveau tarif homologué au parlement le 18 mars 1784, ils adressaient une nouvelle demande de réduction, avec un tableau général des fondations. Le vicaire général, M. de Kéransquer, l'étudia la supplique et, sur son rapport favorable, la réduction demandée fut faite par l'archevêque, le 9 octobre 1787 (1).

VI

Le donjon et le château, les églises Saint-Jean et Saint-Laurent constituent les monuments les plus importants de Langeais ; il en est d'autres, plus modestes, qui demandent à être signalés.

Nous ne reviendrons pas à la chapelle Saint-Sauveur, mais nous rappellerons que Pierre de la Brosse, seigneur de Langeais, obtint du pape Grégoire X, vers 1273, l'autorisation de bâtir dans son château une chapelle sous le vocable de Saint-Clément. Une terre, située sur la paroisse de la Chapelle-aux-Naux en dépendait. Langeais renfermait en outre plusieurs autres chapelles ou oratoires.

Derrière l'église Saint-Jean, dans l'ancien cimetière, s'élevait la chapelle de Saint-Martin, aujourd'hui transformée en habitation particu-

(1) *Archives de la fabrique de Langeais.*

lière et que son appareil permet de rattacher au x° siècle. Dans un titre du xv° siècle, cette chapelle dépendant de la collégiale était désignée *capella S. Martini prope ecclesiam S. Joannis de Langez.*

Au xvIII° siècle, elle eut pour chapelains Pierre-François Delugré (1765), François-Marie Fortin (1770), Etienne-Henri Boislève de Planty (1773). En 1787, elle était en si mauvais état que le service religieux fut transféré dans la chapelle privée du château de Chemilly. Elle fut vendue nationalement pour 400 livres.

L'église Saint-Jean renfermait cinq chapelles dont trois titres étaient à la présentation du duc de Luynes, patron fondateur et présentateur des trois canonicats ; la quatrième était attachée à la cure, pour servir de portion congrue. L'une, dite d'Epeigné, du fief de ce nom, servit de sépulture aux membres de la famille d'Appelvoisin. Elle était dotée d'une fondation de 104 messes à dire chaque dimanche et vendredi. A cette chapelle était unie celle de la Babinière qui avait une fondation de 12 messes ; M. Isnard, prévôt de la collégiale de Châteaudun, fut titulaire des deux chapelles réunies. La chapelle ou stipendio de Roberdo ou des Cassardières était desservie, au xvIII° siècle, dans l'église Saint-Jean et l'on devait y acquitter quatre messes basses.

La présentation du titulaire appartenait aux châtelains des Écluses et de Crassay. Parmi les desservants, on remarque Pierre-François Delugré (1766) et François-Laurent Deshogues (1770-1790). A cette chapelle était unie celle dite Rogie 'es titulaires, — dont l'un fut M. Bonhomme, ancien aumônier de M. le duc de Luynes à Usch, — devaient acquitter quinze messes de fondation.

14.

Les autels de la collégiale portaient les noms de Sainte-Geneviève, de Saint-Isidore, de Saint-François et de Notre-Dame d'Epeigné.

La chapelle Saint-Nicolas, située dans l'intérieur de la ville se distinguait par un usage particulier. Chaque année, à la fête de Saint-Louis, les chanoines étaient tenus de s'y rendre en procession. Elle était la propriété de l'abbaye de Toussaint d'Angers. On y transféra en 1751 le service religieux du prieuré de Saint-Sauveur ; en 1789, elle était en mauvais état et le culte y fut interdit.

Dans la grand'rue, actuellement rue Anne de Bretagne, se voit une chapelle de style flamboyant, qui a subi des modifications. La naissance des arcs des voûtes, une piscine avec coquille, deux fenêtres et une porte, ainsi que de belles boiseries avec ornements gothiques qui ont été placées dans un escalier extérieur, attestent l'intérêt qu'offrait cet édifice dont la construction se rattache à l'époque même du château. Située au bas des terrasses, cette chapelle était peut-être une dépendance du château, où jusqu'ici l'on n'a pas trouvé d'oratoire qui lui soit contemporain ; quant à la maison, à pignon élevé, située jadis auprès de l'oratoire, elle a fait place à une construction récente. Par derrière, au fond d'une terrasse, une cave contient deux anciens fours en brique, à l'usage de cette demeure qui devait être importante. Une statue en bois peint d'évêque, qui semble être un saint Nicolas et offre un intéressant spécimen de l'art de la fin du xve siècle, parait provenir de cette chapelle.

Il était d'usage, au moyen-âge, que chaque seigneur eût sa chapelle qui formait comme le complément obligé de sa demeure. Il serait difficile de rencontrer un ensemble qui donne une idée plus exacte de ces anciennes seigneuries que celui que présente le fief de Bresne, situé à une demi-lieue au nord de Langeais. Dans une cour rectangulaire, enceinte de murs jadis flanqués de tourelles et entourée d'un beau verger, s'élève une maison de style Henri IV avec deux tourelles construites en pierre et en brique, dont les pièces ont été ornées plus tard d'élégantes cheminées Louis XV en pierre. Au milieu de la cour, un remarquable colombier carré, avec toit à la chinoise surmonté d'un épi de plomb figurant un pigeon, porte la date 1618. A l'un des angles de la cour est la chapelle, de la même époque, dont la porte est décorée d'une tête de religieux et dont l'intérieur conserve un reste de rétable à colonnes de pierre peinte. Un lierre vigoureux s'efforce de dissimuler sous ses rameaux verdoyants les mutilations causées par le temps à la toiture de la chapelle.

Il nous reste à mentionner quelques-uns des principaux fiefs qui se voyaient alors sur les deux paroisses de Langeais.

Châteaufort, qui sans doute doit son nom au caractère fortifié que présentait naguère le logis seigneurial, est pittoresquement assis sur le côteau qui borde le vallon de la Roumer. On sait peu de chose sur les origines de ce fief. Il était possédé, au XVI° siècle, par la famille Poncher qui avait de riches domaines et de belles alliances avec les plus opulentes maisons, telles que celles des de Beaune, des Bertholot et des Bohier.

Au commencement du XVII° siècle, Châteaufort était la propriété de Gabriel François du Cyvet, écuyer, sieur de Brou. Sa veuve, Marie-Louise de

Beaulieu, le vendit, le 29 septembre 1730, à Pierre Pallu, « prêtre, bachelier en théologie, curé de Saint-Jean, » ainsi que le fief de Pierre-Plate et d'Enfer. Mais René Paul Falloux, écuyer, conseiller du roi et secrétaire auditeur en la Chambre des comptes de Bretagne, fit valoir ses droits au retrait lignager en vue de racheter le domaine.

Un jugement du bailliage de Langeais, rendu le 3 février 1741, reconnut ce droit en sorte que les parties arrêtèrent, le 6 février, un accord en vertu duquel Pallu devait jouir, « comme un usufrutier » sa vie durant, de la propriété, avec droit d'y « faire tenir les assises des dits fiefs de Châteaufort, de Pierre-Plate et d'Enfer. » Pour les réparations Pallu pouvait abattre les arbres nécessaires, « à l'exception de ceux de la futaye et avenue. » René Falloux fut mis en possession du domaine, à la condition de payer 4040 livres 10 sols, prix de l'acquisition. Ce domaine resta dès lors dans la famille de ce nom, illustrée par de nobles souvenirs, et est actuellement aux mains du contre-amiral marquis de Fayolle.

La résidence de Chemilly ou Chemillé, nom assez commun en Touraine, est située entre Langeais et Cinq-Mars dans petit vallon arrosé par le ruisseau de l'Étang, qui débouche dans la vallée de la Loire. Au milieu du xv° siècle, ce fief appartenait à François Dupin, dit le Baschier, qui le vendit, en 1476, à Jean Mairel. Au xvi° siècle, il était la propriété de la famille de Troyes dont plusieurs membres occupèrent des charges importantes dans les finances. Claude de Troyes, receveur des tailles à la Rochelle, laissa comme veuve Anne Falaiseau, qui avait Chemilly en 1527; Anne de Troyes, femme de Jean Gaultier, conseiller royal, trésorier des guerres et seigneur de la Milletière et de Launay, le possédait en 1556. Après avoir appartenu en 1600, à Jérôme Binet, seigneur de Vaugodet, il passa plus tard au pouvoir des Courault de Bonneuil, parmi lesquels on remarque le chevalier Bernard Courault (1697), et César Courault (1770) qui comparut, en 1785, à l'assemblée électorale de la noblesse de Touraine. Présentement Chemilly est la propriété de M. Orfila.

Les seigneurs de Chemilly, à l'instar des gentilshommes d'alors, firent des fondations dans l'église Saint-Jean. De bonne heure ils avaient concédé, pour la célébration de huit anniversaires, une partie de la dîme de Puy-Pélerin, dont le chapitre paraît en possession « de temps immémorial ». Au XVIII° siècle, le chapitre, en raison de l'aggravation de ses charges demanda aux seigneurs de Chemilly de remplacer ces anniversaires par une participation à l'intention de la messe du chœur ; les chatelains y consentirent. Depuis longtemps d'ailleurs ils avaient dans leur demeure une chapelle où furent transférés, au XVIII° siècle, le titre et le service de la chapelle Saint-Martin, située dans le cimetière et qui menaçait ruine. A la mort du titulaire de celle-ci, Pierre-François Delugré, chanoine de Langeais, le châtelain César Courault de Bonneuil présenta, pour le service de la chapelle de Chemilly, François-Marie-Patrice Fortin, clerc tonsuré de la chapelle Saint-Martin, qui prit possession de son titre le 22 octobre 1770. En 1773, le chapelain était Etienne-Henry Bollève Duplanty, clerc tonsuré du diocèse d'Angers. Cette chapelle ainsi que celle de Bresne, servait de station pour les processions des Rogations. Sans doute par suite de la distance, le clergé décida, en 1777, de planter deux croix de bois en deux endroits convenables pour remplacer ces stations.

Le manoir de la Châtaigneraye, dans une jolie situation sur le bord de la Roumer, a été reconstruit avec une élégante chapelle gothique de style flamboyant, bâtie d'après les plans de M. Vestier et consacrée le 10 septembre 1856. Il appartient à M. Budan de Russé, marié à Mlle Jacqueline-Mathilde de Maillé de la Tour Landry. Ce fief, qui avait droit de haute justice, relevait des châtellenies des Écluses et de Crassay. Il fut longtemps la propriété des nobles familles du Bellay et d'Appelvoisin. En 1500, il appartenait à René du Bellay, baron de la Lande et chevalier de l'ordre du roi, marié à Marie, fille de Martin du Bellay et d'Isabelle Chenu. Le seigneur de la Châtaigneraye, qui mourut en 1611, eut plusieurs enfants : Jacques, mort en bas âge ; Pierre, qui fut baron de Thouarcé et capitaine de cinquante hommes d'armes ; Claude Martin, marquis du Bellay et prince d'Yvetot, maréchal des armées du roi, mort en 1637 ; Claude, abbé de Savigny. Il donna en outre le jour à cinq filles : Marie, qui épousa Georges Babou, seigneur de la Bourdaisière ; Renée, unie à Gilbert de la-Haye ; Anne, abbesse de Nioiseau ; Isabelle, prieure de Beaulieu, et une autre du nom d'Anne.

Cette dernière donna sa main à Antoine d'Appelvoisin, chevalier, seigneur de la Jobetière en Poitou ; il était fils de François d'Appelvoisin chambellan du roi, et de Françoise Tiercelin de la Roche du Maine. Anne porta en dot à son mari la Châtaigneraye et lui donna un fils, René, qui fut à son tour seigneur de ce domaine. En

1636, « Mme d'Appelvoisin » payait à la fabrique Saint-Jean 100 sols de rente annuelle pour sa métairie de la Brulette. René d'Appelvoisin s'unit à Marie de Sains et en eut une fille, Marie, qui épousa, en 1618, Claude de Crevant, seigneur de Cingé en Touraine, et de Gabrielle Prévost.

Les seigneurs de la Châtaigneraie firent diverses fondations dans la collégiale de Saint-Jean. Ils avaient une chapelle dant le titulaire était à la présentation du châtelain et à la collation de l'archevêque de Tours Le duc de Luynes, Louis-Charles d'Albert, qui étendait ses domaines sur la rive droite de la Loire, acheta de Marie d'Appelvoisin, en 1660, la Châtaigneraie en même temps que la châtellenie de Crassay, avec les fiefs de Négron, de Charsay et du Petit-Launay ; le tout fut réuni au duché, par lettres du mois de février 1669. Dans l'acte de vente, la dame de la Châtaigneraie se réservait le droit de présentation à la chapelle d'Epeigné, desservie dans l'église Saint-Jean, et le droit de sépulture dans cette chapelle.

Parmi les autres fiefs, sur lesquels notre cadre ne nous permet pas de nous étendre, nous rappellerons le souvenir de ceux de la Guerche, avec sa maison noble de la fin du xvi° siècle ; de la Roche-Cotard, avec son joli castel Renaissance ; de Bresne, avec son ensemble de curieuse constructions de l'époque Louis XIII, dont nous avons parlé plus haut. Nous y ajouterons les fiefs de Vernou, qui conserve une intéressante maison noble ; de Vaugodet dans un site pittoresque, de la Haute-Rguenière avec des restes du xvi° siècle, de la Roche-Allard qui garde une partie de ses vieux bâtiments, de Beaumontais, de Clair-Mortier qui relevait des Ecluses, de la Touche, de

Palluau, de Puy-Pellerin, d'Epeigné, de la Guérinière, de la Morellerie et quelques autres qui d'ordinaire sont devenus des fermes, ou bien ont servi à former le noyau de certains hameaux.

A la fin du XVIII° siècle, le château de Langeais était occupé en partie par les services qui relevaient de la haute juridiction du duc de Luynes. Un Inventaire de 1780 nous indique l'état des différentes pièces de la maison, dont le mobilier devait présenter alors peu d'intérêt. Par acte du 4 octobre 1780, « Louis-Joseph-Charles d'Albert, duc de Luynes et de Chevreuse, seigneur de Crassay, Langeais et la Châtaigneraye, » baillait à vie à « Mre René-Louis Failloux, auditeur à la Chambre des Comptes de Bretagne et à dame Louise Dupichard, sa femme, » le château de Langeais. Le duc réservait quelques pièces, parmi lesquelles « les chambres d'audience et de justice, prisons, chambre et logement du geôlier » (1).

(1) Archives de Châteaufort.

VII

EPOQUE CONTEMPORAINE

I

Cependant l'ordre social et politique en France allait traverser une révolution, non sans analogie avec les soulèvements géologiques qui tourmentent de temps à autre le globe terrestre. Une longue suite de siècles avaient amassé, dans les profondeurs de la nation, d'une part une abondante réserve de germes qui ne demandaient qu'à éclore et, de l'autre, un amas considérable de matières brûlantes qui cherchaient à faire éruption. Il s'en suivit une période de crise, durant laquelle, comme les sourds grondements et les détonations terrifiantes d'un volcan, mugissent ou éclatent les colères sauvages des journées de juillet, de septembre et d'octobre (1789-1793).

Mais dans les couches inférieures du pays, aussi bien que dans les stratifications du globe, la Providence, au milieu même des déchirements, a déposé les germes de la vie et les espérances de l'avenir. Sur les pentes du Vésuve, aux flancs des villes disparues, la nature continue de pousser les lauriers aux pétales roses et les orangers aux pommes d'or, avec la même vigueur qu'à la veille d'un de ces désastres dont l'histoire a gardé le souvenir. Au lendemain du cataclysme social, à la faveur d'une réorganisation ordonnée par la Providence, se préparait l'épanouissement d'une ère nouvelle pour la religion, les sciences, les arts et l'industrie, en un mot pour le labeur national dans sa sphère la plus étendue. Il ne faut s'en prendre qu'à nous, si nos travers et nos fautes nous ont empêchés de recueillir les fruits de cette renaissance remplie de promesses.

Il n'entre pas dans notre plan de redire les événements douloureux dont Langeais fut le théâtre durant la Révolution. On n'a d'ailleurs qu'à lire une histoire générale de cette époque pour savoir à quoi s'en tenir, à cet égard. Les ordres venus de la capitale ou du district, exécutés avec le désir de reproduire les excentricités, les sauvageries du Comité de Salut public ou de tel autre club fameux, firent de chaque ville de province une copie des grands centres, sur une échelle plus ou moins réduite. Il n'est guère de folie politique ou irréligieuse, de persécution sourde ou éclatante, d'essais néfastes ou grotesques, de fêtes impies ou théâtrales qui n'aient trouvé d'écho à Langeais, aussi bien que dans les autres localités.

Aussi nous bornerons-nous à quelques renseignements particuliers, qui se rapportent à l'histoire religieuse ou administrative. En 1789, le chapitre Saint-Jean était composé de MM. Claude-Gilbert Sauquin, Jean-Louis Douault et Dehogues. Ce dernier avait été nommé curé de Saint-Jean le 3 mai 1757 et doyen rural, en 1763, en remplacement du curé de Sainte-Geneviève de Luynes. M. Dehogues fut chargé, en 1789, de représenter le chapitre de Langeais à l'assemblée provinciale tenue à Tours, le 16 mars, pour la préparation des Etats-Généraux. Il refusa de prêter le serment exigé par la Constitution civile du clergé, qu'il considérait comme réprouvée par le Souverain-Pontife et l'Église, et fut remplacé, le 7 mai 1791, par M. Mousset, curé constitutionnel. Au mois de mars 1792, le pasteur s'éloignait avec tristesse de la paroisse qui avait été, durant trente-quatre années, l'objet de ses travaux et de son dévouement infatigable. Le 26 juin suivant, la municipalité de Tours somma celle de Langeais de l'informer, sans retard, de l'époque à laquelle M. Dehogues avait quitté le pays et du lieu où il avait fixé sa résidence. On répondit qu'il était parti le 17 mars 1792 et que l'on ne savait où il s'était retiré

Cependant le Conseil général d'Indre-et-Loire en vue d'obéir aux sommations venues de la capitale, arrêta, pour toute l'étendue du département, que les ecclésiastiques qui n'avaient pas prêté le serment civique à la constitution ou ceux qui l'avaient prêté avec restriction, ou ceux qui, l'ayant prêté, se sont rétractés, seront reclus dans la maison du séminaire de Tours, ou telle autre maison qui sera indiquée par le Conseil du district de leurs chefs-lieux respectifs.

La municipalité de Langeais, pour satisfaire à l'arrêté du département, fit le recensement des prêtres insermentés résidant en cette commune. Elle signala MM. Claude-Gilbert Saulquin, ci-devant chanoine de Saint-Jean ; Bruère, ci-devant curé de Saint-Laurent; François-Louis Salmon, ci-devant vicaire de Lignières ; Douault, ci-devant chanoine de cette ville; Ploquin, ci-devant vicaire de Druye ; ces deux derniers sont dits absents depuis trois mois. Au rapport du procès-verbal, MM. Saulquin et Salmon exposèrent que leurs infirmités ne leur permettaient pas de se rendre, pour le présent, au vœu de l'arrêté du département du 28 juillet dernier. De fait, vu le certificat du sieur Pasquier, chirurgien-major de la garde nationale de Langeais et lieutenant du premier chirurgien du roi, on fut d'avis, le procureur de la Commission entendu, que le sieur Saulquin ne pouvait, vu ses différentes infirmités, se transporter au lieu de réclusion sans courir de risques pour sa vie, et qu'au surplus son âge de 68 ans méritait quelques égards.

Le district de Langeais avait une commission dite internationale. Les délibérations, prises par cette commission de 1788 à 1790, nous donneront une idée de ce qui faisait alors la préoccupation des esprits. Elle forma le projet de planter des bornes pour limiter chaque paroisse en présence des membres de la municipalité et d'un député de la commission, de réunir au district les paroisses de Vallères, de Bréhemont et de Lignières, et d'en distraire celles de Saint-Aubin et de Saint-Christophe, qui paraissaient le désirer, enfin de réclamer instamment à la commission provinciale le droit de faire les adjudications de tous les travaux à exécuter dans le district. En outre la commission arrêta les renseignements à demander aux communes du district sur les travaux utiles, sur l'état des chemins particuliers commencés et à entreprendre, sur les abus dans l'assiette et la perception de l'impôt, sur les ressources et les charges de la paroisse, le nombre des privilégiés avec l'état de leurs biens, sur les inconvénients de la gabelle et les frais qu'elle occasionnera.

Pour ce qui est des municipalités de Saint-Jean et de Saint-Laurent de Langeais, on les interrogea sur les charges que leur causait le logement des troupes, sur leur dessein à l'égard de la chapelle Saint-Nicolas depuis longtemps interdite faute de réparation, sur l'utilité de la construction d'une halle, enfin sur les moyens d'empêcher les eaux de la rivière de pénétrer dans la ville et de rendre praticable en tout temps le chemin qui mène à la levée de la Loire. On se proposa d'engager la ville à payer 200 livres pour avoir un maître d'école de « latinité » ; on discuta sur la direction à donner à la route projetée de Langeais à Château-la-Vallière. Enfin pour ce qui est des paroisses entre lesquelles devaient être réparties les 85,000 livres accordées par le roi en vue des travaux de charité, elles furent invitées à faire connaître dans quelle proportion elles entendaient y contribuer (1).

Avec le concours de la force publique, l'on réquisitionna et envoya à Rochefort pour le service de la flotte, tout le chanvre et le fil que l'on put trouver. Les communes de Langeais, Mont-sur-Loire (Saint-Michel), Patrice, Nicolas-de-Bourgueil, Restigné, Trois-Volets et Hommes fourniront 7.090 livres de chanvre.

On établit de nouvelles correspondances entre les brigades de la maréchaussée du dis-

(1) Archives d'Indre-et-Loire. — Archives de la mairie de Langeais.

trict de Langeais. Celui-ci demanda l'établissement d'hopitaux et d'ateliers de charité pour chaque chef-lieu de canton du district. On proposa à cet effet « la maison presbytérale de Saint-Laurent qui est grande et commode, ou l'église même de Saint-Laurent, supposant que la paroisse est dans le cas d'être supprimée. » Le district formula le vœu « que le chemin de Langeais par la douve de Saint-Laurent, déjà commencé dans la longueur d'une demi-lieue, soit continué pour passer par Saint-Symphorien, Channay, et de là à la grande route de Château-la-Vallière à Baugé. « Ce chemin est très essentiel pour l'exploitation des bois, pour les transports des blés et des vins dont ces différents lieux s'approvisionnent réciproquement et traverserait les districts dans la plus grande longueur. » (1)

Durant les longues et lugubres semaines de la Terreur, les catholiques fidèles se rendirent aux cérémonies du culte, célébrées en secret dans quelque catacombe ignorée, dont on montre encore l'emplacement dans quelqu'un des souterrains du côteau de Langeais. La chute de Robespierre et la disparition de la Convention nationale soulagèrent le pays d'un poids immense en lui permettant de respirer un peu. L'avènement du Directoire (1795), qui avait plus à se défendre contre les menées des révolutionnaires que contre les tentatives monarchiques, procura une liberté relative « qui d'ailleurs ne fut pas exempte de vexations à l'égard des catholiques. »

Les registres religieux, réouverts cette année-

(1) *Archives d'Indre-et-Loire* C. 765.

là, portent en tête : « Registres des baptêmes et mariages faits pendant la persécution, » et plus loin, la mention : « ceci s'est fait en vertu de la convention nationale du 3 ventôse, qui accorde une liberté illimitée de tous les cultes. » Les actes, faits avec « approbation de M. Dehogues, curé légitime de cette paroisse, » sont signés par L. Royer « prêtre approuvé pour tout le diocèse », par Douault « ancien chanoine » qui paraît jusqu'en 1797, par Marc-Antoine Patas « prêtre » (1796-1797). De 1795 à 1797, M. Dehogues, curé, accomplit lui-même plusieurs cérémonies religieuses. En 1795, la première communion fut faite par 21 enfants, dont 8 garçons et 13 filles. A propos du baptême des enfants, on mentionne s'ils sont nés de mariage légitime ou religieux, et de mariage civil ou constitutionnel. A l'occasion des mariages, on rencontre la mention de « la dispense des trois bans à cause de la persécution exercée contre l'autorité de la puissance de l'Eglise. »

A la suite du revirement opéré dans les conseils par les élections du printemps de 1797, grâce surtout au mouvement profond d'opinion qui s'accentuait en faveur du catholicisme trop longtemps persécuté, les prêtres émigrés reprirent le chemin de la patrie, non sans être obligé plus d'une fois de tromper la surveillance des espions de la police, à la frontière. Le culte se rétablit peu à peu dans les paroisses. Ce n'était pas encore la réintégration dans les églises : on s'installait tant bien que mal dans quelque local privé ; et pourtant cela suffisait pour éveiller les colères des Jacobins, ces éternels ennemis de la liberté dont ils ont toujours le nom sur les lèvres.

Une lettre, écrite le 20 prairial an V (juin 1797) par un de ses amis de Langeais à Champigny-Aubin, alors deuxième secrétaire d'ambassade à Madrid, peint trop bien cette renaissance religieuse pour que nous ne la citions pas ici :

« Les prêtres réfractaires sont soutenus par les autorités constituées ; cela continue de plus en plus. La preuve, c'est que le jour de la Pentecôte il s'est célébré une messe dans le pressoir de la veuve Bodin, en grand triomphe. Cette messe était assistée de tous ceux qui devraient prêcher les lois et détruire les abus. Je ne vous cite pas ces individus par leur nom, j'en nommerais plus de cinquante. Ce sont tous les plus gros de la ville avec la plus grande partie de la commune. Il y avait un superbe pain bénit qui a été offert par Pasquier, chirurgien, aux frais, dit-on, de Falloux, juge de paix qui était à la tête de cette sainte messe. Il a été chanté un *Te Deum* à la fin, et de là il y a eu un superbe repas. Entre autres, dans ce saint pressoir, il y avait ces saintes femmes qui étaient à la porte pour les recevoir en disant au peuple : Faites place à ces Messieurs. Tous les dimanches et fêtes, les messes se disent chez la veuve Bodin et chez Bièrement père, où il se trouve quantité de peuple, surtout la campagne fanatisée qui y assiste en foule, si bien que le plancher de Bièrement a manqué de défoncer. Il a été obligé de l'étayer. Ces messes sont dites par Douault ci-devant chanoine de Langeais, et Patas, ci-devant chanoine de Tours, et l'on attend de jour en jour Dehogues, ci-devant curé de Saint-Jean de Langeais. »

La célébration de cette Pentecôte au milieu de chants d'allégresse dans une salle vulgaire,

RÉTABLISSEMENT DU CULTE

sous le regard des jacobins étonnés, présente un caractère d'autant plus touchant que le 18 Fructidor allait ramener pour quelque temps les sombres menaces de la Terreur. Enfin la tempête s'éloigne à l'horizon et l'aurore de jours meilleurs luit sur la France, qui voit le rétablissement de l'ordre politique par la Constitution, de l'ordre social par le Code national et de l'ordre religieux par le Concordat, dus en grande partie au génie pénétrant et à la volonté résolue de Napoléon le Grand. Encore un peu et le culte catholique reprend solennellement possession de l'église Saint-Jean. De 1800 à 1803, les actes religieux sont faits par Chateau « prêtre », par Martin Gendron, vicaire, et par Douault, ancien chanoine. A partir du 1ᵉʳ décembre 1802, le curé est Barbet qui, secondé par l'abbé Gendron, exerçait encore à la fin de décembre 1810.

L'église reprenait peu à peu sa physionomie d'autrefois. Le clocher, demeuré longtemps sans voix, fut doté d'une cloche, mais celle-ci se brisa ; « en 1810, moyennant 500 francs, la fabrique décida de refondre la cloche qui devait peser 1,100 livres ; elle a 1 m. de diamètre et 0 m. 80 c. de hauteur, et fut fondue à Nantes, ainsi que l'indique l'inscription : « fait par Caillard de Nantes ». La nouvelle cloche fut baptisée et montée en 1811, suivant la même inscription en capitales :

« Anno reparatæ salutis restaurationis religionis catholicæ in gallia octavo, nomen sancti Joannis Baptistæ de Langeais patroni quod a plurimis sæculis habueram ritu sacro denuo accepi : parain et marone Louis Falloux, propriétaire de Chateaufort juge de paix, dame Marie Laurence

Radégonde de Caux, v. d. (veuve de) M. Gaétan de Thienne, propriétaire de Chemillé ». La cérémonie dut avoir lieu au mois de mars, d'après cette remarque gravée à l'intérieur de la tour: « Jacques Gendron (1811) le 22 mars a vu la cloche. »

Le clocher fut à plusieurs reprises éprouvé par la foudre. Le souvenir en est demeuré non seulement dans les traces encore visibles, mais encore dans une inscription, à la pointe, qui porte : « 1811 le tonnerre a détruit la flèche et refait en 1835. » La restauration, qui avait traîné en longueur, fut l'occasion d'une réjouissance publique, et une autre inscription nous apprend que « Mabire fils, ferblantier, a mis s r ce clocher un pot de feu à la place où est la bou · et la croix en cuivre à l'occasion de la fête de Louis-Philippe I", roi des français, le 1 mai 1835 ».

L'église, dépouillée à l'époque de la Révolution, fut dotée peu à peu d'objets propres à la décorer, tels que : une Vierge protectrice avec l'Enfant, intéressante statue en terre cuite, deux superbes vases de marbre avec candélabres et ornements en cuivre doré, du commencement du siècle, et divers tableaux. Il est vrai que ces tableaux ont, pour la plupart, peu de valeur. Ce sont la Samaritaine, saint Laurent, saint Pierre et saint Christophe, ce dernier signé « J. Devilla ». On doit accorder plus d'attention à *Jésus et la femme adultère*, qui a un très beau cadre XVII° siècle, à *saint Jean dans le désert* et à *saint Sébastien*. Le saint Jean est signé « S. Cornu, Rome 1835 ». Composé à Rome par cet élève de Verde, il figura à l'exposition de 1836 sous le numéro 400 et, par l'intermédiaire de la duchesse de Dino, propriétaire de Rochecotte, fut donné à l'église de Langeais. Saint Sébastien montre la signature « C. Manch. Rome 1842 ; » il semble qu'on doive attribuer au même artiste *Hérodiade portant la tête de saint Jean.*

Dans la suite (1857), la fabrique commanda à M. Bonn, excellent facteur à Tours, un grand orgue à deux claviers et huit jeux, avec soufflerie à lanterne pour la somme de 3,600 francs.

L'église a été l'objet de réparations à diverses époques, de 1822 à nos jours. L'entreprise la plus importante remonte à l'année 1865. Dans le but d'agrandir le monument et de l'approprier davantage aux besoins du culte, M. Verdier, architecte du gouvernement, coupa l'édifice dans le sens latéral en lui donnant une orientation nouvelle et éleva la nef récente qu'il se proposait tout d'abord de prolonger. Il faut bien reconnaitre, malgré le talent de l'architecte, que cette nouvelle construction, d'un caractère hispano-byzantin, a eu le tort de détruire des portions fort intéressantes de l'ancien monument, tels que les murs en petit appareil, une curieuse galerie et une chapelle de style flamboyant. Elle a en outre l'inconvénient de s'harmoniser fort mal avec le premier édifice, en dépit des travaux postérieurs tentés par l'intelligent curé, M. l'abbé Sorin, avec le concours de M. G. Guérin, l'architecte justement apprécié, et de M. L. Lobin, le distingué peintre verrier dont la mort a brisé trop tôt le pinceau appelé à de nouveaux et plus importants succès. Un des ornements les plus dignes d'intérêt est le chemin de croix monumental en fonte sorti des ateliers « Barbezot et Cie Val d'Osne » offert par le contre-amiral marquis de Fayolle, dont les convictions religieuses vont de pair avec les sentiments d'honneur tout chevaleresque. Ajoutons qu'en ces derniers temps (1893), sur l'initiative de M. l'abbé Chauvet, curé à Langeais, le clocher a été l'objet d'une restauration partielle, destinée à réparer les dégâts causés par le temps et par la foudre.

De son côté, le château a eu la bonne fortune de venir aux mains de propriétaires qui eurent pour lui un véritable culte. Après la Révolution, le duc Joseph-Charles de Luynes, qui habitait Dampierre, le vendit le 23 novembre 1797 à M. Charles-François Moisant. Dans la suite, il devint la propriété de M. Christophe Baron qui l'acquit le 22 avril 1830, de M. Charles Moisant, de M. Félix Budan de Russé, juge au tribunal de Tours, marié à Mme Louise Moisant, et de M. René Boisseau, mari de Mme Zéphirine Moisant. Le contrat de vente contient une mention dont nous avons montré plus haut l'inexactitude : « Les débris du château de Foulques (bâti par le comte pour résister à l'invasion des Normands) ont servi, écrit-on, à la construction du château actuel, lequel fut élevé par Pierre de la Brosse ». Sur la porte de fer de l'entrée, se lit l'inscription gravée : « Moreau Marquis, serrurier à Langeais, juin 1841, 1822 kil. » Nous ferons remarquer qu'au Congrès archéologique, tenu à Tours en juin 1838, M. de Caumont après avoir dit que la ville de Langeais désirait acheter le château, proposa de voter une somme pour aider la municipalité à payer les frais du contrat.

Le nouveau propriétaire, qui avait un goût prononcé pour les antiquités, fit restaurer le château non sans quelques velléités fantaisistes, et le meubla de nombreux objets d'art et de curiosité parmi lesquels on n'a pas oublié la salle d'armes. A la mort de M. Baron, décédé à Paris en son domicile du boulevard des Italiens, le 16 décembre 1857, le château passa à son fils M. Charles-Christophe Baron. Lors de son décès, arrivé à Langeais le 23 décembre 1869, M. Baron légua à sa veuve M{ⁿᵉ} Marie Grandchamp, le château qui, à la mort de celle-ci, le 29 avril 1884, devint la propriété de M. Albert Lefèvre, comme légataire universel (1).

Le 28 juillet 1886, le château a été acquis par M. Jean-Jacques Siegfried, chevalier de la Légion d'honneur. Les nouveaux châtelains, tout entiers aux souvenirs intéressants qui se rattachent à l'histoire de cette superbe résidence, n'ont rien épargné pour lui rendre sa physionomie d'autrefois, tant au dedans qu'au dehors. Aussi le touriste, en le visitant, se croit-il transporté tout d'un coup en plein xv{ᵉ} siècle et s'attend-il, à chaque pas, à rencontrer les hérauts d'armes, chevaliers et gentilshommes qui donnaient alors à cette demeure féodale un aspect si attrayant. Si l'évocation n'est pas complète, du moins laisse-t-elle l'impression de la réalité dans la mesure où il était possible de la faire revivre.

II

Le château de Langeais, chef-d'œuvre d'architecture militaire dans la seconde moitié du xv{ᵉ} siècle, présente une unité parfaite, à l'extérieur comme à l'intérieur. Pourtant, à la considérer de près, on remarque qu'il se compose de deux parties distinctes. Du côté de la Roumer,

(1) Nous devons ces renseignements à l'obligeance bien connue de M. Georges-Albert Colin, notaire à Langeais.

s'élève la forteresse ou donjon, d'un caractère plus imposant, destiné aux hommes d'armes, tandis qu'à l'opposé se développe le château proprement dit, avec des pièces plus vastes et des fenêtres de plus grande dimension, qui était réservé aux gentilshommes.

Le donjon presque carré est flanqué de deux tours, dont les murs ont deux mètres d'épaisseur, et dont le second étage, en retrait sur le chemin de ronde, se termine par un toit conique. Le pavillon, qui relie les tours, contient plusieurs salles aux divers étages. Le rez de chaussée renferme le corps de garde où le xvii° siècle a peint un curieux concert de mousquetaires et d'autres dessins, parmi lesquels des oiseaux ; il paraît que cette pièce, actuellement destinée au concierge, aurait servi naguère de prison pour les femmes, ce qui expliquerait les signes religieux gravés sur les murs ainsi que les inscriptions. Une inscription mutilée, portant la date du 4 juin 1658, n'indiquerait-elle pas l'époque des travaux exécutés dans cette pièce, en même temps qu'une reconstruction de la porte d'entrée ? Une récente restauration a édifié le pont-levis actuel afin de donner une idée du jeu de la herse d'autrefois. La culée extérieure du pont-levis était formée jadis par le bord des douves et l'on y accédait par une rampe faisant le prolongement de la rue, ainsi qu'on peut s'en convaincre par le niveau des dernières maisons du xvi° siècle.

Un superbe chemin de ronde, suspendu sur une série de machicoulis avec arcatures trilobées du plus bel effet et éclairé par de petites fenêtres carrées alternant avec des meurtrières, couronne les tours et le pavillon intermédiaire.

Du côté de la cour, une poterne avec pont-levis faisait communiquer avec la forteresse, à laquelle on accédait d'ailleurs par l'escalier en spirale de la tourelle qui offre une porte à arc ogival surbaissé et orné de choux frisés, d'un goût irréprochable. Une petite construction, posée en encorbellement et servant de vestibule est plaquée dans l'angle de la tourelle. Le toit du pavillon présente une double fenêtre à pignon élancé orné de choux, qui constituent le motif ordinaire de l'ornementation ; seulement ici les fenêtres n'ont qu'un meneau horizontal.

Le niveau du donjon du côté de la cour est plus bas que celui du château, en sorte qu'après avoir franchi la poterne principale on se trouve dans une première avant-cour, qui était celle des gardes et des gens de service. La forteresse qui formait comme le palladium et le refuge suprême en cas de détresse, est fermée, au midi, par un mur de quatre mètres d'épaisseur.

Le château proprement dit, soudé à la forteresse par ce mur, comprend deux parties : l'aile principale qui renferme un très grand nombre de chambres de dimension commune, et l'aile en retour d'équerre, qui se compose de salles vraiment grandioses, de 18 mètres de long sur 9 mètres de large. La cour et le faîtage sont au même niveau pour ces deux ailes, dont la première à quatre étages au-dessus du rez-de-chaussée, la seconde, trois étages, en comprenant les mansardes de part et d'autre.

Sur la rue, l'aile principale présente deux avant-corps qui en faisant saillie sur le mur, le chemin de ronde et le toit, brisent agréablement la monotonie de la façade, percée de fenêtres à meneaux simples ou en croix ; elle aboutit, à l'angle sud-est, à une tour pareille aux deux autres avec lesquelles elle forme un ensemble vraiment superbe.

Du côté de la cour, l'aile principale offre une symétrie assez analogue, avec cette différence que les grosses tours rondes qui n'étaient pas réclamées ici par les besoins de la défense, sont remplacées aux extrémités par des tourelles hexagonales servant d'escalier. Ces tourelles, éclairées de petites fenêtres, ont une jolie porte à ogive surbaissée et ornée de choux frisés, avec des ferrures très soigneusement étudiées. Les fenêtres, disposées symétriquement les unes au-dessus des autres, forment trois séries dont la médiane est à simple meneau horizontal et dont les deux extrêmes à croisillon ont 1^{m}75 de largeur. Il en est de même des élégantes fenêtres des mansardes dont les rempants sont relevés de choux, que l'on retrouve également aux linteaux des autres fenêtres.

L'aile en retour d'équerre, qui se développe de l'est à l'ouest sur une longueur d'environ 20 mètres, manque du caractère imposant qu'elle devait avoir dans la pensée de l'architecte ; elle n'a pas été terminée à l'extrémité occidentale qui eût été certainement flanquée d'une robuste tour, digne de tous points de ses sœurs. Du moins la même physionomie d'une harmonieuse gravité paraît dans l'avant-corps, soudé à la tour, dans l'aspect des fenêtres et dans la galerie des machicoulis que l'on ne se lasse pas d'observer. Du côté de la cour, on sent également que l'œuvre n'a pas été achevée ; malgré cela l'on ne peut s'empêcher de remarquer la belle ordonnance des fenêtres à croisillons à tous les étages, ainsi que celle des fenêtres des mansardes.

Il est difficile de rencontrer un monument dont les procédés de construction et de style répondent plus parfaitement au but, qu'il s'agisse de se mettre à l'abri des tentatives d'escalade ou d'offrir un coup d'œil à la fois agréable et imposant. La sobriété des ornements et l'austère pureté des lignes ne sont pas les moindres agréments de ce superbe morceau d'architecture militaire. On dirait un magnifique poème de pierre, inspiré par quelque pages d'une *Chanson de gestes* qu'il est destiné à illustrer.

Tandis que telle autre résidence de Touraine, comme Azay-le-Rideau, se distingue par l'élégance du port et la richesse de la parure, le château de Langeais se fait remarquer par la majesté des formes et par l'air de sincérité qui brille à l'intérieur aussi bien qu'à l'extérieur.

J'ai parlé de l'intérieur. Nous allons franchir le seuil et compléter notre étude par la visite de ce que le château présente d'intéressant.

Les fenêtres avec leurs embrasures et leurs sièges de pierre, les portes avec leurs panneaux dont un bon nombre sont vieux ainsi que les ferrures, les plafonds avec leurs poutres robustes d'une régularité parfaite et d'une vigueur que le temps n'a pas entamées, en un mot les détails aussi bien que l'ensemble assignent un rang à part à cette demeure féodale.

Les pièces empruntent un caractère particulier aux cheminées d'une conservation parfaite et dont les harmonieuses proportions ne laissent rien à souhaiter. Les cheminées des grandes salles sont remarquables par leur aspect monumental et leur ornementation d'une élégante sobriété; celles des chambres, à peu près semblables par la forme et les dimensions, sont d'une correction absolue, et il est à noter que la pureté des lignes semble augmenter à mesure que les étages s'élèvent. Une restauration, guidée par le culte passé et le goût du beau, s'est attachée à conserver le caractère des appartements en les dotant de meubles et de tentures dans le style du château. Lambris, sièges, lits, tabourets, dressoirs, bahuts, quand ils ne sont pas vieux, ont été copiés sur les meilleurs documents. Les carrelages en particulier dont le dessin est emprunté aux sources les plus sûres, se distinguent par le charme des tons, la variété des motifs et le bon goût de l'arrangement toujours en rapport avec la pièce.

Mais, avant de nous arrêter au détail des objets, nous voulons recueillir avec un soin religieux les échos du temps passé dont nous avons entrepris l'histoire.

Vieux murs qui vous dressez dans votre enveloppe grise, muets comme des sphynx accroupis qui gardent l'énigme qu'on leur a confiée, ne consentirez-vous pas, ne fût-ce que pour un instant, à nous livrer quelque chose de votre secret? Vous avez tant vu et entendu, tant d'événements joyeux ou tristes se sont déroulés autour de vous ! tant de voix, harmonieuses comme la harpe d'Éolie, ou retentissantes comme le tonnerre du Pinde ont jadis résonné sous vos lambris ! Il nous plairait tant d'ouïr quelque chose de ces murmures, de ces cris de joie ou de douleur, de ces confidences d'alcôve ou de ces refrains de pages !

Après les chroniques qui ne donnent guère place qu'aux faits plus éclatants d'un caractère religieux ou militaire, demandons aux inscriptions, gravées sur les murailles, l'écho des pensées et des sentiments, des espérances et des désespoirs qui ont agité tour à tour l'âme des hôtes du château, voire même des habitants de la petite ville de Langeais, dont l'existence était intimement liée à celle de l'acropole féodale.

Au fond du vallon fraîchement paré de feuillée et de fleurs, l'on aime à entendre les chansons pétillantes d'humour ; à l'ombre des toits antiques, l'on est plus enclin à écouter l'écho prolongé d'arcades en arcades des soupirs et des sanglots : c'est d'ailleurs celui qui d'ordinaire frappe l'oreille avec plus de persistance. Écoutons plutôt ces voix du XVI° siècle.

Ici c'est « la complainte et doléance d'un pauvre escollier faussement accusé d'avoir fait évader son frère qui est faussement accusé » d'avoir été libertin, et qui ajoute « ceans j'ay esté mis prisonnier sans avoir aucunement pensé aux faits dont je suis accusé. » Le captif se console en se répétant ces pensées qu'il a gravées : « Veritas vincit, Deus laudetur : post tenebras spero lucem. » Le mot *Verdelles*, mêlé à ces inscriptions et de la même main, pourrait bien être le nom de ce prisonnier, non sans distinction, à en juger par la beauté et l'originalité des caractères.

Celui-ci d'humeur moins expansive, se borne à dire : « Il faut souffrir avec patience parce que Dieu aura la vengeance de l'innocent. » Ceux-là, par un retour sincère sur leur passé, confient aux murailles cet aveu : « Folye nous a ceans amenez, » qui pourrait être indiscret si nous connaissions « Claveau » et « Florendeau » qui ont signé cette confession. Un autre dénonce l'auteur de sa captivité : « François Brunel qui est prisonnier à la requeste de... » sans parvenir à nous livrer autre chose que son nom, celui de l'incriminé ne paraissant pas à nos regards. Parfois — nous sommes toujours au xvi⁰ siècle — le cœur du captif se gonfle de fiel et dans sa colère il va jusqu'à écrire : « Mon cœur n'ayant trouver plesir plus doux que tout hayr pour estre gardé icy ».

Si nous poussons sur ses gonds épais la porte aux robustes ferrements de la prison commune, nous sommes frappés dès l'abord par l'aspect des murs qui ont 2^{m}50 d'épaisseur. La pièce est éclairée à l'est et à l'ouest par deux fenêtres dont les sièges de pierre ont été fouillés dans tous les sens, par des mains fiévreuses de percer ces murs maudits, tandis que les yeux cherchaient au dehors la lumière et scrutaient au loin l'horizon pour y découvrir quelque signe d'espérance. Ce ne sont partout que dessins, figures géométriques, personnages grossiers, représentations diverses, gravées par les captifs depuis le xvi⁰ siècle jusqu'aux guerres du premier Empire.

Ici « François Dieulefit prisonnier de guerre faict le 19me août 1650 : » probablement quelque victime des luttes de la Fronde alors en pleine vigueur, car au mois de juillet, Louis XIV avait attaqué la Guyenne soulevée en faveur des princes. Plus tard, un captif se plaint amèrement et appelle une vengeance « pour le mal, dit-il, que nous avons senti ». Les campagnes de 1810 et de 1811, dirigées contre l'Angleterre et l'Espagne, amenèrent au château plus d'un prisonnier. On y relève entre autres les noms « Honoré G. 1811 — Veau dragon 3⁰ r^t 1811 — T. N. G. 1818 ». Quelque prisonnier, qui a laissé là-bas une amie, a tracé un cœur entouré de branches de laurier avec la date 1810.

Nous avons commencé par prêter l'oreille aux plaintes des cœurs souffrants, et personne ne nous en voudra, alors même que le châtiment n'est que justice. Écoutons maintenant les échos qui nous renvoyent des souvenirs moins empreints d'a..ertume. Tantôt c'est un page du XVIᵉ siècle qui nous dit non sans une certaine mélancolie : « le XXVIᵉ jour de mars j'ay dearachez la cue à mon épervier. » Peu s'en faut qu'une larme ne perle sur ses joues roses ; mais il reprend vite sa bonne humeur habituelle, en entendant un voisin qui répète la « chanson nouvelle sur le chant: O belle orore qui voit notre amour », dont le gai refrain s'évanouit devant l'exclamation « plus frère ni moine, » échappée à quelque réformé.

Quelle est cette voix harmonieuse qui redit une cantilène apportée, au XVIᵉ siècle, des rives enchanteresses de la Méditerranée et dont le rythme se balance mollement comme la nacelle sur les belles eaux du golfe de Naples? Dans cette chanson relevée par une pointe d'ironie, on croirait entendre un pifferaro s'accompagnant d'une de ces violes peintes dans les tableaux du Perugin ou de Raphaël.

> « Este bene venuto, signore lonvestito
> Tito, toto
> A la strade, turlututu
> A la droga del mio cordo
> Del mio piede turlututu
> A la droga gnia, gnia
> Del mio ventre. »

On ne sera pas surpris d'ouïr cette chanson d'outre-mont dans l'austère château féodal, si l'on se rappelle que le XVIᵉ siècle amena d'Italie en France une foule de personnages qui, sur plus d'un point, introduisirent les goûts et les mœurs de la péninsule, la terre classique des arts, des muses et de leurs suivants, les Ris et les plaisirs. On se souvient d'ailleurs que le château fut possédé, au milieu du xvi⁰ siècle, par Jean-Bernardin de Saint-Séverin, duc de Somma, et cette circonstance suffit à expliquer la présence des inscriptions de cette époque en langue italienne. En outre la présence d'allemands et d'hellénistes, sinon d'Hellènes, nous est révélée par des noms gravés en ces deux langues.

Paix aux étrangers! Nous avons hâte d'arriver à nos compatriotes du vieux temps qui, dans une heure de *dolce far niente* ont laissé la trace de leurs impressions sur les murs du château. Sans parler de *Claude de Rueil*, et d'*Ebbon* que nous ne saurions identifier, non plus que d'*Estienne Beruyer* et d'*Anthoine de Boys*, nous mentionnerons le nom de *A. de Marsay*, sans doute de l'antique et noble famille tourangelle. Peut-être ce gentilhomme, ou cette dame, songeait-il à quelque liaison qu'il venait de rompre, lorsqu'il écrivait « J'en suis déliée ».

A côté, il y a tout un poème de tendresse dans ces trois mots « toute bone Magdelaine ». On peut voir dans cette autre inscription « car je alète », la réflexion d'une mère heureuse, à cette époque où les grandes dames tenaient à honneur d'allaiter leurs enfants. Un sentiment différent parait à la façade de la porte sud-ouest, sur laquelle on lit, au-dessus de deux cœurs réunis, en écriture du xvii⁰ siècle : « Ma vie dépend de la tienne ».

Il y aurait encore à glaner sur les murailles, mais le temps, le badigeon et la peinture ont rendu nombre de ces inscriptions d'une lecture difficile. Aussi nous sentons-nous portés à gravir au chemin de ronde, cette merveille du château de Langeais, pour voir si quelque guetteur — nous ne parlons pas des innombrables touristes — n'y a pas laissé un souvenir sur les hommes et les choses du passé, tout en plongeant son regard à l'horizon.

Mais notre espoir est un peu déçu, et l'on n'y rencontre que de rares inscriptions. Les unes offrent un caractère religieux, comme : « Laus Deo Patri..... Qui penitentibus vaeniam. — Momentaneum est quod delectat, aeternum quod cruciat. » D'autres expriment des sentiments moins désintéressés. Alors comme aujourd'hui, les pensées des guetteurs s'arrêtaient volontiers à l'objet de leurs affections. Ici c'est un serment solennel : « Je jure de n'adorer que toi, » et au-dessous, deux cœurs, surmontés de flammes et percés chacun d'une flèche symbolique Ailleurs, le cœur percé est demeuré et l'inscription a disparu, peut-être avec la promesse. Le serment devait être plus durable là ou le cœur enflammé repose sur une ancre, ou bien quand la même flèche perce les deux cœurs rapprochés.

Nous relevons encore l'inscription « plus n'est le maistre » en caractères du XVIe siècle, qui fait sans doute allusion à la mort d'un seigneur de Langeais ; les initiales M. T. entre deux ancres renversées, le cri : « vive le Roi ! » et par manière de réplique une pique surmontant un bonnet phrygien ; enfin une inscription relative à Napoléon 1er

L'ancien corps de garde, devenu le logis du concierge, renferme plusieurs inscriptions qui méritent d'être signalées, dont quelques-unes du XVIe siècle. C'est d'abord une phrase latine dont les lettres sont disposées par manière d'anagramme dans autant de carrés, de façon qu'elle présente les mêmes termes, quel que soit le sens que l'on suive.

```
        SATOR
        AREPO
        TENET
        OPERA
        ROTAS
```

Sur la cheminée on lit, en capitales de la même époque :

> Tout à vandre, rien a douner
> A doune ge. per. ma vante.
> De ne preste. plus je me con
> tante afin que nous oions
> tous de un toune aquor
> esque siant credi es mor.

C'est sans doute à l'époque où cette salle servit de prison qu'il faut rattacher les nombreuses effigies du Christ en croix, les anagrammes religieux creusés dans la pierre, ainsi que la légende en très gros caractères : « Dieu te regarde pêcheur ». Le mur de l'est montrait une assez longue inscription sur trois lignes, qui devait offrir de l'intérêt, si l'on en croit la peine que l'on a prise pour l'effacer en cavant régulièrement la pierre en manière de gouge. Il n'en reste plus que la date finale « ce 4me de juin l'an 1658 » qui paraît être l'époque à laquelle on a peint à l'ocre jaune les mousquetaires, qui s'amusent joyeusement aux accords du biniou, de la clarinette et du tambourin, sous le badigeon dont on a recouvert plus tard la muraille.

L'intérieur du château, avons-nous dit, se fait remarquer par le même caractère d'élégante simplicité qui distingue le dehors. Les fenêtres, les portes, les poutres des plafonds et les cheminées conservent à chaque pièce sa physionomie primitive, qu'une restauration moderne a complétée, «d'après des documents anciens que l'architecte, M. L. Roy, a étudiés avec soin et avec une scrupuleuse exactitude de détails : c'est l'œuvre d'un archéologue et d'un artiste, et qui mérite à juste titre l'attention et l'intérêt des visiteurs » (1).

Les peintures décoratives, empruntées à des tentures de l'époque, au Livre d'Heures d'Anne de Bretagne, ou à d'autres sources également sûres, ont été exécutées par M. Lemeire, de Paris. Dans la restauration, les châtelains, nous le répétons, ont tenu à apporter un soin tout spécial au carrelage, qui emprunte un cachet particulier de distinction soit aux nuances, soit aux motifs d'ornements, inspirés quelquefois de scènes historiques et de tableaux.

Le mobilier, dans sa partie moderne, a été exécuté d'après des modèles anciens ; sièges, fauteuils, tables, dressoirs, lits, tout garde l'empreinte de l'époque à laquelle le château a été construit. Nous citerons notamment de beaux meubles avec sièges et dossiers, dont le dessin est est emprunté à l'ancienne abbaye de Saint-Germain-l'Auxerrois.

Si le mobilier exécuté à l'occasion de la restauration, frappe le regard par sa parfaite orthodoxie, le visiteur doit une attention toute particulière aux objets anciens dont le choix a été si heureusement fait. Nous ne parlons pas des meubles de facture moderne ou d'importation étrangère qui, dans la pensée des châtelains, ne font pas, pour ainsi dire, partie de l'ameublement de la maison. Nous réservons notre attention pour les meubles antiques, qui forment un en-

(1) *Le château de Langeais*, par M. Brincourt, p. 19.

semble à la fois si intéressant et si harmonieux, dans la gamme, en apparence assez peu étendue, que comportait la fidélité rigoureuse au style de l'époque même du château.

Sous le rapport de la ferronnerie, on ne saurait trop étudier les serrures, les verroux, les loqueteaux et les chenêts. Quelques-uns des landiers sont fort remarquables par la beauté du travail, et les amateurs aimeront à étudier ces types du XV° siècle — dont l'un provient de l'ancien château — et qui n'ont pas à rougir du voisinage d'autres types des XVI° et XVII° siècles.

Les chaises à dossier, les stalles ne sont pas la partie la moins remarquable du mobilier. Celles de l'époque Louis XI, aussi bien que celles qui se rattachent à la Renaissance, présentent une forme élégante et des ornements d'excellent goût. Une mention spéciale pour les coffres, les bahuts, les dressoirs, relevés de fines sculptures, de symboles, d'initiales et parfois de têtes gracieuses. Sans nous arrêter à des panneaux en bois sculpté, à de jolies broderies, à un curieux écran de Louise de Vaudemont, provenant de Chenonceau, dont elle fut propriétaire, nous mentionnerons tout particulièrement deux grandes stalles avec dossier et baldaquin richement sculpté, de la collection Spitzer, ainsi qu'une remarquable boiserie de vingt-sept panneaux de style flamboyant, naguère à l'église de Moulins-la-Marche, dans l'Orne.

Les tapisseries ne sont pas un des moindres charmes du château. Nous ne nous arrêterons pas aux reproductions de la célèbre tapisserie de Cluny, dite La Licorne, ni de celles où le mot « ambe » dans un compas paraît indiquer l'union des époux et devait être destinée à une chambre de nouveaux mariés, non plus qu'aux tentures de lits, qui montrent des légendes d'un symbolisme exquis, telles que « post tenebras spero lucem — prye à cant d'oiseau — à vaillant (cœur) rien impossible — potius mori quam fœdari — spera in Deo. »

Parmi les tapisseries du XVe siècle, on admire une tapisserie, sans personnages, ornée d'un semis de fleurs, d'un effet très décoratif, avec les initiales gothiques E, réunies par une cordelière; un intéressant panneau, qui figure les *Travaux et les plaisirs des champs*; et un autre qui représente le *Crucifiement*, sur un sol semé de fleurs avec Jérusalem dans le fond, dans lequel les draperies de la Vierge et de Saint Jean sont traitées avec soin.

Surtout le regard est attiré par deux panneaux de l'*Histoire du Saint-Sacrement*, dont le premier se rapporte à l'Ancien Testament, et le second, à deux miracles relatifs à l'Eucharistie. La suite avait été exécutée pour l'abbaye du Ronceray à Angers, ainsi que l'indiquent le nom de « dame Loyse Roulx doyenne, » et l'écusson avec les initiales d'Isabelle de la Jaille, qui fut abbesse de ce couvent de 1505 à 1518. Cette tapisserie, du commencement du XVIe siècle, vient du château de Plessis-Macé et a figuré à l'Exposition d'Angers et de Tours (1).

Un des joyaux est assurément le premier panneau de l'HISTOIRE DE SAINT-SATURNIN, dans lequel est représentée la *Vocation de S. Saturnin*. Cette suite, dont plusieurs sujets appartiennent à la cathédrale d'Angers, avait été donnée à l'église Saint-Saturnin de Tours par le surintendant Jacques

---

(1) L. Palustre, *Album de l'Exposition de 1890*.

de Beaune : on voit son portrait, ainsi que celui de sa femme, dans un autre panneau avec la date 1527. Par l'heureuse ordonnance du sujet, la correction du dessin et le naturel des attitudes aussi bien que par l'élégance des bordures, cette tapisserie se rattache aux bonnes traditions de la Renaissance : elle a du être exécutée dans les Flandres, peut être d'après les cartons d'André Squazella, peintre italien et disciple d'André del Sarte, qui travailla pour le compte de Jacques de Beaune. Nous mentionnerons encore une curieuse tapisserie, dite des Paons, dans laquelle sur un fond de chardons gothiques se profile une balustrade avec des paons, dans une bordure de fleurs et de fruits avec médaillons et cartouches; ce travail fait penser aux ouvrages des Médicis, à moins qu'on n'y voie avec certains une œuvre de la Compagnie des Indes, d'après des modèles venus d'Europe. Plus d'un objet mériterait encore de fixer notre attention, mais nous devons nous borner et clore ici notre visite au château.

———

Nous touchons à la fin de notre esquisse de l'histoire de Langeais, que nous aurions voulue plus en rapport avec l'intérêt du sujet lui-même. Du moins, osons-nous espérer qu'elle aura pour résultat de faire mieux connaître cette petite ville, qui n'est pas l'une des moins attrayantes de la Touraine.

La contrée où elle est assise, présente un heureux mélange de ce qui peut captiver le regard et attacher au sol. Ses prairies verdoyantes, baignées par la Loire, aux eaux limpides, sont toujours animées par des troupeaux ; ses côteaux pittoresques n'ont pas cessé de se couvrir de vignes entretenues comme des jardins ; des vallons fertiles l'entourent au nord, comme d'une riante ceinture de parterres, de bosquets et d'agréables demeures. Elle est si pleine d'attraits la Roumer avec ses gracieux méandres, ses villas élégantes encadrées de vergers fertiles, ses grands bois qui baignent leur ramée dans le miroir des eaux, ses nombreux moulins au somnolent murmure près desquels on aime à rêver du vieux temps ! Et puis la campagne offre une si agréable variété de terres labourables, de bois taillis, de futaies et de sapinières, sans parler des landes, où la petite bruyère rose se cache à l'ombre des grands ajoncs et des genêts, aux grappes d'or !

A aucune époque, l'activité humaine n'a fait défaut à cette région. Aux temps préhistoriques, les hommes y exerçaient leurs rudes travaux, et ce n'est pas sans une vive curiosité qu'en remuant le sol, on y retrouve les instruments de silex taillé ou poli, dont ils se servaient. Nous avons vu, entre autres, des haches bien caractérisées, et une sorte de gouge, très rare, trouvée à Saint-Laurent, qui a pu servir à creuser les troncs d'arbres dont les hommes primitifs de cet endroit faisaient leurs pirogues.

De nos jours, le travailleur a perfectionné son outillage sans diminuer son activité. Des tanneries excellent dans la préparation des cuirs. Dans la campagne, on rencontre çà et là des fabriques de tuiles et de briques. Qui ne connaît la fabrique justement renommée de poterie fondée par M. Ch. de Boissimon, dont les produits en terre blanche du pays se distinguent par un cachet de piquante

16.

originalité ? Tout près de nous, la ville, sans perdre sa physionomie d'autrefois s'est embellie de quelques édifices modernes.

Avant de dire adieu à cette élégante petite cité qui nous a fourni l'occasion de rappeler plus d'un souvenir de notre histoire nationale, nous ne saurions résister au plaisir d'y jeter un dernier coup d'œil. Nous gravissons le côteau, taillé à pic, et de son sommet nous laissons nos regards errer sur le spectacle enchanteur qui se déroule devant nous. Si nous détachons nos yeux du superbe château féodal et du donjon de Foulques, festonné de lierre, pour les reporter sur l'horizon, nous saluons au nord, la blanche et gracieuse demeure de Châteaufort, pareille à un nid de colombes dans la verdure, et près d'elle, l'antique église au ton grisâtre de Saint-Laurent ; à nos pieds, au centre de la ville, le superbe clocher de l'église Saint-Jean qui nous défend de nous attarder aux modifications modernes, mais non de recueillir pieusement sur les vieux murs, le souvenir béni de saint Martin. Puis, là-bas à l'ouest, c'est le château d'Ussé avec sa jolie chapelle Renaissance, et ses terrasses par Vauban ; au midi, la forêt de Chinon dont la masse frange de vert sombre l'azur du ciel ; enfin à l'est, le beau parc et le château de Villandry ; et, tout à l'extrême limite de l'horizon, les ravissantes pyramides de la cathédrale de Tours, pour lesquelles Henri IV rêvait un écrin digne de ce merveilleux joyau.

Délicieux panorama dont les yeux se séparent à regret ! En les ramenant à nos pieds nous parcourons à nouveau les toits élevés, les places spacieuses, les jardins plantureux, et le ruban argenté de la Loire qui brille au travers des rangées de peupliers et laisse apercevoir le pont suspendu avec arcades imposantes. On dirait que le beau fleuve garde quelque tristesse de ne plus porter les barques aux blanches voiles, remplacées par les noirs et bruyants chars de feux qui longent ses rives. Du moins conserve-t-il son vaste lit et ses eaux limpides, ainsi que ses mouettes aux blanches ailes qui, semble-t-il, ont donné à Langeais son nom et dont la séduisante image, symbole de la reine Anne de Bretagne, nous reconduira plus d'une fois, par la pensée, vers les monuments que nous avons visités et les souvenirs que nous avons évoqués, au cours de cette excursion à travers un passé qui ne fut pas sans gloire et sans attraits.

FIN

TABLE DES MATIÈRES

Préface. 1

I. — LES ORIGINES. 9

Caractères du pays; les premiers habitants. Les Celtes; les Gaulois. Origine du nom de Langeais. Les Romains, vestiges de leur séjour . . . 9

II. — ÈRE MÉROVINGIENNE.. 22

Saint Martin fonde la première église. Romains, Wisigoths et Francs. Langeais sous les rois Francs. L'atelier monétaire de Langeais. 22

III. — LE MOYEN-AGE. 28

I. — Les comtes d'Anjou, de Blésois et de Touraine. Foulques Nerra; il bâtit le donjon de Langeais; siège de Langeais par Eudes, comte de Blois; Langeais aux comtes d'Anjou. Foulques le Jeune, comte de Touraine et seigneur de Langeais . . . 28

II.— Geoffroy de Langeais, doyen du chapitre de Tours; Raoul de Langeais, archevêque de Tours; ses difficultés, ses luttes, grandeur de son caractère, qui en fait le Grégoire VII de la France 38

III. — Châtellenie de Langeais et seigneurs; les notables de Langeais. Relations avec les seigneurs de Touraine et d'Anjou. Le sénéchal Mainard, ses angoisses, sa misère et sa fin. Les croisades. Les seigneurs de Langeais. Foulques le Jeune, au retour de la croisade, bâtit l'église Saint-Sauveur qu'il dote libéralement. Reconstruction partielle de l'église paroissiale de Saint-Jean 46

IV. — LA CHEVALERIE. 65

I. — La chevalerie. Réception selennelle d'un chevalier. 65
II. — Les Plantagenets seigneurs de Langeais. Henri II et sa femme Eléonore de Guienne; Richard-Cœur-de-Lion. Eléonore et Jean-Sans-Terre donnent à l'abbaye de Turpenay leurs droits à Langeais. Arthur de Bretagne et Robert de Vitré. Le domaine Langeaisien revient à la couronne sous Philippe-Auguste, qui l'engage à Guillaume des Roches. Le château passe à Hugues de Lusignan, à Alphonse de France, frère de saint Louis. La Tour de la châtellenie. Occupation des seigneurs; mariage seigneurial. Église Saint-Laurent de Langeais. Chapitre Saint-Jean de Langeais; différend au sein du chapitre 75
III. — Pierre de la Brosse, seigneur de Langeais. La famille de la Brosse, ses origines ; les seigneurs de la Brosse. Pierre II de la Brosse, châtelain de Langeais, ses domaines, sa famille, ses travaux au château, sa mort tragique. En 1270, Concile provincial de Langeais ; l'assemblée; ses décrets. La guerre de Cent ans ; rôle du château dans cette guerre. Les seigneurs engagistes de Langeais. Le Prieuré Saint-Sauveur. L'Anglais Thomas Ston, seigneur de Langeais. Langeais quartier général des bandes anglaises 95

V. — LA RENAISSANCE. 120

I. — En 1460, rédaction des Coutumes: ses causes; l'assemblée, ses travaux ; clause propre à la châtellenie de Langeais. 120
II. — Construction du château actuel. Jean Bourré : ses dignités, son caractère, son foyer domestique, ses domaines. Le Plessis-Bourré. Rapports de Jean Bourré avec les artistes. 130
III. — Jean Bourré fait construire le château : plan, description. Les comptes sont payés par Jean Briçonnet, trésorier du roi. On construit d'autres châteaux d'après ce type ; maisons du XVe siècle à Langeais. Jean Bourré cède la terre de Langeais, qui passe au duc François d'Orléans, comte de Dunois. Le bâtard Louis de Bourbon, seigneur de Langeais. Jeanne de France, fille de Louis XI. 140

IV.— Mariage d'Anne de Bretagne et de Charles VIII. La solennité, sa date précise. Entrée d'Anne de Bretagne à Tours. Qualités et vertus d'Anne; elle protège les arts et les lettres 153
V.— Procès de Pierre de Gié. La Collégiale Saint-Jean, fondations; installation du curé Jean de la Trouchaye. Le prieuré Saint-Sauveur. L'église paroissiale de Saint-Laurent. Le duc de Somma, seigneur de Langeais. Edifices du xvɪᵉ siècle à Langeais. Charles de Ronsard, prieur de Saint-Cosme et propriétaire à Langeais. Temple protestant à Langeais. Charles IX, de passage à Langeais, reçoit une singulière redevance. Requisitions; dons faits au duc de Somma. Les compagnies de guerre et présents aux capitaines. Henri IV et l'industrie de la soie. Louis XIII à Langeais. Edifices de l'époque Louis XIII à Langeais. Ouragan de 1637. 166

VI.— PÉRIODE MODERNE. 184

I.— Langeais au xviiᵉ siècle. Notables. Fondations à l'église Saint-Jean. Budget de la fabrique Saint-Jean. Le chevalier poëte, César de la Barre. Marie d'Entraigues, dame de Langeais. Louise-Marguerite de Lorraine, dame de Langeais. . . . 184
II.— Le domaine de Langeais passe dans la famille d'Effiat. Antoine Coëffier, marquis d'Effiat; Henri et l'abbé d'Effiat; Marie d'Effiat porte Langeais en dot à Charles de la Porte, duc de la Meilleraye. Ce domaine passe à Armand-Charles de la Porte, duc de la Meilleraye, qui épouse Hortense Mancini, nièce du cardinal Mazarin 193
III — Différend au chapitre de Saint-Jean. Hortense Mancini meurt en Angleterre. 203
IV.— Le chapitre Saint-Jean à la fin du xviiᵉ siècle. Voyage du procureur à Paris pour un procès. Tableau général de la châtellenie et du siège royal de Langeais, à la fin du xviiᵉ siècle et au début du xviiiᵉ : justice, grenier à sel, maréchaussée, impôts. Le bureau de charité 213
V.— Les seigneurs de Langeais. Marie-Olympe de la Porte vend la terre à Louis Gigault, marquis de Bellefonds; ensuite ce domaine échoit à la famille de Bullion. En 1765, il est acheté par J.-B. de la

Rue du Can, qui le vend aux ducs de Luynes.
Église Saint-Jean, fondations. Pierre Pallu, curé,
son testament. Budget de la fabrique Saint-Jean
au XVIIIe siècle. 227

VI. — Les chapelles. Les fiefs de Château-fort, de la
Châteigneraye, de Chemilly, de la Roche-Cotard
et autres. 244

VII. — ÉPOQUE CONTEMPORAINE. 253

I. — La Révolution. Le clergé de Langeais. Projets
divers de la Commission du district. Exercice du
culte persécuté. Rétablissement public du culte
catholique : l'église Saint-Jean. 253
II. — Le château, les propriétaires. Restauration complète du château par M. J. Siegfried. Description
du château 265
III. — Visite du château. Echos du vieux temps : inscriptions. Le mobilier ; objets d'art et de curiosité. 269
Un dernier mot sur Langeais. 280

Imp. MAZEREAU. — Tours. — E. SOUDÉE, Successeur.

www.ingramcontent.com/pod-product-compliance
Lightning Source LLC
Chambersburg PA
CBHW070739170426
43200CB00007B/577